EL OCASO DE LAS AUTONOMÍAS

(EL LIBRO QUE NINGÚN PARTIDO POLÍTICO QUISIERA VER PUBLICADO)

JOAQUÍN JAVALOYS

©EL OCASO DE LAS AUTONOMÍAS. (El libro que ningún partido político quisiera ver publicado)

©JOAQUIN JAVALOYS

ISBN papel 978-84-686-0110-6

Impreso en España

Editado por Bubok Publishing S.L.

A mis hijos **Marta, Miguel y Luís**,
que están hipotecados por la Deuda pública del Estado, de
la Comunidad Autónoma y del Ayuntamiento de Madrid[1].

---

[1] La Deuda pública por habitante de España en julio de 2011 es de 18.617 euros.

Indice

PREFACIO	9
I) VENTAJAS E INCONVENIENTES DE LAS AUTONOMÍAS: DE LA TEORÍA A LA PRÁCTICA.	13
II) BALANCE DEL ESTADO AUTONÓMICO:	21
1.- MULTIPLICACIÓN DE POLÍTICOS Y DE FUNCIONARIOS: ¿HAY PAN PARA TANTOS POLÍTICOS?.	21
2.- LA FINANCIACIÓN AUTONÓMICA Y LA SOLIDARIDAD INTERTERRITORIAL: DE LA TEORÍA A UNA REALIDAD CAÓTICA.	28
3.- LA SANGRÍA: EL GRAN COSTE DE LAS COMUNIDADES AUTÓNOMAS Y SU ENORME ENDEUDAMIENTO POR DESPILFARROS Y DUPLICIDADES.	38
4.- LA UNIDAD DE MERCADO EN PELIGRO.	50
5.- LA LIBERTAD LINGÜISTICA Y LA DISCRIMINACIÓN DEL CASTELLANO.	54
6.- CACIQUISMO NEOFEUDAL.	68
7.- LOS NACIONALISTAS HACIA EL INDEPENDENTISMO ANTE LA PASIVIDAD IRRESPONSABLE DE LAS CÚPULAS DE LOS PARTIDOS MAYORITARIOS.	74
III) DIAGNÓSTICO DEL SISTEMA POLÍTICO ESPAÑOL.	90
IV) LA CONFIGURACIÓN DE LAS AUTONOMÍAS: EL PACTO DE LOS NACIONALISTAS CON LA PARTITOCRACIA DE "MADRID":	107
1.- EL FELIPISMO FEDERALISTA.	114
2.- EL AUTONOMISTA AZNAR.	126
3.- EL PRESIDENTE ZAPATERO: DEL AUTONOMISMO AL CONFEDERALISMO MEDIANTE UN ESTATUTO DE CATALUÑA CON ARTÍCULOS INCONSTITUCIONALES	128

4.- LA RUPTURA DEL PACTO ENTRE NACIONALISTAS Y "MADRID": LA CONSTITUCIÓN MODIFICADA POR IMPERATIVO DEL BANCO CENTRAL EUROPEO.   133

V) LA ARRUINADA ESPAÑA AUTONÓMICA DE LAS TAIFAS: UN ESTADO DE LOS RECORTES, SIN TERRITORIO, RESIDUAL EN COMPETENCIAS, SIN VERDADERO MERCADO ÚNICO INTERIOR Y CON INSUFICIENCIA DE RECURSOS ECONÓMICOS.   136

VI) VIABILIDAD O INCOMPATIBILIDAD DEL ENDEUDADO ESTADO AUTONÓMICO ESPAÑOL CON LA EUROPA DEL EURO Y LA DICTADURA DE LOS MERCADOS FINANCIEROS.   148

VII) LA REGENERACIÓN DEL SISTEMA POLÍTICO ESPAÑOL EN EL OCASO DE LOS NACIONALISMOS: HACIA LA SEGUNDA TRANSICIÓN.   156

VIII) DEL ESTADO DE LAS AUTONOMÍAS AL ESTADO DE LOS RECORTES SOCIALES: ¿CÓMO SALIR DE ESTE LABERINTO SUICIDA SIN QUE EUROPA NOS IMPONGA UN GOBIERNO TECNOCRÁTICO ACEPTABLE PARA LOS MERCADOS?.   176

=========

> "El problema más grave de cuantos asedian a España
> es el de su pluralidad frente a su unidad".
> (Salvador de Madariaga[2])

PREFACIO

La autonomía, como la propia vida y todas las cosas grandes, es fácil de sentir, de practicar, pero muy difícil de explicar, aunque se pueda definir: autogobierno, regirse a sí mismo…

La autonomía territorial se instauró en la Transición a la democracia, a finales de los años setenta, tras dejar atrás cuarenta años de dictadura franquista. Entonces, para los españoles que comenzábamos a disfrutar de una incipiente democracia, la autonomía se nos presentaba como algo deseable y factible, como un buen camino que nos iba llevar a… ¡la libertad, al desarrollo, a dar vitalidad a las comunidades políticas territoriales!, en oposición al centralismo despótico. La descentralización política se presentaba como una profundización de la democracia y de la libertad individual. Y los novatos demócratas de 1978 nos lanzamos con ilusión a demandar una desconocida autonomía que, sin embargo, nos atraía ¡sentimentalmente!. Y nos dejamos llevar de los nacionalistas, del consenso entre los partidos y de lo políticamente correcto. ¡No todos!. ¡No completamente!. Yo mismo tenía dudas: la autonomía ¿era la solución de la cuestión regional o, más bien, un problema?[3].

Por supuesto, no hubo un debate sobre la autonomía. Nadie advirtió entonces de que la autonomía tenía inconvenientes, ¡y grandes!. Solo unos pocos expertos manteníamos ciertas reservas sobre la bondad del resultado del proceso autonómico. Yo escribí[4] en abril de 1978 que "la autonomía regional, en sí misma, ni es el problema regional ni es su solución; la autonomía regional es precisamente el camino entre el problema regional y su solución. La autonomía regional será buena cuando nos acerque más a la solución de la cuestión regional. La autonomía regional será mala si nos aleja de tal solución. Por eso, la autonomía es, sobre todo, la esperanza, el camino, que ha de hacerse bien, con tiento".

Estas frases mías escandalizaron entonces a algunos dogmáticos defensores de la autonomía –y de lo políticamente correcto- que alababan las teóricas ventajas de la descentralización política, pues eran partidarios de la primera concepción del federalismo fiscal.

Los "padres" de la Constitución, incapaces de llegar a un consenso en lo relativo a los preceptos reguladores de las autonomías, elaboraron un Título VIII que contenía una indefinición del modelo autonómico que, finalmente, dejaron abierto.

Esa apertura del modelo ofrece un potencial factor de inestabilidad y de enfrentamiento incesante entre el Estado central y las comunidades autónomas, porque no se estableció un techo o límite de competencias transferibles, pues incluso las competencias exclusivas del Estado podían llegar a ser transferidas.

El proceso autonómico español se caracterizó por la improvisación, el desconocimiento técnico, la componenda, el cortoplacismo y la ignorancia de las futuras consecuencias de la generalización de las autonomías. El intenso proceso de traspasos de competencias se realizó de una manera precipitada, sin analizar

---
[2] Prólogo de "De la angustia a la libertad. Memorias de un federalista". Salvador de Madariaga. Espasa-Calpe. Madrid. 1977.
[3] "La Autonomía Regional ¿solución o problema?. Joaquín Javaloys. ICE Ediciones. Madrid. 1978.
[4] Obra citada. Página 8.

previamente qué servicios pueden prestarse mejor en el ámbito nacional y cuales en el ámbito autonómico, tal vez porque ese análisis no interesaba a los políticos.

Hoy, treinta y tres años después, es posible comprobar ya si se ha hecho bien o mal el proceso autonómico y si, en consecuencia, existen o no problemas y tensiones territoriales, motivados o no por la partitocracia avasalladora imperante.

A lo largo de este libro voy a hacer un análisis crítico del Estado de las Autonomías poniendo de relieve los resultados del proceso autonómico, teniendo siempre en cuenta las ventajas y los inconvenientes de las autonomías, así como sus efectos perversos; pero sin perder de vista que España es miembro de la Unión Económica y Monetaria Europea y que su Economía debe ser capaz de competir en el mercado único de la Europa del euro pues, caso contrario, se tambalearía la viabilidad del Estado autonómico por la necesidad de un creciente recurso a un endeudamiento que lo sometería a la dictadura de los mercados financieros.

Al examinar las Autonomías españolas, lo primero que llama la atención es que han multiplicado el número de políticos y de funcionarios, que son necesarios para que funcione –aunque sea mal- el mastodóntico Estado autonómico. Desde la Transición democrática hasta hoy el número de funcionarios y asimilados se ha cuadruplicado, siendo actualmente de unos 3,2 millones de personas. En cuanto al número de políticos existentes en toda España se calcula que está entre 80.000 y 100.000, habiéndose multiplicado también por cinco en los últimos treinta años. ¡Demasiados políticos!. En España no hay pan para tantos políticos. Desconozco cuantos habitantes hay en España por cada político, pero la proporción debe ser una de las principales de Europa.

La autonomía territorial está afectando negativamente a la libre circulación de personas, mercancías y servicios; así como a la unidad de mercado por la infinidad de normas y restricciones existentes en los diversos territorios autónomos. Todo ello perjudica a la competitividad de los bienes y productos españoles en el mercado único de la Unión europea y en el comercio internacional globalizado. Por si la desunión de Europa no era suficiente, nosotros contribuimos a aumentarla con una Nación fragmentada en taifas autonómicas caciquiles, insolidarias, costosísimas y superendeudadas; es decir, insostenibles.

El principal inconveniente de la autonomía territorial es su altísimo coste, no siempre justificable, que se agrava porque la falta de control estatal facilita los despilfarros de los gobernantes de las CC.AA. que tienen que financiarse con una creciente deuda pública que está llegando a ser inasumible, y que pone en peligro tanto la supervivencia de la propia autonomía territorial como la posibilidad de endeudamiento de un Estado cada vez más exhausto.

Ya puede afirmarse rotundamente que el gasto de las comunidades autónomas convierte al Estado de las Autonomías en ruinoso e ineficiente, pues aunque esas comunidades pudieran irse emancipando del Estado centralista, se harían más dependientes de los especuladores financieros, por su incesante y creciente endeudamiento, y se verían sometidas cada vez más a la tiranía de los mercados financieros globales. Desde luego, el altísimo y elevado coste del Estado autonómico es el problema central de la actual crisis española, que hace imposible lograr un crecimiento económico suficiente para crear puestos de trabajo.

Nuestro modelo autonómico es ruinoso para el ciudadano; pero, en cambio, es muy provechoso para los partidos políticos predominantes en una comunidad autónoma, nacionalistas o no, para la burocracia creada por la autonomía y, sobre todo, para unas oligarquías caciquiles que, organizadas en grupos de presión, manejan en su territorio los presupuestos públicos a su antojo directamente o por medio de políticos afines instalados en puestos clave. Desde luego, las autonomías son una fuente de poder y de puestos de trabajo para la clase política y para los militantes de los partidos políticos. Las CC.AA. mantienen legiones de políticos.

En resumen, **el empobrecedor Estado de las Autonomías se encuentra ya en situación crítica** por la concurrencia de varios factores:

· La voracidad despilfarradora de los gobernantes de las CC.AA., a pesar de la crisis económica de España.

· Las CC.AA. están superendeudadas, lo que hipoteca la prestación de servicios sociales.

· La generalización del caciquismo territorial y de sus redes clientelares en una democracia poco representativa.

· la instrumentación de las Autonomías por los nacionalistas como medio de conseguir la independencia de sus Comunidades.

Los desmesurados recortes en los servicios sociales: en sanidad en Cataluña y Valencia, en educación en Madrid y Galicia, etc., en lugar de hacerlo en gastos identitarios y en "adelgazar" las enormes administraciones autonómicas y sus cuestionadas empresas públicas, están haciendo peligrar el Estado del Bienestar y la igualdad de todos los españoles, dado que el nivel de calidad de los servicios sociales que reciben depende de la comunidad autónoma en que residan.

En conclusión, el Estado de las Autonomías está en una profunda crisis, dado que el modelo autonómico no es viable por sus altísimos costes y sus exigencias financieras, que no se corresponden con su escasa eficiencia en la prestación de servicios al ciudadano. El mito de las ventajas de las autonomías para los ciudadanos se ha venido abajo. Desde luego, el Estado de las Autonomías es un engendro inviable, pues resulta política y financieramente insostenible, sobre todo cuando hay crisis económica.

Además, si llegase a ser necesario, ¿quién podrá rescatar a las CC.AA.?, porque el Estado español se ha convertido ya en residual, sin territorio y arruinado. ¡¡¡Nadie!!!. ¡El suicidio de las CC.AA. se habría consumado!. Por el costosísimo y superendeudado Estado de las Autonomías nos estamos convirtiendo en el Estado de los recortes económicos y sociales, acercándonos cada vez más a la insolvencia tanto estatal como de las CC.AA. La enfermedad que aqueja al Estado de las Autonomías es terminal, porque su bancarrota parece inevitable.

Llegado ese momento, Europa y los mercados financieros nos obligarán a elegir entre el mantenimiento de nuestras ruinosas Autonomías o nuestra pertenencia a la desarrollada Europa del euro. La desaparición del Estado de las Autonomías llegará a ser inevitable, por una mera cuestión de supervivencia. Esa será la inevitable consecuencia de que los políticos, con el enorme endeudamiento suicida de sus CC.AA., se hayan comido vorazmente su "gallina de los huevos de oro": **el empobrecedor Estado de las Autonomías**, que es un engendro insostenible, una quimera inviable, un laberinto que, gracias a los compromisos con la Europa del euro, terminará por desaparecer. ¡Estamos ya en el principio del fin de las Autonomías!: es el ocaso de las Autonomías.

Pero todavía estamos a tiempo de salir voluntariamente del laberinto de las Autonomías, antes de que Europa tenga que rescatarnos traumáticamente. Menos mal que existen dos salidas de ese laberinto. Al final de esta obra las describo detalladamente, subrayando la necesidad de una paralela regeneración democrática, pues los partidos políticos tienen que hacer profundas reformas, especialmente de la Ley electoral, para que los políticos dejen de ser empleados de los partidos y se conviertan en verdaderos representantes de los ciudadanos. Y tendrán que hacerlo pronto, antes de que sea tarde, porque los avances tecnológicos (Internet, redes sociales, correo electrónico,…) van haciendo factible la democracia participativa y acercándonos a la cada vez menos utópica democracia directa.

Este libro es "interactivo". ¡Me explico!. Yo no soy doctor en Autonomías, ni creo que nadie lo sea, porque en los temas políticos todas las opiniones son válidas y deben tenerse en cuenta y porque cada uno tiene derecho a un voto, el suyo. Tal vez mis opiniones serán más valiosas que alguna otra en los temas económicos, porque al fin y al cabo mi profesión es la de economista del Estado; pero en los asuntos políticos mi opinión es igual a la de cualquier otra persona, ni más ni menos. Por eso, en este libro yo expongo, obviamente, mis opiniones; pero también reproduzco los testimonios y las valiosas opiniones de muchos ciudadanos sobre el Estado autonómico, que he ido recogiendo de diversos sitios, generalmente de artículos, de libros o de medios de comunicación. En este sentido, creo que este libro no es solamente un monólogo del autor, porque es más bien "interactivo", ya que ha sido enriquecido con los diversos testimonios escritos de muchas personas, a las que agradezco enormemente sus aportaciones aquí ya que servirán para encarrilar, en lo posible, unas Autonomías que van a la deriva y que pueden hundirse con todos nosotros. Por supuesto, la responsabilidad de todo lo que se dice en este libro es únicamente mía.

Sin las numerosas citas y testimonios de tantas personas, que he integrado en este libro, mi obra hubiese quedado incompleta. Gracias de nuevo a todos ellos y a ti, amable lector, que dedicas un poco de tu tiempo a repasar lo que algunos decimos aquí y a contrastarlo con tus opiniones y a sacar tus propias conclusiones. ¡Todos podemos cooperar en la tarea común de sacar adelante a esta superendeudada España!.

Madrid, enero de 2012.

I) VENTAJAS E INCONVENIENTES DE LAS AUTONOMÍAS: DE LA TEORÍA A LA PRÁCTICA.

Los diversos pueblos integrantes de España se fundieron en una nación común a lo largo de un proceso secular que respetó, generalmente, su identidad social, cultural e histórica hasta el día en que se implantó un Estado unitario y centralista, que trató de eliminar las diferencias regionales, originándose entonces el problema o la cuestión regional.

Para solucionar la cuestión regional la Constitución de 1978, en su Título VIII admitió las autonomías territoriales de las "nacionalidades y regiones de España". La autonomía es un medio o un camino para resolver la cuestión regional. La autonomía supone autogobierno, pero no conlleva soberanía política, dada "la indisoluble unidad de la Nación española". Las comunidades autónomas tienen potestad legislativa y poseen autonomía política en sus competencias y en su territorio.

En la Transición democrática de los años setenta del pasado siglo se creía que las autonomías eran la solución de la cuestión regional. Sin embargo, unos pocos expertos manteníamos ciertas reservas sobre la bondad del resultado del proceso autonómico. Juan Ferrando Badía[5] afirmó entonces que con la autonomía territorial "…de lo que se trata no es de que cada región o nacionalidad tenga más poder…poder y más poder…, sino que ese *poder* sea *funcional* para esa Comunidad", y expuso, a comienzos de los ochenta del pasado siglo las teóricas ventajas e inconvenientes que entonces se creía que tenía el Estado autonómico. De la detallada exposición que hizo Ferrando Badía voy a reproducir aquí un resumen de tales ventajas e inconvenientes. En cuanto a las teóricas ventajas señaló las siguientes:

1.- Deflación legislativa, que en el Estado moderno se está imponiendo.

2.- La elaboración de una legislación y una administración más adecuadas al ambiente, a las condiciones y a las necesidades locales.

3.- Atenuación y progresiva eliminación del sentimiento de desconfianza de los ciudadanos hacia el Estado.

4.- Limitación del excesivo poder que, en el plano nacional, pueda poseer, en el marco de una democracia pluralista como es la actual española, un partido o un conjunto de partidos.

5.- Además la creación de un Estado autonómico resolverá los siguientes problemas:

a) El problema de la independencia y del separatismo que anida en algunas partes del territorio.

b) Devolver al individuo la posibilidad de desenvolver su propia personalidad en la esfera más cercana a sus intereses.

c) El ciudadano tendrá campo donde desarrollar sus libertades públicas.

d) Se evitará el riesgo de que con la formación de unidades superestatales quede el individuo anulado.

e) Finalmente, con el Estado autonómico se realizará mejor y más efectivamente la unidad española, si se aplica el principio de solidaridad.

Si se comparan estas ventajas, tan ingenuas y bienintencionadas, con la realidad del Estado autonómico español actual, treinta años más tarde, se observará la abismal diferencia entre la teoría y la práctica.

---

[5] Artículo titulado "El Estado autonómico: ventajas e inconvenientes".

En cuanto a los teóricos inconvenientes de las autonomías, Ferrando Badía los reducía a tres:

1.- En primer lugar decía que algunos expertos señalaban que con las autonomías había peligro de desmembración del Estado, porque eran un fértil abono para los separatismos. Sin embargo Ferrando Badía afirmó que "al contrario, el Estado autonómico evitaría el separatismo".

2.- También decía que ciertos expertos objetaban que las comunidades autónomas al gozar de amplias competencias, y si estaban gobernadas por partidos diferentes y antitéticos, podían ser un peligro para mantener la unidad legislativa nacional. A pesar de todo, Ferrando Badía dijo que eso no podría suceder en España porque el Título VIII de la Constitución contiene frenos y contrafrenos en el Estado y en el Tribunal Constitucional.

3.- El Estado autonómico presenta graves inconvenientes "financieros y burocráticos" con creación y duplicación de burocracias. Ferrando Badía dijo que este inconveniente sí que tenía fundamento y que así iba a ocurrir en España, como así ha sido.

Las teóricas ventajas de la descentralización también han sido relacionadas, pero con mayor realismo, por Juan Manuel Blanco[6], quien dice lo siguiente: "ya en el siglo XX los economistas comenzaron a formalizar una teoría sobre las ventajas de la descentralización, que hoy se conoce como "primera generación de federalismo fiscal". Con este esquema la prestación de servicios en el ámbito regional aportaba ciertas ventajas pues lograba presuntamente adaptar mejor las características de estos servicios a las particularidades locales. Además, debido a una mayor cercanía, los votantes podrían ejercer un mejor control sobre los gobiernos regionales que sobre los nacionales. Se generaría así una sana competencia entre las administraciones regionales por realizar una buena política y gestionar los recursos eficientemente con el fin de atraer ciudadanos de otras regiones que contasen con peores servicios y mayores impuestos. Como corolario, los gobiernos regionales tenderían a reducir su tamaño, contribuyendo así a la consecución de un estado pequeño y eficaz".

En la práctica, la generalización de la autonomía a todas las regiones – conocida coloquialmente como "café para todos"- se hizo pretendiendo erróneamente "descafeinar" las desmesuradas reivindicaciones de las nacionalidades o regiones históricas. Sin embargo, esa generalización tuvo un efecto perverso, porque todas las regiones –históricas o no- acabaron aspirando a conseguir el máximo de transferencias de competencias. En todo caso, las autonomías territoriales han consolidado el poder caciquil provincial o regional. Por ello el Estado debería haber controlado y supervisado el nacimiento, organización y funcionamiento de tales "autonomías", tutelándolas adecuadamente.

0000000000

Por mi parte, como ahora tengo una visión de la realidad mejor que la que tuvieron los expertos hacia 1980, voy a señalar que, entre las ventajas de la

---

[6] Artículo titulado "El dogma de las autonomías"(I), publicado en El Confidencial el 27-7-2010 por Juan Manuel Blanco.

autonomía territorial, es destacable que con ella las regiones autoafirman su identidad, aunque históricamente no la hubiesen definido específicamente.

No obstante, cuando los nacionalistas extreman los perfiles identitarios de su comunidad, esta ventaja puede degenerar en secesionismo. Sin embargo, el incremento del secesionismo no se produce necesariamente al aumentar la autonomía regional, pues depende del nacionalismo existente y de la actitud de los nacionalistas.

Sobre este tema, Aleix Vidal-Quadras[7] dice "he aquí el gran problema de España en el inicio del siglo XXI, la negativa contumaz y destructiva de los nacionalismos identitarios a incorporarse lealmente a un gran proyecto español cohesionado y plural en el que la diversidad sea respetada y la unidad conservada. De nada sirve fingir que este mal no nos aflige, actuar como si las cosas fuesen de otra manera, si son como son".

Otra ventaja es que las gestiones administrativas son más asequibles para el ciudadano, al estar más cerca la administración; lo que puede favorecer una mayor participación política. Por último, voy a referirme a una discutible ventaja de la autonomía, que no todos aceptan como tal: me refiero a que, si existe una política económica adecuada, la autonomía territorial facilita la reducción de las desigualdades en materia de renta, logrando una mayor convergencia del desarrollo de las comunidades autónomas, con la consiguiente reducción de las desigualdades de renta por habitante. No obstante, no siempre ello es así.

Efectivamente, como ha puesto de relieve Pedro Carlos González de las Cuevas[8] "…atribuir el progreso económico y social que ha tenido lugar en la sociedad española desde 1978 al sistema autonómico, como a veces se intenta hacer, es sencillamente ridículo. La prueba más simple se obtiene observando la posición relativa que ocupaban en 1978 las distintas regiones y las que ocupan hoy, y comparándola con el grado de autogobierno del que han dispuesto. Así, resulta que regiones que disfrutaron desde el primer momento de Estatuto de autonomía "de primera" o de "vía rápida", como Galicia y Andalucía, no han avanzado posiciones relativas, mientras que otras que sí lo han hecho, como las islas Baleares o Madrid, partiendo de un nivel de autogobierno menor, hablando desde un punto de vista competencial. Para lo que sí parece haber servido, a nivel económico, el sistema autonómico es para congelar las posiciones de regiones como el País Vasco y Cataluña que, en el pasado se desarrollaron industrialmente antes y en mayor medida que el resto del país, pero que con el cambio de estructuras económicas y la mejora de las comunicaciones han perdido en buena medida la ventaja competitiva que proporcionaba la situación privilegiada como únicos puntos fácilmente practicables por tierra con el resto de Europa".

Además, a la vista de la situación actual de las autonomías creo que puede concluirse que la descentralización se ha hecho solo a medias porque el Estado sí que ha transferido muchas competencias a las comunidades autónomas pero éstas, a su vez, no han transferido parte de sus competencias a los entes administrativos locales, diputaciones y ayuntamientos, que están todavía más cercanos a los ciudadanos que las propias comunidades. Entonces puede uno preguntarse si el proceso autonómico es tal o, en el fondo, de lo que se trataba era de sustituir el centralismo estatal por el centralismo de las comunidades en su territorio o, en último caso, pura y simplemente, de desmantelar el Estado hasta dejarlo sin territorio y con escasez de recursos económicos.

---

[7] "La Constitución traicionada". Aleix Vidal-Quadras. LibrosLibres. Madrid. 2006. Páginas 45 y 46.
[8] Artículo titulado "En torno al Estado de las Autonomías" publicado en la revista El Catoblepas, número 107, de enero de 2011 por Pedro Carlos González de las Cuevas.

Otra conclusión que se obtiene al observar el resultado del proceso autonómico español es que no se han producido las teóricas ventajas de la descentralización política, argumento básico e indispensable para fundamentar la conveniencia de la autonomía territorial. Efectivamente, como ha subrayado Juan Manuel Blanco[9] "...ya en los años 90 del siglo XX, los estudios observan que, al contrario de lo que predecía la teoría, los resultados habían sido bastantes decepcionantes. La descentralización parece generar más corrupción, una gran ineficiencia, una administración hipertrofiada y crecientemente intervencionista, enorme inestabilidad presupuestaria con tendencia a déficits abusivos y en ciertas condiciones, menor crecimiento. ¿En qué había fallado la teoría?...

...La primitiva teoría del federalismo fiscal había fallado por sus erróneos supuestos acerca del comportamiento de la administración y del sistema político: a) los gobernantes no son meros altruistas que buscan el bienestar de los ciudadanos, sino agentes que tienen su propios intereses...y b) el mecanismo del voto no constituye un control directo sobre los gobiernos (autonómicos) sino un control indirecto e imperfecto y, en gran parte de las ocasiones, este control funciona peor a un nivel regional (aunque esto depende en gran medida del sistema electoral). Por ello, el tipo de instituciones que se crean en la descentralización van modelando los incentivos de los dirigentes para desarrollar unas políticas u otras, en busca de sus propios beneficios".

0000000000

A continuación voy a referirme brevemente a algunos de los actuales inconvenientes y problemas que tiene la autonomía territorial, cuyas consecuencias negativas en España se examinarán ampliamente en el capítulo II, en el que se hace un balance de los resultados del desarrollo de nuestro Estado de las Autonomías.

En primer lugar están los derivados del modelo autonómico abierto establecido por la Carta Magna en su Título VIII, que hace interminable el proceso autonómico y que genera una incesante escalada reivindicativa de transferencia de competencias y de financiación; lo que favorece especialmente a los partidos políticos nacionalistas, que emplean el victimismo culpando al Estado centralista de que no atiende o no da recursos, lo que usan como cobertura justificativa de las carencias o de las imperfecciones de su gestión.

Nuestro modelo autonómico es tan abierto que todavía es provisional porque no está cerrado en cuanto a su configuración territorial. Las autonomías, por su propia naturaleza constitucional, aspiran a incrementar constantemente sus competencias en una perversa espiral sin fin que conduce, desde hace décadas, a la ruptura del mercado y lo que es peor aún, a la ruptura del modelo de Estado basado en la indisoluble unidad nacional de España.

Otro inconveniente de la autonomía es que puede ahondar las diferencias territoriales en la capacidad financiera para la prestación de servicios a los ciudadanos. En efecto algunas comunidades explotan su singularidad o "hecho diferencial", pues así consiguen más poder negociador frente al Estado y obtienen más recursos o transferencias que otras autonomías territoriales, lo que da lugar a asimetrías y afecta al principio de la igualdad de todos los españoles.

---

[9] Artículo citado ya en este capítulo.

Además la autonomía territorial afecta negativamente a la libre circulación de personas, mercancías y servicios; así como a la unidad de mercado por la infinidad de normas y restricciones existentes en los diversos territorios autónomos. Todo ello perjudica a la competitividad de los bienes y productos españoles en el mercado único de la Unión Europea y en el comercio internacional. Dada la vital importancia de esta desventaja de las autonomías territoriales la analizaré extensamente en el capítulo siguiente, al hacer el balance de los resultados de nuestro Estado autonómico.

Otro inconveniente de la autonomía es que no fomenta la cohesión nacional porque algunas autonomías se han convertido en un fin en sí mismas orientándose hacia el secesionismo, lo que debilita cada vez más a un Estado raquítico que cuenta con recursos económicos decrecientes.

Las autonomías han multiplicado el número de políticos y de funcionarios necesarios para que funcione el Estado autonómico. Desde la Transición democrática hasta hoy el número de funcionarios y asimilados se ha cuadruplicado, siendo actualmente de unos 3,2 millones de personas. Los cargos políticos que había hace un par de años eran unos 8.100 alcaldes, 65.896 concejales, 1206 parlamentarios autonómicos, 1031 diputados provinciales, 650 diputados o senadores, 139 responsables de Cabildos y Consejos insulares y 13 consejeros del valle de Arán.

Lo peor es que se ha puesto de manifiesto también que existen perniciosas desigualdades en la capacidad e idoneidad de los gestores y de los funcionarios de las diferentes comunidades autónomas, lo que repercute en la desigual prestación de servicios al ciudadano. Los habitantes de un territorio autónomo reciben servicios de calidad inferior a la de otras comunidades, a pesar de que todos pagan impuestos similares. Las Autonomías crean desigualdades entre los españoles.

Finalmente, el principal inconveniente de la autonomía territorial es su altísimo coste, no siempre justificable, que se agrava porque la falta de control estatal facilita los despilfarros de los administradores que, a veces, tienen que financiarlos con una creciente deuda pública que está llegando a ser inasumible y que pone en peligro tanto la supervivencia de la propia autonomía territorial como la posibilidad de endeudamiento de un Estado cada vez más exhausto.

Al considerar los beneficios de la descentralización es preciso ser consciente también de los costes que acarrea. Junto a los costes de administración y a los eventuales costes de información para los ciudadanos han de incluirse otros costes derivados de los problemas de coordinación entre las distintas autoridades públicas (centralizadas y descentralizadas, o de estas últimas entre sí) y por efectos negativos que las intervenciones y decisiones de las autoridades descentralizadas pueden tener más allá de sus propios territorios.

El gasto de las comunidades autónomas convierte al Estado de las autonomías en ruinoso e ineficiente. Desde luego, el altísimo y elevado coste del Estado autonómico es el problema central de la actual crisis española. La multiplicación de leyes dispares en cada territorio, la existencia de diversas políticas económicas, sociales, sanitarias y fiscales -sobre todo las diferencias en materia de educación-, debilitan al Estado y lastran las posibilidades de salir bien y rápidamente de la crisis, a diferencia de otros Estados europeos.

0000000000

En torno a la autonomía ha habido, como ha dicho Juan Manuel Blanco[10] "...mucha carga ideológica y política, muchos elementos emocionales y frases huecas pero poco debate nacional como si de un dogma cuasi religioso se tratase...

...Se ha identificado frecuentemente la descentralización con una profundización de la democracia y de la libertad de los individuos pero la creciente imposición de regulaciones, el intenso control de la vida ciudadana, el establecimiento de barreras a la movilidad y a la competencia y el incremento desmesurado del gasto en muchas Autonomías, son hechos que ponen en tela de juicio la veracidad de este planteamiento".

Desde luego en 1978, cuando la nueva Constitución abrió la posibilidad de alcanzar la autonomía política territorial pocos ciudadanos sabían lo que era la autonomía, aunque muchos nacionalistas periféricos sí que sabían que de la autonomía territorial podían sacar mucho provecho para sus finalidades. Y también lo sabían bastantes políticos, incluso algunos de los redactores de la Carta Magna. El Título VIII de la Constitución ha tenido consecuencias negativas porque sus artículos 147.3 y 152.2 permiten que las iniciativas de reforma de los estatutos de autonomía puedan tener lugar por la mera voluntad de los respectivos parlamentos autonómicos. Por ello, el Estado tiene que contemplar pasivamente cómo los parlamentos de las autonomías plantean reformas estatutarias para demandar a "Madrid" traspasos de competencias.

El resultado del proceso autonómico es un Estado de autonomías "a la carta", en el que la racionalidad de la armonización se echa en falta. La transferencia de competencias ha sido desigual territorialmente, aunque las comunidades autónomas suelen imitar en sus reivindicaciones a aquellas nacionalidades como Cataluña que han logrado un máximo de competencias autonómicas, en la creencia de que más competencia equivalen a más poder de las oligarquías territoriales, nacionalistas o no, que aspiran a ser "cabezas" dirigentes de un nuevo Estado.

Efectivamente, como ha subrayado Federico Castaño[11] "lejos de las buenas intenciones que inspiraron las ideas de los padres de la Constitución española, las autonomías han derivado desde 1978 hacia 17 parcelas de poder que han copiado las estructuras de la maquinaria central del Estado. De esta forma, operan otros tantos Parlamentos que ya superan los 400 millones de euros anuales, escoltados por una barroca arquitectura institucional y ensalada administrativa de la cuelgan los correspondientes consejos consultivos, defensores del pueblo, tribunales de cuentas, servicios meteorológicos y boletines oficiales".

Al comparar las ventajas de las autonomías con sus inconvenientes sacamos una conclusión sorprendente: los inconvenientes superan ampliamente a las ventajas, por lo que no debería existir más demanda de mayor autonomía territorial. Y sin embargo la hay, al menos a nivel político aunque no popularmente.

Si esto es cierto, se me plantean dudas sobre algunas cuestiones: ¿por qué se han generalizado las autonomías en toda España?, ¿por qué se piden reformas de los Estatutos de algunas comunidades autónomas para ampliar las facultades de autogobierno y tener más competencias?, ¿es útil la autonomía política?, ¿para quién, para los ciudadanos o para los políticos?, ¿son necesarias las CC.AA. para proporcionar mejores servicios al ciudadano o se demandan competencias al Estado porque las comunidades se han convertido en agencias de colocación para los políticos, para sus amigos y para los enchufados?.

---

[10] Artículo citado publicado en El Confidencial.
[11] "El Despilfarro. La sangría de la España autonómica". Federico Castaño. Espasa. Madrid. 2011. Página 27.

Desde luego yo no soy el único que se cuestiona el modelo autonómico. ¡Somos muchísimos!. Un buen ejemplo de ello se encuentra en Internet en el blog de Javier Espadero[12] quien se lo cuestiona en un artículo con este título: "ESPAÑA, ¿con o sin 17 Comunidades Autónomas y sus "legiones" de políticos?", que comienza con las siguientes preguntas:

"¿Son necesarias las comunidades autónomas?, ¿son una "agencia de colocación de políticos" o realmente son necesarias para dar un mejor servicio al ciudadano?, ¿suponen una multiplicación x 17 del número de políticos, asesores, etc. en este país tan endeudado como España?, ¿España se puede permitir una superestructura tan cara con 17 comunidades autónomas con deudas multimillonarias?, ¿os parece normal que en las 17 comunidades autónomas españolas hayan más vehículos oficiales que en todo Estados Unidos, que son la 1ª economía del mundo, con más de 300 millones de habitantes?, ¿no se debería emplear esa ingente cantidad de dinero de las comunidades autónomas a los 5 millones de parados en crear empleo para ellos y ellas?.

¿Tienen algo, o mucho que ver la multiplicación de la estructura política que hay en España en la ruina que hay, y que paga, como siempre, el pueblo llano?.

Si se suprimiesen las 17 comunidades autónomas y sus respectivas TV deficitarias, ¿creéis que se podría emplear ese dineral en cosas más justas y más prácticas, como por ejemplo: crear empleo, inyectar dinero a empresarios, a sanidad, a educación, a justicia, a asuntos sociales, a I+D+I, a mejorar la competitividad española, a potenciar la formación profesional, el desarrollo científico-técnico español en el contexto del mundo global en el que vivimos, a políticas medioambientales, etc?.

¿Os sentís igual de españoles, de andaluces, de catalanes, de madrileños, de valencianos, murcianos, vascos, etc. con o sin comunidades autónomas?".

De los numerosos comentarios-respuestas a este cuestionario se concluye que las comunidades autónomas y su financiación son un gran problema para España que, además, está correlacionado con otro grave problema: el del sistema político español, que no es representativo de los ciudadanos, sino de los partidos políticos que los eligen. En efecto, nuestra democracia se configuró como una partitocracia. El sistema electoral ha facilitado la sobrerrepresentación de los partidos nacionalistas porque su voto se concentra en unas pocas provincias y no se dispersa por todo el territorio español, como ocurre en el caso de los partidos de ámbito nacional.

Actualmente los ciudadanos –por esos motivos- están desencantados de las instituciones democráticas y se cuestionan la representatividad popular que tienen los políticos. El catedrático Manuel Jiménez de Parga, que fue presidente del Tribunal Constitucional, ha escrito un artículo que tiene el expresivo título "De la ilusión política a la desilusión", publicado en EL MUNDO el 22 de julio de 2010, en el que pone de relieve que "…la forma en que se lleva a cabo la representación política resulta insatisfactoria…La Ley electoral no facilita, sino que obstaculiza, tanto la labor del Gobierno como la tarea de la oposición. Unos partidos pequeños, pero bien instalados en determinadas zonas de España, condicionan las decisiones de los grandes partidos nacionales. Además, el sistema electoral de listas cerradas ha contribuido a la transformación de los partidos políticos hasta convertirlos en *partidos de empleados.* Lo importante para los que militan en un partido es conseguir

---

[12] Puede verse en http://www.intereconomia.com/blog/blog-javier-espadero

un buen puesto en las listas cerradas y confeccionadas por quienes imponen la disciplina en la organización".

El injusto sistema electoral que padecemos los españoles todavía, no ha sido modificado sustancialmente hasta ahora porque el PSOE y el PP no han querido ponerse de acuerdo para hacerlo, y han preferido aliarse con los partidos nacionalistas cuando han tenido que gobernar sin contar con mayoría de diputados en el Congreso, aunque hayan tenido que dar a los nacionalistas todo lo que les han pedido, en transferencias de competencias a sus Comunidades autónomas o en asignaciones presupuestarias, a costa del resto de España.

En fin, menos mal que, actualmente, sumidos en una crisis económica profunda que limita los fondos disponibles para la financiación de las insaciables comunidades autónomas, muchos se han dado cuenta ya de que nuestro modelo autonómico es poco viable por sus altísimos costes y sus exigencias financieras, que no se corresponden con su escasa eficiencia en la prestación de servicios al ciudadano. Por fin parece llegado el momento de analizar los problemas estructurales del sistema autonómico español y desmitificar a las autonomías pues, para los ciudadanos, son muchísimo mayores sus inconvenientes que sus ventajas.

Para comprender mejor la profundidad del problema autonómico que existe ahora en España debe tenerse en cuenta la estrecha correlación que hay entre los oligarcas territoriales y la partitocracia avasalladora, que es consecuencia perversa de nuestro sistema político, con su vigente Ley electoral que distorsiona la representación popular y favorece a los nacionalistas, pues los políticos son elegidos por los partidos en listas cerradas y bloqueadas, en vez de serlo directamente por los ciudadanos. El maridaje de oligarcas locales y políticos "cerrados y bloqueados", sean o no nacionalistas, ha dado lugar al retorno del caciquismo territorial; eso sí "democrático", porque es fomentado por unos partidos políticos oligárquicos.

Resulta, pues, indispensable analizar a fondo también nuestro sistema político, porque el funcionamiento y los resultados del Estado autonómico dependen en parte de los partidos nacionalistas; pero también de la actuación de los partidos estatales mayoritarios, protagonistas principales de la partitocracia avasalladora que caracteriza al sistema político español. Sin la existencia de esta partitocracia, el Estado de las Autonomías no se habría degenerado tanto como lo ha hecho.

==========

II) BALANCE DEL ESTADO AUTONÓMICO.

1.- MULTIPLICACIÓN DE POLÍTICOS Y DE FUNCIONARIOS: ¿HAY PAN PARA TANTOS POLÍTICOS?.

En el Estado de las Autonomías, como muestran las cifras oficiales que expondremos más adelante, se han multiplicado los políticos y los funcionarios muy excesivamente. El adelgazamiento de la burocracia en la Administración Central desde 1978 hasta hoy ha sido mínimo; pero, sin embargo, en la Administración autonómica el número políticos y de funcionarios se ha multiplicado enormemente y en la Administración local ha crecido bastante. ¿A qué se debe esta multiplicación de políticos y, paralelamente, de funcionarios?. Hay varias causas: la primera y más inmediata es que, como es lógico, al multiplicarse los políticos han aumentado correlativamente los funcionarios, pues la importancia aparente de un político depende de los "cortesanos" de su entorno; es decir, del número de funcionarios y asimilados que lo asisten.

Además existen otras causas del aumento de funcionarios en España desde que se implantó el Estado autonómico, pues su implantación conlleva siempre un gran aumento de la burocracia. En efecto, sobre este asunto Juan Manuel Blanco[13] ha dicho que "raramente se han beneficiado los ciudadanos de unos servicios más baratos y eficientes, pero los partidos políticos descubrieron que un traspaso de competencias del Estado a las autonomías multiplica por 17 los cargos a repartir entre sus miembros. Aunque un partido pierda el gobierno nacional, siempre tendrá puestos para repartir en algunas regiones. Se crean, por tanto, unas grandes estructuras políticas y burocráticas que, ante la gran imperfección de los mecanismos de control locales, tienden a acaparar casi todos los resortes del poder, a politizar cada vez más espacio de la sociedad civil y a favorecer a los grupos de presión locales…la autonomía va creando una casta política regional, una burocracia y unos grupos de presión que viven del presupuesto público, cuyo mantenimiento requiere más gasto, más presupuesto y más competencias. No es sorprendente que el enorme entusiasmo de estos grupos ante las reformas de los estatutos de autonomía contraste con la manifiesta indiferencia de la mayor parte de la ciudadanía".

Se estima que actualmente el número de políticos es ya de unos 90.000, mientras que a finales de los años setenta del pasado siglo, al comenzar la Transición democrática, eran unos 20.000[14], lo que quiere decir que, gracias al establecimiento y desarrollo del Estado de las Autonomías, el número de políticos ha aumentado en unas cuatro veces respecto a 1976. A su vez, el número de funcionarios se ha multiplicado por cinco veces, porque ahora la mayoría de los ciudadanos españoles hemos pasado de tener tres administraciones públicas, para resolver o complicar nuestros asuntos, a cinco: la de la Unión Europea en Bruselas, la del Estado central,

---

[13] Artículo citado publicado en El Confidencial.
[14] Sería de agradecer que quien disponga de cifras fidedignas sobre el número exacto de políticos que hay en España actualmente, lo hiciese público.

la de nuestra comunidad autónoma, la diputación provincial (excepto en las CC.AA. uniprovinciales) y la de nuestro ayuntamiento. Consecuencia: también se ha multiplicado por cinco, o más, el número de funcionarios que nos administran. ¡Demasiados políticos y demasiados funcionarios!, al parecer.

El periodista y académico Luís María Ansón[15] ha escrito lo siguiente: "Rosa Díez ha tenido el valor de hurgar en la llaga del despilfarro de las autonomías. Hemos creado 17 jefecillos de Estado que se han dotado de toda la parafernalia de esa condición: palacios, gabinetes, secretarios, asesores, servicios de prensa, parque de automóviles, organización de escoltas, viajes gratis total, banquetes pantagruélicos, fiestas, recepciones, gasto, gasto, gasto,… Y, claro, contratación incesante de funcionarios para colocar a simpatizantes, parientes y amiguetes. Y, claro, creación de empresas públicas innecesarias y deficitarias para emplear en ellas a los que han prestado favores, amén de nuevos amiguetes y simpatizantes.

Según el estudio realizado por UPyD, el partido de Rosa Díez, las comunidades autónomas derrochan por encima de los 24.000 millones de euros cada año. Una cifra astronómica que dificulta hasta el límite la recuperación económica. La deuda acumulada por las autonomías y algunos ayuntamientos asusta. En 1976, los españoles pagábamos 600.000 funcionarios; hoy, 3.200.000. Y mientras las empresas recortan gastos y empleos, las tres administraciones siguen engordando el funcionariado, aparte los millares de empresas públicas que nos desangran".

Desde luego, es indudable que hay demasiados políticos. Muchos dicen que en España, antes de la crisis económica pero mucho más ahora, no hay pan para tantos políticos. Menos mal que entre ellos hay políticos sensatos con sentido de la realidad que también reconocen que sobran políticos. Lo ha dicho el vicesecretario de comunicación del Partido Popular, Esteban González Pons, en unas declaraciones a La Sexta TV el 26 de diciembre de 2010 quien aseguró que "sobran políticos" y defendió la necesidad de "reducir" su número en todas las administraciones públicas. Con ese propósito señaló que en aquellos territorios en los que iba a gobernar el PP habría menos políticos.

Además declaró que una de las medidas para salir de la crisis debe ser la reforma de las administraciones públicas, con una reorganización de sus competencias y la supresión de "puestos políticos intermedios". A su entender, de esa forma "se elimina burocracia". Por eso, el responsable de Comunicación del PP ha afirmado que su partido apuesta por "reducir el número de políticos en todas las administraciones". González Pons cree que hoy en día hay una administración "extraordinariamente grande, lenta y burocratizada", cuyo tamaño hay que reducir, igual que "en los últimos años las empresas han reducido sus puestos directivos".

Por supuesto en Internet hay muchas páginas criticando tanto el excesivo número de políticos en España como sus ventajas y privilegios que, en algunos casos,

---

[15] Artículo titulado "Rosa Díez y el despilfarro autonómico" publicado el 20 de abril de 2010 en un fórum. Puede verse en http://comunidad.terra.es/forums/thread/12793800.aspx

llegan a ser escandalosos, Puede verse, como ejemplo, un artículo titulado "La casta: el increíble chollo de ser político en España"[16]

0000000000

Según el informe del Banco de España, durante el primer trimestre de 2011, el número de personas que trabajan en alguna de las tres administraciones públicas o empresas públicas suponían un total de 3.186.000. Por primera vez desde que el Banco de España registra datos, el sector público es el único sector que crea empleo, 98.000 nuevos puestos de trabajo frente a 299.000 perdidos por el sector privado respecto a 2010. Si, como afirma FUNCAS, el coste salarial de los empleados públicos supone el 15 % del PIB, es comprensible su afirmación de que en las condiciones actuales nuestra economía no puede sostener tanta burocracia. Por ello FUNCAS espera que tras las elecciones locales y autonómicas se produzcan recortes en puestos de trabajo que no equivalgan a plazas de funcionario (interinos, personal laboral, empresas públicas...). Además pone de relieve que algunas administraciones autonómicas han creado de manera artificial empleo público para combatir las estadísticas de desempleo, teniendo en cuenta que las competencias de empleo están transferidas a las CC.AA.

Respecto al aumento de funcionarios es preciso tener en cuenta que, como ha dicho Eduardo Arroyo[17] "los funcionarios proliferan, es cierto, pero ¿de quién depende?. Desde luego la multiplicación de los funcionarios en España ha sido una decisión política que nace, en primer lugar, del Estado de las Autonomías. Como era de prever, 17 gobiernos dan para 17 administraciones aparte de la central. En este contexto no era de esperar que hubiera menos sino más funcionarios. En segundo lugar, dicha multiplicación depende también del clientelismo de los partidos políticos. El afán de asentar su poder si no en el gobierno central, en las comunidades autónomas, ha creado, no gobiernos regionales pequeños y eficaces, sino maquinarias enormes con las que gestionar las competencias que han ido sustrayendo al Estado. Ambas situaciones han nacido gracias a la clase política".

Lo que aquí se trata de analizar es si actualmente en España hay o no demasiados funcionarios. Antes de llegar a una conclusión sobre ello creo que, para referirse al tema sin prejuicios ni demagogia, debe tenerse en cuenta que el número de funcionarios en un Estado depende de la amplitud de los servicios sociales que se presten en él a los ciudadanos en el marco del Estado del Bienestar y además, principalmente, del tipo de Estado de que se trate: unitario centralista, autonómico, federal o confederal, porque en el unitario centralista suele haber pocos, mientras que en las restantes clases de Estado hacen falta cada vez más funcionarios, siendo el

---

[16] Vease http://1492.foroespana.com/t3200-la-casta-el-increible-chollo-de-ser-politico-en-espana.html

[17] Artículo titulado "¿Qué oculta la "ética del esfuerzo"? aparecido en El Semanal Digital del 6 de agosto de 2011.

confederal el que necesita más personal en las administraciones públicas. Lo que sí sería una anomalía es que un Estado unitario tuviera más funcionarios que otro federal; o que un estado autonómico tenga más funcionarios que otro de tipo federal pues, en último término, el número de funcionarios en un Estado está correlacionado con las competencias que ejercen sus regiones o territorios: a mayor descentralización territorial mayor número de funcionarios en un Estado. Por ello, las comparaciones internacionales sobre el porcentaje de funcionarios sobre su población suelen ser poco expresivas, si no tienen en cuenta para ponderar los resultados el tipo de Estado de que se trate y la amplitud de los servicios sociales que se prestan a la ciudadanía en cada uno de los Estados objeto de estudio.

Además, hay que distinguir entre funcionarios y asimilados; pues en los Estados unitarios centralistas predominan los funcionarios propiamente dichos mientras que en los Estados muy descentralizados políticamente los "asimilados a funcionarios" suelen superar ampliamente a los que son funcionarios, en sentido estricto.

Las cifras de funcionarios en España han evolucionado de esta forma:

	1976	Enero 1990	Enero 2009	Marzo 2011
Estado		1.308.692 (60,7 %)	575.021 (21,8 %)	
CC.AA		514.273 (23,8 %)	1.332.844 (50,6 %)	1.748.160 (56 %)
Admón. Local.		333.843 (15,5 %)	629.505 (23,8 %)	
Universidades			99.530 (3,8 %)	
TOTAL	800.000	2.156.808	2.636.900	3.186.000

De la observación de ese cuadro podemos sacar algunas <u>conclusiones</u>:

· En el periodo 1976-2011 en número de funcionarios y asimilados en España ha aumentado 5,31 veces.

· Ese aumento, debido a la transformación del Estado español de unitario centralista a otro autonómico ampliamente descentralizado parece inicialmente excesivo, sobre todo en el periodo 1976-1990.

· De 1990 a marzo de 2011 ha aumentado en 1.029.192 personas lo que ha parece muy excesivo.

· De 2009 a marzo de 2011 ha aumentado en 549.100 funcionarios, lo que parece desmesurado e incluso abusivo porque en ese periodo España ha estado inmersa en la crisis económica y, mientras que en el sector privado crecía enormemente el paro laboral, en las administraciones públicas el empleo ha crecido a un injustificable ritmo anual, porque entonces el Estado solo ha transferido competencias a las autonomías en poca cantidad. Parece que las administraciones públicas han luchado contra el crecimiento del paro contratando personal por encima de sus necesidades... ¡y de sus dotaciones presupuestarias!, y tal vez incrementando el déficit presupuestario o con endeudamiento, pues en los últimos años ha proliferado en las comunidades autónomas la creación de organismos autónomos, agencias públicas e instituciones, así como empresas públicas y fundaciones, obra escandalosa de políticos despilfarradores.

Este aumento de los funcionarios autonómicos ha hecho que, actualmente, de los 3.186.000 funcionarios y asimilados existentes, el 56 % pertenecen ya a las administraciones autonómicas; el 18 %, a la administración central, y un 26 % a la administración local.

El número y el coste de los empleados públicos es objeto de polémica, pues según las fuentes que se utilicen las cifras que aparecen son muy diferentes. Por ello, creo necesario, para una mayor objetividad, reproducir seguidamente, a fin de que se puedan contrastar con las expuestas hasta aquí, las cifras de funcionarios y asimilados que ofrece D. Soriano [18] y que han sido obtenidas de una sola base: la Encuesta de Población Activa, del Instituto Nacional de Estadística, por lo que son homogéneas. Dice Soriano que "en las últimas tres décadas el número de personas que reciben un sueldo de un organismo público se ha más que doblado, un porcentaje que excede con mucho a lo ocurrido en el sector privado. Así, a finales de 1976 (primer año que recoge la EPA del INE) había en España 1.374.000 personas que cobraban de la Administración; en el segundo trimestre de 2010 ya eran 3.086.000. Esto supone un crecimiento del 125 %.

Es una cifra alta, sin duda, pero aún más llamativa si la comparamos con los datos del sector privado. Así, hace 34 años había 12.669.000 ocupados en España (11.295.000 en compañías privadas), que ahora son 18.477.000 (15.391.000), lo que supone un incremento del 36 % en lo trabajadores a sueldo de las empresas españolas. Es decir, que la tasa de crecimiento del sector público es más del triple que la del sector privado.

Hasta ahora hemos hablado de personal a sueldo de las administraciones y no de funcionarios. Esto es así porque, aunque normalmente se usa esta última palabra como sinónimo de aquella expresión, lo cierto es que gran parte del crecimiento del sector público se ha visto de la mano de los no funcionarios. Así, los trabajadores al servicio de la administración se dividen en funcionarios, personal laboral y otro personal. Solo los primeros pasan por una oposición (con todos los requisitos, controles y exigencias que esto tiene), los demás son contratados con diversas fórmulas…Según el Boletín Estadístico del personal al servicio de las Administraciones Públicas, España tiene 2.968.628 trabajadores en la administración pública. De ellos, 1.618.474 son funcionarios, 709.491 personal laboral y 370.092 son otro personal. Además, a esos 2,9 millones de trabajadores hay que sumar casi 400.000 más que refleja la EPA y que tampoco son funcionarios (la gran mayoría pertenecen a las empresas públicas, especialmente autonómicas, por lo que no aparecen en las estadísticas del Gobierno).

De esta manera, la cifra final es de 1.618.474 funcionarios y 1.467.000 trabajadores que también cobran, de una manera u otra, del Estado sin haber pasado nunca por una oposición.

Si se analizan estos datos por administraciones, tampoco todos son iguales. Los organismos dependientes del Gobierno central suman un total de 591.559

---

[18] Artículo titulado "El aumento de empleados públicos triplica al del sector privado", publicado en Libertad Digital el 18 de febrero de 2011.

trabajadores de los que solo 140.216 no son funcionarios, un 24 %...Porque de donde viene la explosión es de las administraciones regionales y locales, auténticas generadoras de trabajadores a sueldo de los políticos, tanto funcionarios como, especialmente, de no funcionarios. Así las comunidades autónomas tienen 888.403 funcionarios y 460.089 en otras categorías. Y los ayuntamientos suman 215.621 funcionarios y 442.284 empleados que no lo son.

Pero, además, a todos esos trabajadores no funcionarios hay que sumar los 387.362 que incluye la EPA y no el Registro Central de Personal. Son casi 400.000 personas que declaran trabajar para las administraciones y no aparecen en el registro oficial. La gran mayoría de estos *fantasmales* empleados públicos ocupan plaza en las numerosísimas empresas públicas diseminadas por todo el país. Y a ellas han accedido, en un alto porcentaje, por el antiguo, clásico y caciquil *dedazo* del político de turno.

Así, si tomamos este dato de la EPA como correcto, ayuntamientos y autonomías tienen 1.104.024 funcionarios y, aproximadamente, 1.200.000 trabajadores a sueldo que no han pasado por una oposición, lo que suma un 53 % del total".

0000000000

Como se ha comprobado anteriormente, las cifras del número de empleados públicos deben ser matizadas y ponderadas, porque el término funcionario se emplea indebidamente, ya que incluye también "personal de las administraciones públicas" que son no funcionarios en sentido estricto: solamente un 28 % del total corresponde a funcionarios propiamente dichos, porque el resto, un 72 %, es personal laboral y profesionales al servicio de la Administración: médicos, maestros, policías, militares, correos, etc.

Por ello Emilio S. Herrera[19] hace la observación de que "cuando hablamos del "Personal de las Administraciones Públicas", no se está hablando exclusivamente de los funcionarios de carrera, aquellos que con su esfuerzo y su formación académica, han logrado -en competencia con miles de personas en este país-, obtener una plaza en la Administración. En lugar de ello se está incluyendo una cantidad inmensa de personas que trabajan para la Administración Pública directa o indirectamente a través de "otras formas laborales" muy distantes de las de un funcionario de carrera.

En cuanto al personal de las Universidades, muchos de ellos no tienen condición de funcionario, puesto que trabajan para éstas con contratos laborales idénticos a los que se realizan en empresas privadas. Además se incluyen a todos los profesores universitarios, becarios, investigadores, etc. Además, aunque reciban

---

[19] Artículo titulado "Y, ahora, los Funcionarios, una vez más", de Emilio S. Herrera, publicado el 18-4-2011 en http://www.laterceraola.org/2011/04/y-ahora-los-funcionarios-una-vez-mas.html

ayudas de las Administraciones Públicas, las Universidades son constitucionalmente autónomas en cuanto a su funcionamiento y manejo de su presupuesto…

…Por supuesto que también se incluyen a los policías, guardias civiles, bomberos, médicos, maestros y profesores. También a los profesores de las escuelas de idiomas, escuelas de música, etc.".

Pero no solo las CC.AA. han engordado cuantitativamente sus nóminas de funcionarios y asimilados; también algunos ayuntamientos, como el despilfarrador de Madrid, han aumentado sus plantillas de personal incluso en tiempos de crisis económica, a pesar de que sus ingresos han disminuido. En efecto, el citado Emilio S. Herrera se pregunta si en las estadísticas del número de funcionarios se incluye también "a los más de 600 vocales vecinos, con sueldos de 900 euros mensuales, que tiene el ayuntamiento de Madrid. Estos vocales vecinos son nombrados por los grupos parlamentarios (municipales) en proporción a su representación en el Pleno – por ejemplo, 63 corresponden a Izquierda Unida con solo 3 concejales electos. ¿Se incluyen los más de 80 que como "personal eventual" se adscriben a los grupos parlamentarios en el ayuntamiento de Madrid?...Personal Eventual, Personal de Alta Dirección, Coordinadores Técnicos, Jefes de todo tipo, Altos Cargos, etc.

Cuando Alberto Ruiz Gallardón llegó al ayuntamiento de Madrid creó una estructura administrativa similar a la que existe en una comunidad autónoma: consejeros técnicos, coordinadores técnicos, directores generales, subdirectores generales, secretarios, gerentes. etc. ¿Son estos también funcionarios?.

Pero no hablo solo del personal de confianza, sino de los miles de contratos de trabajo, similares a los realizados por empresas privadas, que realizan todas las administraciones públicas, sean de un color u otro. Utilizan para ello las empresas públicas, las instituciones y las agencias. ¿Son estos, también, funcionarios?.

La respuesta es No. Y la realidad, que no cuentan los "periodistas concertados", es que desde hace unos diez años, la administración pública se está despoblando en beneficio de las instituciones, organismos, agencias y empresas, que se utilizan para diferir el dinero público y, en muchos casos, eludir los sistemas de control presupuestario. No hablemos aquí de las Fundaciones.

¿Se está produciendo una privatización de la Administración Pública?. Lejos aquí, de debatir sobre las bondades o maldades de la "liberalización administrativa", lo que sí podemos decir es que lo que se está privatizando es "el dinero público"…Lo que sí sabemos es la Administración Paralela que unos y otros –PP y PSOE- han generado y están esforzándose en institucionalizar en aquellos lugares en los que gobiernan".

Hasta aquí la detallada exposición que hace Emilio S. Herrera de la degeneración administrativa que los políticos están llevando a las administraciones públicas y que conlleva una multiplicación no de los funcionarios, sino del personal al servicio de las administraciones públicas y de las administraciones "paralelas". La conclusión es que, efectivamente, hay un exceso de personas que trabajan en la Administración pública, en gran parte por culpa de los políticos. Para sanear la Administración, reduciendo el número de trabajadores en entidades más o menos públicas, es preciso desterrar la corrupción política, reformar el sistema electoral para que los políticos electos representen a los ciudadanos de su circunscripción y no al partido que los elige, recentralizar la gestión pública devolviendo las comunidades autónomas competencias a la Administración central, abrir un debate sobre si el Estado debe seguir siendo o no autonómico y…si fuese necesario…modificando la Constitución, para que en España haya menos políticos y, consiguientemente, muchos menos funcionarios y otro personal de las administraciones públicas. Sobre estos temas volveremos a profundizar en los próximos capítulos de este libro.

De momento lo urgente es fijar un techo de gasto y de déficit presupuestario en las administraciones públicas, eliminar gastos superfluos, prohibir el endeudamiento de esas administraciones públicas, reducir entes públicos ineficientes e, incluso, quitar niveles administrativos, como las discutidas diputaciones provinciales, que actualmente mantienen 38 parlamentos con 1031 diputados provinciales y sus correspondientes cargos y asesores, transformándolas en órganos técnicos de asesoramiento y cooperación con los municipios, a los que deben proveer de servicios de calidad, disminuyendo sustancialmente sus actuales estructuras político-representativas, lo que será posible llevar a cabo si se hace la correspondiente modificación de la Ley de Bases de Régimen Local.

==========

2.- LA FINANCIACIÓN AUTONÓMICA Y LA SOLIDARIDAD INTERTERRITORIAL: DE LA TEORÍA A UNA REALIDAD CAÓTICA.

Sin financiación serían inviables las autonomías. El complemento necesario de la autonomía política es la autonomía económico-fiscal, que debe ser suficiente en su disponibilidad de recursos, solidaria y corresponsable fiscalmente con el Estado. Sin embargo, en la práctica nuestras CC.AA. tienen insuficiencia de recursos lo que les obliga a un excesivo endeudamiento, son poco solidarias con las comunidades menos desarrolladas económicamente y actúan de una forma arbitraria y despilfarradora del gasto público. ¿Por qué?. A lo largo de este capítulo trataré de dar respuesta a este interrogante.

Iniciaré mi exposición haciendo referencia a dos temas indispensables y estratégicos en el Estado de las autonomías: la financiación autonómica y la solidaridad interterritorial. Describiré posteriormente la situación caótica que presenta hoy la financiación autonómica y que, si no se soluciona adecuadamente, lastrará el funcionamiento de unas comunidades autónomas cada vez más endeudadas; lo que podría, finalmente, hacer inviable la existencia de unas CC.AA. en quiebra económico-financiera y que no podrán ser financiadas por un Estado ruinoso, también endeudado excesivamente.

Dedicaré algún espacio al tema de la financiación autonómica, por ser un factor clave para que existan las autonomías interterritoriales y porque si, como ocurre actualmente, se descontrola y aumentan excesivamente los impuestos y el endeudamiento puede conducir a la ruina de las haciendas de las CC.AA. y del Estado autonómico, convirtiéndolo en inviable.

Inicio mi análisis recordando que, en todo caso, el Estado debe garantizar que las comunidades autónomas dispongan de los recursos financieros indispensables para poder ejercer efectivamente sus competencias y responsabilidades. Sin embargo, hay que tener muy en cuenta también los efectos económicos que conllevan las autonomías financieras territoriales, dado que los Estados contemporáneos son unidades políticas y económicas poseedoras teóricamente de un mercado unitario.

La descentralización fiscal ha de instrumentarse en base a criterios técnicos, pero ha de contar también con otros factores económicos y sociales que inciden decisivamente en la posibilidad y en el alcance de la autonomía financiera de las comunidades autónomas. En realidad, la fiscalidad es solamente un aspecto de lo económico, y si se quiere que funcione bien la autonomía financiera territorial, es preciso tener en cuenta todos los factores que inciden en la problemática autonómica, que depende del contexto socioeconómico característico del Estado común.

La solidaridad exige que todos los españoles y todas las comunidades autónomas tengan los mismos derechos y las mismas oportunidades y medios para desarrollarse y perfeccionarse.

Por supuesto la justicia es previa a la solidaridad; pero la solidaridad puede contribuir a restaurar la justicia interterritorial en un Estado de las Autonomías que sea verdaderamente solidario con las regiones, provincias, comarcas o municipios. Además la solidaridad debe ser también intrarregional; es decir, que son inadmisibles las desigualdades dentro de una comunidad autónoma, sea entre personas, comarcas o provincias.

0000000000

En este apartado me voy a referir al proceso de descentralización financiera que ha experimentado España en los últimos treinta años hasta llegar a la actual legislación sobre financiación de las CC.AA. Lo relativo a la descentralización fiscal y la consiguiente financiación de las autonomías territoriales es un asunto de enorme importancia que debería ser competencia del Senado. Sin embargo, dado que esta Cámara de representación popular no funciona adecuadamente, pues no ha asumido todavía esa competencia, el estudio y las decisiones sobre financiación autonómica están encomendadas al Consejo de Política Fiscal y Financiera (CPFF) en el que se integran representantes del Estado y de las CC.AA., así como de las ciudades que poseen estatuto de autonomía, o sea Ceuta y Melilla.

A continuación reproduciré lo que el Consejo de Política Fiscal y Financiera ha dicho sobre el proceso de descentralización fiscal en su documento sobre su Acuerdo 6/2009, de 15 de julio, para la reforma del sistema de financiación, que comienza así: "el intenso proceso de descentralización fiscal que ha vivido España en los últimos 30 años tiene sus bases en la Constitución Española, que establece en su

Título VIII el marco de relaciones entre los diferentes niveles de gobierno, refiriéndose a las CC.AA. en el Capítulo III y estableciendo que gozarán de autonomía financiera para el desarrollo de sus competencias, de acuerdo a los principios de coordinación con la Hacienda Estatal y de solidaridad entre todos los españoles (art. 156), solidaridad que será garantizada por el Estado (art. 138). En concreto dicha solidaridad debe incorporar la garantía de un nivel mínimo en la prestación de los servicios públicos fundamentales en todo el territorio español y la corrección de los desequilibrios económicos interterritoriales (art. 158)…

En los últimos años se han aprobado las reformas de los Estatutos de Autonomía de seis de las CC.AA. de régimen común (Comunidad Valenciana, Cataluña, Andalucía, Illes Balears, Aragón y Castilla y León)…dichas reformas estatutarias contienen disposiciones relativas a los regímenes de financiación, que han de ser consideradas como uno de los referentes básicos de la reforma del Sistema".

Esta reforma se especificó en el Acuerdo del Consejo de Política Fiscal y Financiera nº 6/2009, de 15 de julio. Los ejes básicos de la reforma fueron los siguientes:

1º. Refuerzo de las prestaciones del Estado del Bienestar en el marco de la estabilidad presupuestaria.

2º. Incremento de la equidad y la suficiencia en la financiación del conjunto de las competencias autonómicas.

3º. Aumento de la Autonomía y la Corresponsabilidad.

4º. Mejora de la Dinámica y Estabilidad del sistema y de su capacidad de ajuste a las necesidades de los ciudadanos.

La reforma se concretó en la Ley 22/2009, de 18 de diciembre, por la que se reguló el sistema vigente de financiación de la CC.AA. de régimen común y ciudades con Estatuto de autonomía y se modificaron determinadas normas tributarias.

En todo caso, hay que tener en cuenta que, como ha dicho Mikel Buesa[20] "el modelo de financiación autonómica, basado en la multilateralidad y en la solidaridad, fue cuestionado a raíz de la aprobación del Estatuto de Cataluña y, posteriormente, de los Estatutos de otras Comunidades Autónomas en los que se introdujeron normas reguladoras, generalmente contradictorias entre sí, que invadían el terreno competencial del Estado, a quien la Constitución otorga la potestad de legislar al respecto. Y lo que está en discusión no son solo los recursos de que pueda disponer tal o cual gobierno regional, sino algo mucho más importante como es el reconocimiento fáctico de una singularidad que apela a la soberanía para determinados territorios, singularmente a Cataluña. Por tal motivo, al haberse atendido las pretensiones nacionalistas catalanas en la negociación bilateral de la financiación autonómica que dio lugar al acuerdo de julio de 2009, se ha dado un paso decisivo hacia la fragmentación del Estado".

El objeto de la Ley 22/2009 fue la regulación del Sistema desde el 1 de enero de 2009, incluyendo la garantía de financiación de servicios públicos fundamentales,

---

[20] "La crisis de la España fragmentada". Mikel Buesa. Ediciones Encuentro. 2010. Página 53.

los fondos de convergencia autonómica, el régimen general de la cesión de tributos del Estado a las CC.AA. y los órganos de coordinación de la gestión tributaria.

Esa Ley regula los nuevos Fondos de Convergencia Autonómica: el Fondo de Competitividad y el Fondo de Cooperación. Se trata de Fondos creados con recursos adicionales del Estado y con los objetivos de aproximar las CC.AA. en términos de financiación por habitante ajustado y de favorecer el equilibrio económico territorial, contribuyendo a la igualdad y la equidad. El Fondo de Competitividad se crea con el fin de reforzar la equidad y la eficiencia en la financiación de las necesidades de los ciudadanos y reducir las diferencias en financiación homogénea per cápita entre CC.AA. El Fondo de Cooperación se crea con el objetivo último de equilibrar y armonizar el desarrollo regional, estimulando el crecimiento de la riqueza y la convergencia regional en términos de renta por CC.AA. y ciudades autónomas.

Mikel Buesa[21] subraya que el modelo aprobado en diciembre de 2009 no respeta totalmente los principios de autonomía, suficiencia, solidaridad y corresponsabilidad fiscal "porque se ha limitado el principio de solidaridad a lo que se consideran servicios públicos esenciales –es decir, la sanidad, la educación y los servicios sociales-, de manera que, como derivación, se conculca severamente el principio de suficiencia. Ello significa que, más allá del reparto de unos fondos adicionales, se ha configurado un sistema que, si los ingresos fiscales acaban siendo insuficientes, puede colocar a algunas Comunidades Autónomas en una delicada situación en la que no podrán ejercer plenamente sus competencias…

…con el nuevo sistema de financiación autonómica, se ha despojado al Estado de una gran parte de su capacidad recaudatoria y, por tanto, de su propia autonomía financiera".

La Ley 22/2009 regula asimismo la cesión de tributos del Estado a las CC.AA., tanto el rendimiento cedido a las mismas, como las competencias que tienen éstas en materia de normativa tributaria y gestión de estos impuestos.

En resumen, la nueva Ley se caracteriza por:
- Una mayor cesión de tributos y capacidad normativa.
- Nivelación total de servicios fundamentales, y parcial en el resto.
- "Menú de fondos": competitividad, cooperación, población,…

Según Federico Castaño[22] ese modelo de financiación autonómica "…consiste en meter dinero en un gran cajón para después repartirlo entre los distintos territorios con criterios que no permiten asegurar que los recursos obtenidos por cada uno de ellos resulten suficientes".

La citada reforma del modelo de financiación nace con un "pecado original": a pesar de estar inmersos en la crisis económica, el Gobierno niega la existencia de la crisis y, por lo tanto, los objetivos de la Ley exigen una mayor financiación que no se puede conseguir por una caída de la recaudación. Entonces el Sistema, que resulta demasiado costoso, se convierte en deficitario, lo que pone en peligro el cumplimiento de lo establecido en la Ley reguladora por la necesidad de endeudarse que tienen las CC.AA. El Estado y CC.AA. han gastado más de lo que podían, una

---

[21] Obra citada. Páginas 55 y 56.
[22] Obra citada. Página 154.

situación deficitaria, que se prolonga hasta hoy, lo que ha hecho entrar en crisis el Sistema de financiación autonómica que entró en vigor el 2009; que ahora es ya inútil porque está agotado y no cumple bien su función, por lo que debería ser revisado a fondo para racionalizar el gasto público y que sea eficiente.

El vigente sistema no exige a las CC.AA. ningún compromiso de mayor eficiencia o eficacia en el gasto, pero acepta que el Fondo de Garantía cubra solamente educación, sanidad y servicios sociales, por lo que deja sin cobertura infraestructuras y otras inversiones. También permite que las CC.AA. solo sean gastadoras, pues la obligación de subir impuestos pertenece al Estado, al malo de la película. Por último hay que subrayar que la multiplicación de Fondos a la carta hace que todas las CC.AA. se presenten como la más favorecida si dan publicidad y relevancia al resultado de uno de ellos.

Ante esta confusa situación financiera autonómica, Ana Samboal[23] trata de hacerla más comprensible, en los siguientes términos:

"¿De dónde proviene el capital con el que se financian las comunidades autónomas?. Con la mira puesta en el sistema vigente en los territorios forales, a partir de ahora, se llevarán un porcentaje más alto de ingresos procedentes del pago de los impuestos en cada región, en detrimento de las transferencias estatales. Tal y como establece el Estatuto catalán. El noventa por ciento de la financiación de los Gobiernos autonómicos provendrá de la cesión directa de la mitad de lo recaudado por IVA e Impuesto sobre la Renta y el cincuenta y ocho por ciento de impuestos especiales como los que gravan el alcohol, gasolina o tabaco. No existen y se echan en falta en ese nuevo sistema mecanismos de control de gasto, una suerte de Pacto de Estabilidad similar al europeo. De hecho el desequilibrio de las cuentas de las comunidades autónomas, manirrotas la mayoría, se ha acentuado de la misma forma que lo ha hecho el del Gobierno central. Están autorizadas a incurrir en déficit hasta el dos y medio por ciento de su Producto Interior Bruto y algunas doblan ya esa cifra. El nefasto presupuesto para 2009 que elaboró Pedro Solbes, con unas previsiones de ingresos que, a fuerza de negar la recesión en la que ya habíamos entrado de lleno, eran desorbitadas, las ha estimulado a gastar mucho más de lo que después las arcas públicas han recaudado. Incluso tendrán que devolver al Gobierno parte de las transferencias porque han recibido más de lo que les correspondía en 2008. Es solo una de las graves distorsiones que crea un presupuesto ajeno por completo a la realidad, pero muy conveniente para disimular, a las puertas de unas elecciones, como era el caso de las europeas, la crítica situación que atravesaba la economía española. ¿De verdad podemos pagar todo esto?".

0000000000

Para solucionar en lo posible el agobiante y urgente problema de la financiación autonómica, hipotecada por un descomunal endeudamiento, e intentar enmendar el modelo de financiación para que pueda ser eficaz de ahora en adelante, el 27 de julio de 2011 se reunió el Consejo de Política Fiscal y Financiera que terminó sin acuerdo alguno porque se enfrentaba a un problema irresoluble porque el modelo es inviable. El problema no se podía solucionar ni con anticipos a cuenta ni

---

[23] Obra citada. Página 260 y 261.

con una flexibilización del techo de gasto ni con los créditos blandos del ICO, que propuso la vicepresidenta económica Elena Salgado.

El editorial del diario El Mundo de fecha 28 de julio pasado, titulado "Un modelo de financiación que ya no vale", es muy expresivo de la situación crítica de la financiación autonómica. Sus párrafos más importantes se refieren a lo que debe hacer ahora el Gobierno estatal ante el fracaso de la última reunión del CPFF. Son los siguientes:

"…Nos parece esencial que el Ejecutivo fije techos de gasto y de endeudamiento. Ello es muy importante para poder cumplir los objetivos de déficit asumidos en el Plan de Estabilidad y para evitar el derroche de las comunidades autónomas. En este sentido, hay que celebrar la sentencia del Tribunal Constitucional que falló ayer que el Gobierno es competente para establecer esos topes pese a que las comunidades gozan de autonomía financiera, según se reconoce en la Carta Magna…

…El Gobierno está obligado a poner en marcha un plan de choque para resolver el problema a corto plazo en comunidades como Castilla-La Mancha, que van a tener que administrar la penuria legada por sus anteriores gobernantes.

El Ministerio de Economía no puede lavarse ahora las manos, entre otras razones, porque tiene la enorme responsabilidad de no haber hecho nada cuando gestores poco responsables gastaban muy por encima de sus ingresos. Por otro lado, hay que recordar que fue la propia Elena Salgado quien pactó en 2009 una financiación adicional a las comunidades en lugar de obligarlas entonces a reducir sus gastos…De aquellos polvos vienen estos lodos…

…Si el Gobierno quiere estar a la altura de sus obligaciones, debe pactar con todas las comunidades una solución que permita a corto plazo hacer frente a sus obligaciones a cambio de un compromiso de revisión del modelo, que necesariamente tiene que pasar por una mayor austeridad, por el cierre de empresas y organismos superfluos y por la devolución de algunas competencias al Estado".

A pesar de estos buenos consejos, yo creo que el problema del despilfarro y del endeudamiento de las CC.AA. es tan enorme que actualmente en España no hay políticos capaces de solucionarlo. El Estado de las Autonomías está en crisis, pero lo está porque nuestro sistema político, nuestra partitocracia caciquil y neofeudal, solo produce políticos "cerrados y bloqueados", mediocres e ineptos, que están al servicio de los partidos a que pertenecen y no a disposición de los ciudadanos, a quienes dicen representar. El ruinoso Estado de las Autonomías refleja la crisis de nuestro sistema político, una democracia raquítica, tutelada por los partidos políticos.

0000000000

La solidaridad interregional se fundamente en el hecho de que todos los españoles pertenecemos a una misma comunidad política estatal y tenemos idénticos derechos y deberes, con independencia del lugar de residencia. Es necesario, para lograr una mejor convivencia nacional, que las personas y las comunidades autónomas menos favorecidas reciban ayuda de las comunidades que tienen mayor desarrollo económico.

La solidaridad interregional debe tener en cuenta tanto lo económico como lo fiscal. Las actuales desigualdades en el desarrollo de las regiones tiene su origen en el proceso de industrialización y en su evolución económica desde la Transición democrática y el ingreso de España en la entonces Comunidad Económica Europea.

España es una economía de mercado, en la que existe libertad de movimiento de personas, capitales, materias primas y energía, mercancías y servicios, por lo que, a largo plazo, de acuerdo con la teoría de G. Myrdal de las "causalidades cumulativas" se ha ido produciendo una concentración de la industria, el comercio, la banca y, en general, la actividad económica, en unas pocas ciudades y provincias, mientras que el resto de la nación se ha desarrollado en menor medida. Como España fue una economía relativamente cerrada hasta nuestro ingreso en la Comunidades Europeas, ciertas partes de España se enriquecieron a costa del resto de la nación, en un mercado interior poco abierto al exterior.

Desde luego no se concibe que exista autonomía territorial sin correlación con una solidaridad amortiguadora de las diferencias territoriales en renta por habitante y calidad de vida.

El artículo 2 de la Constitución reconoce y garantiza el derecho a la autonomía de las distintas nacionalidades y regiones y la solidaridad entre todas ellas. Asimismo el artículo 158.2 establece que "con el fin de corregir desequilibrios económicos interterritoriales y hacer efectivo el principio de solidaridad, se constituirá un Fondo de Compensación con destino a gastos de inversión, cuyos recursos serán distribuidos por las Cortes Generales entre las Comunidades Autónomas y provincias, en su caso".

La Ley Orgánica 8/1980, de 22 de septiembre, de Financiación de las Comunidades Autónomas (LOFCA) recogió en su artículo 16 los principios generales del Fondo de Compensación Interterritorial (FCI), así como las reglas básicas que rigen dicho Fondo. Posteriormente, la Ley 22/2001, de 27 de diciembre, que regula todavía los Fondos de Compensación Interterritorial, incorporó a las ciudades autónomas de Ceuta y Melilla como beneficiarias de dichos Fondos que, por esa Ley, se llamaron uno de Compensación y otro Complementario, que se destina a la financiación de gastos de puesta en marcha o de funcionamiento de las inversiones financiadas por el Fondo de Compensación.

El Fondo de Compensación Interterritorial no podrá ser inferior al 22,5 por ciento de la base de cálculo constituida por la inversión pública de cada año, que sean inversiones reales nuevas de carácter civil. El Fondo Complementario se dotará anualmente con una cantidad equivalente a la tercera parte de su respectivo Fondo de Compensación.

El Fondo de Compensación se reparte de acuerdo con lo establecido en el artículo 4 de la Ley 22/2001 en base a unos criterios o variables fijados en el artículo 16 de la LOFCA, debidamente ponderados por diversas variables: población de derecho de cada Comunidad, saldo migratorio de cada Comunidad en los últimos diez años, la superficie de cada Comunidad y el número de Entidades singulares por kilómetro cuadrado de cada comunidad. Una vez efectuado el reparto, lo que resulte se corrige en función de la inversa de la renta por habitante de cada territorio y, en su caso, del hecho insular.

Por lo tanto el Fondo de Compensación Interterritorial se nutre del presupuesto anual del Estado, en la cuantía destinada a la inversión pública. Es decir que la solidaridad es ejercida por el Estado en favor de las CC.AA. menos desarrolladas y de Ceuta y Melilla; pero no se trata de una verdadera solidaridad de las CC.AA. más desarrolladas económicamente con las menos desarrolladas.

Por supuesto, la cuantía de los Fondos de Compensación Interterritorial depende de las inversiones de Estado que, en años de crisis como el actual, se reducen sustancialmente, como se observa en el siguiente cuadro:

FONDOS DE COMPENSACIÓN INTERTERRITORIAL
(Euros por habitante)

CC.AA.	2009	2010	2011*
Andalucía	62	56	35
Principado de Asturias	53	42	23
Canarias	52	52	38
Cantabria	19	14	7
Castilla y León	34	27	16
Castilla-La Mancha	61	56	35
Comunidad Valenciana	29	28	18
Extremadura	90	77	45
Galicia	73	62	36
Región de Murcia	47	44	28
TOTAL (media)	53	47	29

*Previsión

Hay que tener en cuenta también que, como la inversión pública del Estado se había subordinado a la dotación para España de los Fondos Estructurales de la Unión Europea, al ir desapareciendo éstos se ha reducido correlativamente la asignación a los Fondos de Compensación Interregional en euros por habitante a las CC.AA. menos desarrolladas, disminución mayor todavía al incorporar el efecto de la crisis económica. Por ello, los Fondos para 2011 son inferiores en casi un 37 % a la dotación de esos Fondos en 2010, lo que supone una drástica reducción de la solidaridad regional, que debería ser corregida mediante una correlación del aumento de la cuantía de los fondos con el incremento anual del Producto Interior Bruto.

Siendo conscientes el Estado y las CC.AA. de la necesidad de mejorar la deficiente solidaridad regional que existía, el Acuerdo 6/2009 de 15 de julio, del Consejo de Política Fiscal y Financiera, trató de paliar esa situación con la creación en diciembre de 2009 de dos nuevos Fondos de convergencia autonómica, financiados por el Estado, para aproximar las CC.AA. de régimen común en términos de financiación por habitante ajustado y favorecer la igualdad, así como para favorecer el equilibrio económico territorial.

El primero, denominado Fondo de Competitividad trata de reforzar la equidad y la eficiencia en la financiación de las necesidades de los ciudadanos y reducir las diferencias en la financiación homogénea per cápita entre las CC.AA., al mismo tiempo que se incentiva la autonomía y la capacidad fiscal en las CC.AA.. Este Fondo se repartirá anualmente entre las CC.AA. con financiación per cápita inferior a la media o a su capacidad fiscal, en función de su población ajustada relativa, con los límites que se establezcan por ley.

El segundo, titulado Fondo de Cooperación, trata de complementar la financiación para equilibrar y armonizar el desarrollo regional estimulando el crecimiento de la riqueza y la convergencia regional en términos de renta. Serán beneficiarias de este Fondo aquellas comunidades que cumplan las siguientes condiciones:

a) Que tengan un PIB per cápita inferior al 90 % de la media correspondiente a las CC.AA. de régimen común.

b) Que tengan una densidad de población inferior al 50% dela densidad media correspondiente a las CC.AA. de régimen común.

c) Que teniendo un crecimiento de población inferior al 90 % de la media correspondiente a las CC.AA. de régimen común, tengan una densidad de población por kilómetro cuadrado inferior a la cifra resultante de multiplicar por 1,25 la densidad media de las CC.AA. de régimen común.

En definitiva, según Mikel Buesa[24] de esta forma se ha creado "un complejo y opaco sistema de transferencias territoriales que opera a través de unos fondos denominados de convergencia y de competitividad, más bien oscuros, en los que se entremezclan las funciones propias de la financiación autonómica con las que la Constitución reserva al Fondo de Compensación Interterritorial, destinados a corregir los desequilibrios territoriales".

0000000000

De lo dicho anteriormente, especialmente de la creciente disminución de las dotaciones al Fondo de Compensación Interterritorial, se deduce que España se encuentra inmersa en un proceso de sustitución de la solidaridad autonómica por la ayuda directa del Estado a las regiones y territorios menos desarrollados. Pero como, en todo caso, la solidaridad interregional ha de ser un objetivo principal de la política económica, con autonomías o sin ellas, para compensar los desequilibrios que en el desarrollo regional origina el crecimiento capitalista, cuando escasean los mecanismos correctores del libre mercado, la actual instrumentación de la solidaridad manifiesta que el Estado ha tenido que intervenir financieramente para mantener esa indispensable solidaridad interregional, lo mismo que hubiera tenido que hacer si fuese un Estado unitario centralista.

Con la creación del Fondo de Competitividad y del Fondo de Convergencia el Estado ha certificado el rotundo fracaso de la solidaridad autonómica en España. En nuestro Estado de las Autonomías no existe solidaridad de las CC.AA. más desarrolladas con las CC.AA. menos desarrolladas, porque las Comunidades territoriales ricas están actuando de forma egoísta e insolidaria con las CC.AA. menos desarrolladas y, consiguientemente, con todos los españoles que entonces tenemos que financiar con nuestros impuestos la ayuda solidaria para competitividad y convergencia que el Estado presta a las CC.AA. menos desarrolladas y que debería

---

[24] Obra citada. Página 56.

ser prestada, es decir financiada y pagada a su costa, por los CC.AA. más desarrolladas si estuviéramos en un verdadero Estado autonómico.

Cataluña es muy reticente a la solidaridad interterritorial. Desde que se usa el instrumento de la Balanza Fiscal y ésta resulta negativa para Cataluña los nacionalistas afirman que su Comunidad ya practica la solidaridad interregional como muestra el saldo negativo de la Balanza Fiscal catalana. Recientemente, Durán y Lleida ha solicitado que se fije en un máximo de un cuatro por ciento de déficit de esa Balanza la aportación de Cataluña a la solidaridad con otros territorios.

Sin embargo, como los datos y el resultado de la Balanza fiscal dependen de los criterios de imputación no parece factible usar el saldo de esa Balanza para medir la solidaridad. Mikel Buesa[25] afirma que dada la diversidad de esos criterios que se empleen, los resultados serán muy distintos: "así, tomando en consideración el caso de Cataluña como ejemplo indicativo, el profesor Ramón Barberán demostró que el saldo fiscal de esa región, estimado según las diferentes reglas de cálculo utilizables, tiene un recorrido que va desde una cifra positiva equivalente al 0,4 % del PIB a otra negativa del 7,9 % de este agregado económico".

Para recuperar la verdadera solidaridad interregional se debería potenciar el Fondo de Compensación Interterritorial como factor de cohesión y solidaridad. Es indispensable revitalizar este Fondo para compensar en lo posible la desaparición de los fondos comunitarios europeos (Fondos de Cohesión y FEDER) que beneficiaban a algunas comunidades autónomas. La dotación al FCI debería incrementarse anualmente, como mínimo, en un 10 % durante un largo periodo de tiempo.

La crisis de nuestro Estado de las Autonomías no es solamente una crisis del modelo de financiación autonómica, porque falla también la solidaridad interterritorial. La crisis del funcionamiento de las Comunidades Autónomas se produce por su inadecuada financiación y su desmesurado endeudamiento; pero también y sobre todo, por su insolidaridad.

El mejor diagnóstico de las enfermizas y despilfarradoras Autonomías en España no podía hacerlo un técnico, un experto. Tenía que hacerlo un escritor, un poeta. ¡Y lo ha hecho!, observando la situación desde su Tronera, desde su columna del diario El Mundo. Antonio Gala[26] se ha sincerado y nos ha dado su certero diagnóstico: los ciudadanos españoles se han divorciado ya de las Autonomías porque no son solidarias…y ni siquiera eficientes. Actualmente solo los políticos continúan estando encantados de su amancebamiento con las Autonomías, pues actúan como hacen los proxenetas con sus prostitutas, a las que explotan incesantemente.

La visión esclarecedora de Antonio Gala es la siguiente:

"No fui muy partidario de las autonomías: multiplicar por 17 la gente preparada para su gobierno, además del nacional, es de un optimismo inmensurable. Si defendí la de Andalucía fue porque no podía quedar por debajo de ninguna…En cuanto vengan –y vendrán- mal dadas, ese sistema se tambalea. Diferencias que

---

[25] Obra citada. Páginas 94 y 95.
[26] "Nación y autonomías", en La Tronera del diario EL Mundo. 28 de julio de 2011. Página 3.

duelen, aspiraciones de superioridad, multiplicación de desvergüenzas menos controlables, persistencia de las diputaciones, y herencias infelices de modos y modales de un régimen aún no fenecido. Cuando las cosas van bien, meter mano es fácil y habitual; cuando van mal –y van- todo es acusar al de enfrente. Y multiplicar tantos de enfrente y tantos egoísmos destrozan a cualquiera. El régimen autonómico, o es generoso y solidario y consciente de lo que forma parte, o es un arma arrojadiza peligrosísima. Lo estamos comprobando. Y lo comprobaremos más aún con un régimen insolidario que procurará cargar culpas a su antecesor y quedar como un ángel. Ojalá no quede como un ángel caído. Por desgracia, será lo más probable. Según ha comenzado….".

==========

3.- LA SANGRÍA: EL GRAN COSTE DE LAS COMUNIDADES AUTÓNOMAS Y SU ENORME ENDEUDAMIENTO POR DESPILFARROS Y DUPLICIDADES.

Los presupuestos anuales de las comunidades autónomas se elevan ya a 173.731 millones de euros, según la Fundación Progreso y Democracia.
Las CC.AA. que tienen mayores presupuestos son:
- Andalucía 31.962 millones de euros.
- Cataluña 28.738 millones de euros.
- Comunidad de Madrid 18.985 millones de euros.
- Comunidad valenciana 14.232 millones de euros, y
- Galicia 11.555 millones de euros.

Las CC.AA. con menores presupuestos son:

- Cantabria 2.409 millones de euros y
- La Rioja 1.303 millones de euros.

España carece de un modelo ponderado de descentralización, por lo que ésta se ha realizado, generalmente, de acuerdo con las conveniencias electorales dando así lugar a una costosa proliferación de duplicidades, redundancias y excesos administrativos.
El hecho de que existan cuatro administraciones: estatal, autonómica, provincial y municipal, con funciones a veces concurrentes, es causa de numerosas duplicidades y redundancias que en vez de servir mejor al ciudadano lo desconciertan y lo desatienden.
A modo de resumen, puede concluirse que nuestro sistema autonómico es muy costoso debido a tres carencias: la falta de coordinación efectiva que produce duplicidades en la actuación, la falta de una suficiente rendición de cuentas, y la ausencia de una rigurosa evaluación e información comparada.
Es posible reducir el coste de las comunidades autónomas porque existen actualmente bastantes gastos evitables, que relacionamos seguidamente:

· Órganos duplicados con el Estado.
· Actuaciones innecesarias o superfluas.
· Fraccionamiento de los servicios.
· Proliferación de normas (más de 100.000), lo que aumenta los costes de las empresas y afecta negativamente a la unidad de Mercado.

La Fundación Progreso y Democracia ha aplicado diversos indicadores para medir la eficacia de las diferentes CC.AA. Esos indicadores han sido la eficiencia, el impacto en el desarrollo económico y social y, también, la calidad de los servicios prestados. A la vista de los resultados que ha obtenido, ha clasificado a las comunidades autónomas españolas en cuatro grupos: eficientes, previsibles, estancadas y gastadoras.

Son eficientes las comunidades que con menos gasto de personal y corriente han conseguido obtener mayores incrementos de su PIB, una meta alcanzada por Navarra, Murcia, Extremadura y Galicia.

Son calificadas como previsibles las que con más gasto de personal y corriente han logrado mayor incremento de su PIB: Madrid, País Vasco, Asturias, La Rioja, Aragón, Baleares, Canarias, Cantabria, Ceuta y Melilla.

Se consideran estancadas a las comunidades que con menos gasto de personal y corriente han conseguido menor incremento de su PIB: Andalucía, Castilla y León, y Castilla-La Mancha.

Finalmente son gastadoras las comunidades que con más gasto de personal y corriente han obtenido menor incremento de su PIB. En este grupo aparecen solamente Cataluña y la Comunidad valenciana, las campeonas del gasto.

Daniel Forcada[27] ha escrito que "el mapa autonómico español, dividido en 17 comunidades y dos ciudades autónomas, ha degenerado en una administración tremendamente costosa para el ciudadano y que, según revela el estudio de UPyD, incurre en numerosas duplicidades que no solo incrementan su coste, sino que tampoco demuestran realmente su eficiencia. Es más, según el informe, si las comunidades mejorasen sus prácticas de gestión y siguiesen el modelo marcado por las autonomías más eficientes, se ahorrarían, como mínimo, hasta 24.000 millones de euros al año, teniendo en cuenta la cantidad que se gastaron de forma no justificada las comunidades más eficientes en gasto de personal (Murcia, País Vasco y Cataluña) y en gasto ordinario (Murcia, Andalucía y Castilla y León). Esos 24.000 millones de ahorro equivalen, por ejemplo, a lo que el Estado tuvo que pagar en deuda pública para 2010.

Y es que los desmanes, despilfarros y gastos superfluos son a veces muy llamativos, fruto de una tendencia cada vez mayor a crear organismos que ya pre-existían a nivel estatal: Defensores del pueblo, Cámaras o sindicaturas de Cuentas, defensores del menor, consejos consultivos, institutos de estadística, consejos de consumo, agencias de protección de datos como las que ya existen en Cataluña, Madrid o País Vasco, embajadas autonómicas en el exterior, institutos de Meteorología, un sinfín de observatorios de muy variado pelaje…Un continuo suma y sigue. "La pregunta que nadie quiere hacerse", explicó Rosa Díez, "es si este modelo que no ha generado más igualdad entre los ciudadanos es realmente más útil y más eficiente. Tal y como se ha desarrollado el sistema, ¿es bueno para el ciudadano o el coste es excesivo?. La respuesta, en su opinión, es tajante: "No es eficiente, ni bueno para el ciudadano"…

---

[27] Artículo titulado "El modelo de Estado autonómico cuesta a los españoles el 2,3 % de PIB", aparecido el 16 de abril de 2010 en El Confidencial.

...Otro desmán del Estado autonómico...es la obsesión de algunas autonomías por abrir embajadas en el extranjero, máxime cuando la Constitución establece como competencia del Estado "las relaciones internacionales". En 1999 el Gobierno vasco contaba con una única oficina en el exterior (Bruselas). Hoy en día, su red cuenta con ocho embajadas. En los últimos nueve años el País Vasco ha destinado 27,6 millones de euros a esta política. Algo parecido a lo que también ocurre en Cataluña, que cuenta con delegaciones en Alemania, Reino Unido, Nueva York y Francia, para lo que se ha destinado, en 2009, 25,9 millones de euros".

El diario Periodista Digital del 21 de agosto de 2011 ha publicado un artículo titulado "Así son los chollos de la casta política y el despilfarro público español" basado en el libro de Daniel Montero "La Casta. *El increíble chollo de ser político en España* ", subtitulado derroches, comilonas, regalos y privilegios inconfesables.

En su artículo, Periodista Digital especifica y detalla esos derroches en los siguientes apartados:

· **Diputaciones.**

El debate sobre la utilidad de las diputaciones provinciales se ha instalado en la opinión pública. ¿Realmente son necesarias unas instituciones que manejan un presupuesto de 22.000 millones y cuyas competencias son mínimas?:

· Dan empleo a 77.036 trabajadores y servicio a 15 millones de ciudadanos. Pero su deuda también es muy elevada, ya que asciende a 6.208 millones de euros.

· Rubalcaba cifró en mil millones de euros el ahorro que supondría la desaparición de los 1.040 diputados provinciales. Los populares se han opuesto a la propuesta socialista y acusan a Rubalcaba de querer dejar sin servicios a estos quince millones de personas. El PP propone como alternativa eliminar primero los asesores.

· **Coches oficiales.**

El parque móvil que está al servicio de todas las administraciones del Estado ronda los 35.000 vehículos...El coste de mantener esta flota de vehículos, en muchos casos de alta gama, es de unos 240 millones de euros al año.

· **Móviles.**

Los funcionarios (y asimilados) utilizan unos 340.000 teléfonos móviles pagados con dinero público, según el informe Reina elaborado en 2011 por el Ministerio de Administraciones Públicas. Solo los que se utilizan en la Administración Central tienen un coste de 108 millones de euros.

· **Televisiones autonómicas.**

Las televisiones autonómicas se están convirtiendo en una máquina de devorar dinero, que está asfixiando a los gobiernos autonómicos. La dimensión de estos grupos de radiotelevisión empieza a cuestionarse ahora que la crisis económica azota las cuentas públicas y empiezan a alzarse voces que piden su desaparición.

· Las cifras son demoledoras. Los 13 grupos de televisiones autonómicas que hay en España (todas, salvo Cantabria, Castilla y León, La Rioja y Navarra) manejaban en 2010 un presupuesto de 1.860 millones, pero su deuda global asciende a 1.480,6 millones, según un estudio de Uteco (Unión de Televisiones comerciales Asociadas).

· Estas televisiones dan empleo a unas 10.000 personas. Cada ciudadano que vive en una comunidad que tenga televisión autonómica pone de su bolsillo 140 euros para su mantenimiento.

· Y un dato que permite conocer la dimensión del coste que suponen estos medios de comunicación, es que es superior al dinero que el presidente del Gobierno quiere conseguir congelando las pensiones en 2011.

· Hay casos llamativos, como Canal Sur, con 232,2 millones, y Cataluña, con 324 millones.

· A pesar del coste político que puede suponer el cierre de estos canales autonómicos, el nuevo presidente de Baleares, el popular José Ramón Bouzá, dijo que va a clausurar la Radio y Televisión de Mallorca.

· Algún presidente autonómico popular, como Esperanza Aguirre, también es favorable a la privatización.

Efectivamente el despilfarro autonómico se observa destacadamente, según Federico Castaño[28] en la abundancia de "las televisiones regionales en esta España empobrecida por la crisis que manejan un presupuesto superior a 1.000 millones de euros anuales y arrastran en las cuentas correspondientes a 2010 un déficit cercano a los 1.500 millones. Concebidas en un principio como servicio público, buena parte de ellas ha decidido que la mejor forma de atraer a la audiencia es competir con las cadenas privadas en la emisión de programas de dudoso gusto que, en ocasiones, hacen también sombra a los que se asoman a los canales de TDT financiados por las mismas administraciones autonómicas. No es extraño que los dos grandes partidos nacionales coincidan, al menos, en la necesidad de abrir las puertas a la privatización de estas televisiones, como tampoco lo es la disponibilidad de algunos gobiernos regionales a dar este paso para evitar que una parte importante de su presupuesto se vaya por el sumidero de una propaganda que, en ocasiones, tampoco rinde sus frutos".

0000000000

Las empresas públicas son otro agujero en las arcas del Estado, con el agravante que escapan a cualquier control del Tribunal de Cuentas o de los respectivos parlamentos autonómicos. Las administraciones públicas han encontrado en estos órganos la vía más fácil para colocar a dedo a los trabajadores y para distribuir subvenciones sin ningún tipo de fiscalización.

· En España este sector ha tenido un crecimiento espectacular, ya que en diez años se ha multiplicado un 78 %. Actualmente el número de empresas públicas es de cerca de 4.000, con una deuda que ronda los 52.000 millones de euros, lo que supone más de un 5 por ciento del PIB.

· Hay casos realmente llamativos como Andalucía, con 369 empresas que, gracias a un decreto de la Junta, ha hecho fijos a unos 20.000 funcionarios que entraron a dedo.

Además, debe subrayarse la multiplicación de fundaciones y organismos semipúblicos que han sido creados, generalmente, sin una rigurosa evaluación de su necesidad y de una adecuada programación para que sean eficaces; así como la externalización y subcontratación de servicios públicos, lo que incrementa el coste sin mejorar la calidad del servicio.

Efectivamente, la sangría del gasto público tiene una vía en la contratación de personal interino en las administraciones, en detrimento de los funcionarios. Estos defienden que se aproveche la capacidad de los funcionarios y no se dedique el dinero a contrataciones externas, que lo único que hacen es disparar el gasto de personal, precisamente lo que se tiene que contener.

---

[28] Obra citada. Páginas 30 y 31.

Según la Fundación Progreso y Democracia, el número de empresas públicas ha aumentado el 80 % en los últimos años. Además, entre 2003 y 2008 se ha pasado de 163 fundaciones públicas a 541, de las que 344 son autonómicas. Un problema añadido es el déficit de estas entidades, auténtico agujero negro de las cuentas públicas.

El catedrático José T. Raga[29] se refiere a las empresas públicas señalando que "estas entidades presentan ingredientes nuevos que generan nuevas preocupaciones, por cuanto falsean la realidad económica de la nación, ocultan información a los agentes económicos y siembran la desconfianza generalizada entre quienes están llamados a tomar decisiones con efectos en la economía española.

El crecimiento desmedido de tales empresas públicas, fundamentalmente situadas en el ámbito jurisdiccional de las comunidades autónomas y de los ayuntamientos, tiene características y consecuencias que no se apreciaron en aquellas que fueron privatizadas entre 1983 y 1995. Las características son bien diferentes, no sólo por los objetivos empresariales, sino por la motivación que determinó su aparición.

Las empresas públicas aparecidas en época reciente revisten formas jurídicas diversas que van desde la sociedad anónima hasta la fundación, generando una red –más bien maraña- de difícil comprensión y de más difícil justificación. Es evidente que la opacidad de ese tejido empresarial –digámoslo así- general desconfianza y, lo que es peor, genera inquietud respecto a la administración de la cosa pública, despertando innecesarias sospechas de corrupción que, verdaderas o falsas, en nada colaboran a una economía de mercado en libertad.

Dejando al margen esta sospechas, lo que no hay duda es que tales entidades pública de reciente creación están sirviendo como refugio eficaz en el que situar parte del endeudamiento público. Con ello, tal endeudamiento queda al margen del control estadístico que deberá ser vigilado y controlado por las autoridades nacionales e internacionales y, también, por los estudios que puedan realizar los analistas interesados en la cuestión. Aunque sólo ese fuera el objetivo real de la proliferación de empresas públicas de promoción autonómica es ya, de suyo, motivo de la crítica más decidida, pues su pretensión no sería otra que la de ocultar la realidad económica de la nación española".

Por su parte D. Soriano[30] aporta los siguientes datos sobre las nuevas empresas públicas:

"Las autonomías cuadruplican el número de entidades empresariales en la última década, mientras crece la deuda y se resiente el control…

…Una parte importante de los presupuestos públicos se destina a estos organismos, que no tienen el mismo grado de control por parte de la intervención pública que los órganos administrativos puros. Además, sus trabajadores pueden ser contratados de forma casi discrecional sin seguir los procesos obligatorios para los funcionarios. Y se puede intervenir en numerosos sectores de la economía sin necesidad d una disposición legal…

…Más de la mitad de las más de 4.000 empresas públicas que hay en España dependen de los gobiernos autonómicos. Eran 2.386 en julio de 2010, según datos del Ministerio de Economía, frente a las 1.752 de siete años antes (un incremento del 36 %).

---

[29] "Lo que hay que hacer con urgencia" por Juan Velarde y otros. Artículo de José T. Raga titulado "De máxima urgencia". Editorial ACTAS. Madrid. 2011. Página 380.
[30] Artículo titulado "Las CC.AA. gestionan 2.400 empresas públicas", por D. Soriano en Displacenter blogspot del 29 de mayo de 2011.

Y dentro de las autonomías, nadie se ha distinguido más en el curioso arte de crear empresas públicas que los gobiernos catalán y andaluz. De esta manera, cuando el pasado otoño Artur Más llegó a la presidencia de la Generalidad se encontró con 451 empresas públicas, la cifra más alta de España, que acumulaban una deuda equivalente al 4 % del PIB regional. No todas las entidades fueron creadas por el tripartito, puesto que en 2003 Cataluña ya era la región que más empresas públicas tenía, con 347…

…De esta manera, casi una de cinco empresas públicas dependientes de las 17 autonomías es catalana. Y el 45 % de los 17.000 millones de deuda que acumulan dichas entidades también les corresponde a las entidades que…gestiona Más…".

Lo peor de todo es que, en uso de su "autonomía", los entes públicos autonómicos parecen vivir todavía ajenos a la crisis económica que padece España. Esta es la conclusión a que llega Jaime Castellano[31] en un excelente artículo donde escribe, entre otras cosas, lo siguiente: "…el sector público autonómico…(tiene) 2.357…entes públicos autonómicos (sin incluir el País Vasco) a 1 de julio de 2011, según la información disponible en la página web del recién desaparecido Ministerio de Economía y Hacienda.

Si analizamos los datos del inventario del sector público autonómico que publica el Ministerio, lo primero que llama la atención es que la crisis ha llegado tarde a ese sector. Solo en el primer semestre de 2011 ha tenido lugar una leve reducción del número de entes públicos autonómicos (31 entes se han suprimido en los 6 primeros meses del año, lo que supone un descenso del 1,3 %). Sin embargo, si comparamos la situación a 1 de enero de 2011 con la del mismo periodo de 2009, observamos un incremento del 23 % en el número de entes autonómicos. Es decir, en dos años de grave crisis económica (2009 y 2010), el sector público de nuestras autonomías ha seguido aumentando de "talla" mientras que a nivel de la Administración General del Estado (AGE) se reducía un 5 %.

…El sector público autonómico está formado principalmente por sociedades mercantiles (656), consorcios (644) y fundaciones (562). En el primer semestre de 2011 el peso de estos entes sobre el total del sector público autonómico era del 79 %, mientras que en la AGE su peso es del 56 % (con datos provisionales a 1 de diciembre de 2011). Además en dos años de plena crisis (2009 y 2010) las fundaciones autonómicas aumentaron un 48 %, las sociedades mercantiles un 31 %, los consorcios un 13 %…De los tres tipos de entes mayoritarios, el más "típicamente autonómico" es el consorcio, ya que tiene un peso del 27 % mientras que en la AGE su peso es tan solo del 5 %. De hecho, hay varias Comunidades (Cataluña, Andalucía, Baleares, Madrid, Murcia) que tienen más consorcios que el conjunto de la AGE. También nos encontramos Comunidades (Cataluña, Andalucía, Galicia) que tienen más fundaciones públicas que la AGE en su totalidad.

¿Qué "**propiedades**" tienen estos tres tipos de entidades para que crezcan al ritmo en que lo hacen en nuestras autonomías incluso en plena crisis económica?. En mi opinión, fundamentalmente dos:

1) **Generan empleo.** Las sociedades mercantiles, fundaciones, consorcios, etc. generan oportunidades laborales en un entorno donde el empleo se está destruyendo masivamente en el sector privado. Un oasis en el desierto del mercado laboral. Esta virtud se puede convertir en problema si el ente público no tiene una finalidad y un ámbito de actuación claro y justificado, ya que estaríamos

---

[31] Artículo titulado "Los entes públicos autonómicos: ¿ajenos a la crisis?", publicado en El Confidencial el 5 de enero de 2012.

ante un modelo difícilmente sostenible y mucho menos en los tiempos que corren (de hecho en los seis primeros meses de 2011 han desaparecido 23 sociedades mercantiles autonómicas). Otro problema adicional surge cuando en el oasis solo se permite la entrada a personas afines al partido político de turno o al equipo de gobierno autonómico (lo que limita las oportunidades laborales a unos pocos privilegiados).

2) Son **un instrumento para aumentar los niveles de endeudamiento autonómicos.** Las cuentas de resultados de las sociedades mercantiles y las fundaciones no se consolidan con los presupuestos autonómicos, lo que permite temporalmente a algunas autonomías superar sus límites de endeudamiento (temporalmente porque antes o después la comunidad tiene que hacer frente a las obligaciones originadas por la deuda de los entes públicos).

En la época de bonanza económica se pusieron en marcha con dinero público "grandes iniciativas" (en forma de proyectos estratégicos, entes del futuro, planes estrella, etc.) que posteriormente no se han podido rentabilizar y su mero mantenimiento pesa como una losa en las arcas públicas.

El caso es que "por h o por b" **el sector público autonómico ha resistido a la crisis y el proceso de adelgazamiento no se ha iniciado hasta el primer semestre de 2011.** El origen de este proceso lo encontramos en los planes de contención y reducción del déficit público que se están poniendo en marcha en las diferentes Comunidades Autónomas para cumplir con el objetivo marcado para 2011 y 2012 (que el déficit no supere el 1,3 % del PIB regional)".

Por otra parte, hay que tener en cuenta además que, como ha dicho Leopoldo Gonzalo y González[32], el "…mastodóntico aparato administrativo del Estado de las Autonomías es sólo aproximativo, pues cada vez resulta más difícil penetrar la intrincada maraña de organismos en él encuadrados o de él dependientes económicamente, como son, por ejemplo, las organizaciones no gubernamentales (ONGs), que algún autor prefiere identificar como "neogubernamentales", entidades estas colgadas de los presupuestos públicos y con frecuencia dedicadas a actividades de más que dudoso interés general, alineadas con orientaciones ideológicas o políticas que debieran ser costeadas por los interesados en ellas y no por los contribuyentes. Hay que señalar también la omisión de otros organismos estatales y autonómicos que han desarrollado estructuras administrativas igualmente complejas, muchos de los cuales son el resultado de una auténtica clonación de los órganos propios del Estado unitario".

Según los datos del Banco de España, en el segundo trimestre de 2011, las empresas públicas adeudaban 56.995 millones de euros (el 5,3 % del PIB), lo que supone el 12,38 % más que en el mismo periodo de 2010.

Las empresas públicas de la Administración central cerraron el segundo trimestre con una deuda de 31.521 millones (el 2,9 % del PIB), y el 15,9 % más. Las de las comunidades autónomas tuvieron una deuda de 16.341 millones (el 1,5 % del PIB), lo que representa un aumento del 7,98 % más que en los primeros seis meses del año anterior. Las empresas públicas de los ayuntamientos registraron una deuda de 9.133 millones (el 0,8 % del PIB), el 8,88 % más.

0000000000

---

[32] Obra citada. Página 229.

Actualmente las CC.AA. se han endeudado escandalosamente, tanto para cubrir los inevitables déficits originados por su propio modelo de financiación y, sobre todo, porque han gastado muchísimo, arbitrariamente y sin control alguno, lo que ha puesto en peligro la prestación de servicios básicos de las CC.AA. El volumen de la deuda de las CC.AA. supera todos los records históricos. Ahora no hay más remedio que recortar el lujo innecesario que se ha instalado en las diversas administraciones públicas.

Para comprender mejor la magnitud del endeudamiento de las CC.AA. hay que tener en cuenta también la cuantía del déficit oculto pues, según los expertos puede estar en un intervalo entre los 10.000 y los 50.000 millones de euros.

Un dato muy preocupante es el ritmo acelerado con el que las CC.AA. se han endeudado en los dos últimos años, que ha sido analizado por Juan Estébanez[33] quien ha escrito lo siguiente:

"Las CC.AA. toman el relevo a la Administración Central en las emisiones masivas de deuda. En los dos últimos dos años, las CC.AA. han elevado el saldo de la deuda un 45,8 % hasta 23.233,5 millones. Especialmente intenso fue el último año: en 2010 fue del 28,6 %. Este incremento contrasta con la desaceleración de las emisiones del Tesoro…

…Las CC.AA. han hecho oídos sordos a las tensiones en el mercado de la deuda de la Eurozona y a la necesidad de austeridad en las cuentas públicas. Pero mientras que la Administración Central acometió fuertes emisiones en 2008 y 2009, las CC.AA. lo hicieron en 2009 y, sobre todo, en 2010…El brutal incremento obedece a las elevadas emisiones netas: 2.140 millones de euros en 2009 y 5.163,2 millones en 2010…

¿Qué comunidad autónoma se ha endeudado más en estos dos últimos años?. En términos relativos, la Comunidad Valenciana…y le siguen Baleares y Murcia".

El Banco de España ha publicado el pasado 16 de septiembre los datos del endeudamiento de las CC.AA. al final del segundo trimestre de 2011, que aumentó un 23,5 % respecto al mismo periodo de 2010, registrando un volumen de 133.172 millones de euros (el 12,4 % del PIB), la cifra más alta de toda la serie histórica, que no ha parado de crecer batiendo en cada ejercicio récords históricos, a pesar del compromiso de estabilidad presupuestaria adquirido en los últimos años.

La comunidad autónoma con mayor volumen de deuda entre abril y junio de 2011 fue nuevamente Cataluña, con 38.530 millones de euros, cantidad que representa el 28,9 % de la deuda acumulada en el conjunto de las CC.AA.

Después de Cataluña se situó la Comunidad Valenciana (20.547 millones de euros), que vuelve a ocupar el segundo lugar por delante de Madrid, cuya deuda ascendió a 14.798 millones de euros. Entre las tres primeras comunidades acumulan el 55,47 % del total endeudamiento regional.

A continuación figuran Andalucía (13.545 millones), Galicia (6.923 millones), Castilla-La Mancha (6.267 millones), País Vasco (5.382 millones), Castilla y León (5.071 millones), Baleares (4.561 millones), Canarias (3.422 millones), Aragón (3.332 millones), Murcia (2.719 millones), Extremadura (2.017 millones), Navarra (1.994 millones), Asturias (1.956 millones), Cantabria (1.196 millones) y La Rioja (910 millones).

---

[33] Artículo titulado "España, las CC.AA. relevan al Estado en su endeudamiento…y suben un 45,8 % la deuda en dos años" por Juan Estébanez publicado en DisplaCenter el 29 de mayo de 2011.

La deuda de la Comunidad Valenciana representa el 19,9 % de su PIB, seguida de Cataluña (19,2 %), Castilla-La Mancha (17,2 %) y Baleares (16,9), todas ellas por encima de la media nacional (12,4 %).

Los porcentajes son menores que la media para Galicia (12,3 %), La Rioja (11,4 %), Extremadura (10,9 %), Navarra (10,6 %), Aragón (10,1 %), Murcia (9,8 %), Andalucía (9,3 %), Cantabria (8,7 %), Castilla y León (8,7 %), Asturias (8,3%), Canarias (8,2 %), País Vasco (7,9 %) y Madrid (7,7 %).

En cuanto a la deuda de las CC.AA. por residente, el Tesoro Público ha publicado la siguiente relación: Cataluña, 5.268 euros; Islas Baleares, 4.261; Comunidad valenciana, 4043; Castilla-La Mancha, 3.198; Navarra, 3.195; País Vasco, 2.579; Aragón, 2.493; Madrid, 2.310; Galicia, 2.282; La Rioja, 2.263; Castilla y León, 1.817; Asturias, 1.769; Cantabria, 1.748; Islas Canarias, 1.666; Extremadura, 1.592; Andalucía, 1.518; y Murcia, 1.373 euros por habitante.

Por su parte las corporaciones locales tienen una deuda de 37.640 millones de euros en el segundo trimestre de 2011, el equivalente del 3,5 % del PIB, con un aumento de solo el 3,06 %.

Del total de la deuda de las corporaciones locales, la mayor parte (29.503 millones) corresponde a los ayuntamientos con un incremento del 0,48 %.

La deuda de los ayuntamientos de más de 500.000 habitantes (Barcelona, Madrid, Málaga, Sevilla, Valencia y Zaragoza) alcanzó los 10.772 millones de euros, lo que supone un descenso del 0,18 %.

Destaca, sobre todo, el incremento del 37,4 % de la deuda del consistorio de Barcelona, que sumó 1.091 millones. La deuda del ayuntamiento de Madrid (6.819 millones) es superior al de todas las comunidades autónomas, excepto Cataluña, Valencia, Madrid, Andalucía, Castilla-La Mancha y Galicia, aunque descendió un 4,5 % durante el segundo trimestre. Además es casi siete veces superior a la deuda del ayuntamiento de Barcelona.

S. McCoy[34] ha escrito que, según la información facilitada por la consejería de Hacienda del ayuntamiento de Madrid respecto a la deuda de esa Corporación municipal, "...el 26,5% de los créditos está en manos extranjeras, menos comprensivas con la realidad del país. Su vencimiento medio es de 6,24 años. 468 millones eran catalogados como de corto plazo, menos de 18 meses, en junio de 2011. Entre 2012 y 2015 vencen 2.292 millones, cerca del 55 % del total restante, a razón de 573 de media anual. Si el mercado permaneciera cerrado, su amortización –intereses aparte- supondría un 15 % de los ingresos ordinarios del municipio, 3.980 millones. Casi nada.

Con un problema adicional: el agujero no para de crecer. La liquidación final del presupuesto 2010 muestra unos ingresos totales de 4.700 millones para unos gastos de 5.132. Y la ejecución de este año no augura nada mejor cuando uno compara flujos de entrada y desembolsos...

...Los números cantan y las cuentas no cuadran. Especialmente si la situación económica de España mantiene la atonía de los últimos años. Gallardón deja la Botella medio vacía, sin recursos de los que tirar. No hay que olvidar que buena parte de las inversiones que condujeron a tan ingente nivel de endeudamiento en Madrid son "suntuarias", generan retorno indirecto pero gasto corriente, derivado de su mantenimiento y conservación. Es la clara visión de un iluminado que, sin duda, pasará a la historia junto con otros regidores que han cambiado la morfología de la

---

[34] Artículo titulado *"Boquetes* Gallardón y la inevitable quiebra de Madrid", publicado en Cotizalia.com del 15 de noviembre de 2011.

ciudad. Mal necesario al que esperemos que se le recuerde por la gloria y no por la ruina (de Madrid).

Por otro lado las comunidades autónomas desde luego preocupan mucho a los mercados financieros, temerosos de que su fuerte nivel de endeudamiento haga peligrar el objetivo de reducir el déficit nacional al 6 % del PIB en 2011 y al 3 % en 2013.

Doce de las 17 comunidades autónomas superaron en el primer semestre de 2011 el objetivo de déficit presupuestario fijado por el Gobierno central y deben hacer esfuerzos adicionales. Las comunidades están siendo analizadas con lupa por los mercados financieros. Últimamente, las agencias de calificación de deuda Fitch y Moody's han expresado su preocupación sobre los derroches autonómicos y han dicho que tomarían nota sobre su comportamiento a la hora de fijar la nota crediticia de la deuda española.

La crisis económica, con las incertidumbres sobre España y el incremento del déficit, hace cada vez más complicada financieramente la situación económica de las CC.AA. que, cada vez tienen más dificultades para pagar los intereses de su voluminosa deuda. El 15 de septiembre de 2011 la agencia de calificación financiera Fitch rebajó la nota de la deuda a cinco Comunidades autónomas (Andalucía, Canarias, Cataluña, Murcia y Comunidad Valenciana), colocando todos los ratings de esas Comunidades en perspectiva negativa, ante el fuerte deterioro fiscal registrado en los últimos años, que ha provocado grandes incrementos en sus niveles de deuda. Fitch reconoce en su comunicación que una débil recuperación económica limitaría el crecimiento de los ingresos fiscales de las autonomías. De estas Comunidades una de las que más recelos despierta es la de Cataluña que tropieza con obstáculos casi insalvables para refinanciar su deuda pública, por lo que tiene que recurrir a las emisiones "patrióticas" que son suscritas por las entidades financieras catalanas para dárselas a pequeños inversionistas, con unos intereses muy elevados.

Estas dificultades financieras han motivado que el consejero de Economía de la Generalitat demande al Gobierno central la creación de *hispabonos*, tal vez con la intención de que seamos el resto de los empobrecidos españoles quienes invirtamos nuestros ahorros en la próspera Cataluña; o sea, lo de siempre, aprovecharse del resto de España económicamente mientras el presidente Artur Más muestra su indignación porque el TSJC le recuerda que la lengua castellana también debe ser vehicular en la enseñanza, y amenaza con desobedecer al Tribunal Supremo "español". Además, advierte que ya ha empezado la transición secesionista de Cataluña de la opresora España.

0000000000

Desde luego, la mala e irresponsable costumbre del endeudamiento se da tanto en las Comunidades gobernadas por el PSOE, como en las del PP y en la nacionalista Cataluña. Todos los partidos políticos tienen el mismo vicio: gastar por encima de lo presupuestado y de las posibilidades. ¡Si al menos lo gastaran bien!…pero ¡no!: las cuentas de las CC.AA. son escandalosas porque, muchas veces, muestran innecesarios despilfarros. ¡Claro!, parece que el dinero que gastan no es de nadie, ni siquiera de los contribuyentes.

El despilfarro autonómico se manifiesta asimismo escandalosamente en cuatro obras tan faraónicas como inútiles. Ana I. Gracia[35] las enumera así: "un aeropuerto en Ciudad Real que se queda sin vuelos y otro, el de Castellón, que se inaugura sin aviones; un AVE de Cuenca a Toledo para transportar nueve pasajeros al día; una macrociudad fantasma llamada Seseña en la que están censadas menos de 800 personas…Son los restos clamorosos de una época de despilfarro autonómico que ahora se levanta sobre un páramo económico en el que se repite una y otra vez "austeridad, austeridad, austeridad". Cuatro megaproyectos dudosos en los que se enterraron ingentes cantidades de dinero público, que se vendieron a bombo y platillo en la época de bonanza económica, sin contar con una crisis internacional y el estallido de la burbuja inmobiliaria que provocaron que esos proyectos, y muchos otros, se quedaran en el limbo a pesar de las promesas políticas de mantenerlos vivos. Ahora, lo que queda, es una deuda pantanosa que tardará años en aflorar".

El diario República.com del 7 de octubre de 2011 publica una información procedente de la agencia EFE que se titula "Competencia avisa de que las CC.AA. han subvencionado rutas aéreas no rentables" donde se dice, entre otras cosas que "la Comisión Nacional de Competencia (CNC) ha avisado de que distintas CC.AA. han subvencionado aerolíneas y rutas que nunca han sido rentables con los cerca de 250 millones de euros concedidos entre 2007 y 2011…Estas actuaciones plantean dudas de su eficiencia ya que contribuyen a mantener rutas, aerolíneas y aeropuertos en los que la demanda ha sido escasa o fuertemente decreciente…El organismo subraya que estas ayudas pueden crear un perjuicio ya que apoyan rutas, aerolíneas o, indirectamente, aeropuertos "inviables económicamente", al tiempo que se produce un impacto negativo sobre la competencia efectiva entre aerolíneas tradicionales y de bajo coste".

Por su parte, José Antonio Zarzalejos[36] dice que "el fracaso de las autonomías en términos financieros tiene también que ver con dos hechos esenciales: la ineficacia de la oposición política en los debates presupuestarios y la subordinación al poder establecido de los órganos de fiscalización internos de las comunidades, llámense tribunales de cuentas o sindicaturas. Es, en consecuencia, el conjunto del mecanismo autonómico el que no ha funcionado en términos de racionalidad económica. Y no lo ha hecho ni en las autonomías regidas por los socialistas: véase el caso de Cataluña con el tripartito, cuya herencia está siendo inmanejable para CiU, el caso Pretoria o el Millet, o la trama corrupta en Álava protagonizada por el ex diputado foral y número dos del PNV., Alfredo de Miguel, trama que podría alcanzar a uno de los hijos de Arzalluz.

No hay que excluir a este pandemonio de gastos descontrolados y despilfarros a determinadas autonomías regidas por Gobiernos del PP. El caso más evidente es el de Valencia…

…Este desorden cuasi delictivo de las cuentas públicas autonómicas está impulsando un fenómeno de **recentralización**: algunas comunidades no quieren nuevas transferencias del Estado. Es el caso de Murcia y Castilla-La Mancha con las de justicia; Madrid se plantea devolverlas y Aragón ya ha dicho que es mejor esperar a aumentar el patrimonio competencial de la comunidad".

En las corporaciones locales hay igualmente un excesivo endeudamiento: destaca el Ayuntamiento de Madrid como "campeón olímpico" de la deuda

---

[35] Artículo titulado "Las cuatro cicatrices faraónicas que surcan el mapa del despilfarro autonómico", publicado en El Confidencial del día 7 de agosto de 2011.
[36] Artículo titulado "Emergen las escandalosas cuentas de las Comunidades Autónomas", publicado en El Confidencial del 27 de julio de 2011.

municipal, con casi 7.000 millones de euros, que pagaremos nosotros, nuestros hijos y nuestros nietos. ¡Es estupendo poder hacer sin dinero obras faraónicas, que son visibles, con un endeudamiento tan invisible como insoportable, que durará años y años y años…para llegar a ser amortizado!. ¡Que magníficos y fructíferos políticos "cerrados y bloqueados" tenemos!. ¡Con cuánta irresponsabilidad política y penal hipotecan algunos alcaldes a su ayuntamiento; o sea, a los ciudadanos que tendrán que pagar las deudas municipales con sus impuestos!.

Recientemente Javier González[37] ha escrito que el Tribunal de Cuentas ha puesto reparos al gasto en publicidad de algunos ayuntamientos. Efectivamente "el ayuntamiento de Madrid gastó 122 millones de euros en publicidad institucional entre los años 2005 y 2007, más de la mitad de los 215 millones de euros que gastaron en su conjunto las mayores entidades locales de España: Barcelona (61 millones), Valencia (7,8 millones), Sevilla (9,9 millones), Málaga (10 millones) y Zaragoza (3,9 millones).

Barcelona gastó así la mitad que una (ciudad de) Madrid enfrascada en la reforma de la M-30 y en los frustrados Juegos Olímpicos.

El Tribunal de Cuentas ha desglosado el gasto en publicidad de estas ciudades, 2.674 contratos en total en estos tres años, la mitad de menos de 12.000 euros, y ha lanzado una advertencia: "la publicidad y comunicación institucional deben estar al estricto servicio de las necesidades e intereses de los ciudadanos".

Ante la escasa liquidez de que disponen, las CC. AA. están retrasando el pago a sus proveedores hasta más de 700 días. En tres años el volumen de facturas pendientes de cobro se ha duplicado. El sector más afectado por estos retrasos en el cobro de sus facturas es el sanitario. Algunas de las farmacias de Castilla-La Mancha ya han iniciado huelgas de protesta y cierres de sus establecimientos.

María R. Sahuquillo[38] ha publicado un documentado artículo sobre la deuda de la sanidad española, del que entresacamos los párrafos más interesantes:

"El ejercicio de 2011 ha empezado con una sanidad más morosa que nunca…las autonomías acumulan una deuda de 4.300 millones de euros en material (desde tiritas y gasas hasta catéteres y tecnología más compleja) y de 5.191 en fármacos. Las Administraciones tardan, además, en pagar estas deudas más de un año: 395 días para los proveedores sanitarios y 410 para los laboratorios…

…La deuda –tanto en fármacos como en materiales- ha aumentado alrededor de un 11 % desde que terminó 2010. En tres años el volumen de facturas pendientes de cobro se ha duplicado, y los plazos medios de pago han sufrido un incremento superior al 60 %...Algunas autonomías superan tanto esa media que sus plazos de pago se acercan a los dos años…Castilla y León, que adeuda 950 millones de euros a los proveedores se demora hasta 725 días en pagar…

El problema es de base…Las comunidades llevan años presupuestando por debajo de lo que gastan en la sanidad –un 15 % menos, según los expertos- y esa diferencia no deja de acumularse…La infrafinanciación es el principal problema que aducen la mayoría de las comunidades cuando se les menciona la deuda…pero al problema de una deuda que no para de crecer se la ha de sumar otro ingrediente: pagar tarde significa pagar más. Las comunidades autónomas deben hacer frente a unos intereses de demora en torno al 8 % anual, según marca el Banco de España. El problema, tanto para la Administración como para la industria, es que judicializar esa

---

[37] Artículo titulado "Madrid gastó en publicidad lo que Sevilla, Barcelona, Valencia, Málaga y Zaragoza juntas". El Mundo digital. 8 de agosto de 2011.
[38] Artículo titulado "La deuda de la sanidad española se dispara más allá de los 9.400 millones" por María R. Sahuquillo publicado en el diario "El País" el 9 de junio de 2011.

reclamación es lento y costoso. Así, algunas compañías terminan llegando a acuerdos con las Administraciones. Otras van a los tribunales".

El problema originario y fundamental es que se parte de una infrafinanciación que se va haciendo permanente: las CC.AA. presupuestan por debajo del gasto previsto, para que el déficit presupuestario no se incremente...aparentemente.

Pedro Fernández Barbadillo[39] ha escrito recientemente que "muy vacías tienen que estar las cuentas de la Generalidad (de Cataluña) para que Artur Mas y compañía sigan cancelando servicios y despidiendo personal. La última es un ERE en un hospital: Sant Pau se prepara para un ERE que afectaría a 500 empleados. Fuentes del hospital aseguran que presentarán el expediente de regulación de empleo no para realizar despidos, sino para reducir gastos. Más de 6.000 profesionales interinos o eventuales se han quedado este año sin trabajo.

La oligarquía catalana está dispuesta a desmantelar hospitales, pero no los pilares de su nacioncilla, como TV3 y las embajaditas. Sólo entre 2001 y 2008, los medios de manipulación públicos de Cataluña han engullido 2.700 millones de euros.

Moraleja: disfrazarse de nación sale caro.

Pero los catalanes (o al menos la mayoría) prefieren tener su TV3, y sus sardanas, y su banderita en las iglesias antes que tener hospitales y colegios funcionando. De acuerdo, pero que no nos pidan dinero a nosotros".

En definitiva, las CC.AA. se encuentran asfixiadas por sus despilfarros y sus deudas, por lo que el PP –que detenta el poder en la mayoría de ellas- quiere que se convoque un extraordinario Consejo de Política Fiscal y Financiera para solucionar esa situación que, en todo caso, es insoluble porque también el Estado está agobiado financieramente y no dispone de recursos para ayudar a las derrochonas CC.AA.

En fin, es indudable ya que nuestro modelo autonómico resulta muy ruinoso para el ciudadano, que sufre los recortes sociales derivados de la asfixia financiera de las CC.AA., que ellas mismas han provocado. En cambio, las Autonomías sí que son muy provechosas para los partidos políticos predominantes en una comunidad autónoma, nacionalistas o no, para la burocracia creada por la autonomía y, sobre todo, para unas oligarquías caciquiles que, organizadas en grupos de presión, manejan en su territorio los presupuestos públicos a su antojo directamente o por medio de políticos afines instalados en puestos clave.

Las autonomías son una fuente de poder y de puestos de trabajo para la clase política y para los militantes de los partidos políticos. Las CC.AA. mantienen a legiones de políticos y asimilados.

==========

4.- LA UNIDAD DE MERCADO EN PELIGRO.

Muchos políticos españoles han descubierto recientemente el poder que los mercados financieros tienen sobre ellos, debido a la inmensa deuda pública que han acumulado sus gobiernos en su "eficaz" gestión, que no saben cómo podrán devolver o amortizar. Si los mercados eran -o son todavía-, algo desconocido para ellos, aunque ahora se van enterado de que dependemos de ellos, mucho más todavía

---

[39] Artículo titulado "Cataluña no capta fondos de los grandes inversores desde hace un año. ¿Estafa piramidal con los bonos patrióticos catalanes?" publicado en Periodista Digital el 23 de septiembre de 2011.

ignoran lo que puede ser la unidad de mercado, sobre todo algunos políticos autonómicos "cerrados y bloqueados", que no han sido promovidos, precisamente, por su mérito y su capacidad.

En fin, ¿qué es la unidad de mercado?. En principio, se puede decir que la unidad de mercado es una consecuencia del principio de unidad del orden económico constitucional español, que debería existir en toda España, a pesar de las autonomías.

Pero veamos lo que es esa unidad de mercado para los expertos. Juan Iranzo, director del Instituto de Estudios Económicos, ha escrito en el diario La Razón el pasado 18 de mayo lo siguiente:

"la unidad de mercado supone un amplio mercado integrado, lo que permite el mayor aprovechamiento de las economías de escala, la división del trabajo y la intensidad de la competencia, lo que conduce a menores costes de producción, a mejorar la productividad y a mayores niveles de empleo y bienestar…

…La unidad de mercado es un factor clave de competitividad, sobre todo para una economía como la española con graves carencias competitivas. La asunción de cada vez más competencias por parte de los gobiernos autonómicos, y el uso de las mismas por parte de estos gobiernos, puede hacer peligrar la unidad de mercado, situación que no puede permitirse nuestra economía en un entorno mundial globalizado y fuertemente competitivo…

En España contamos con muchas medidas adoptadas por las CC.AA. con efectos potencialmente desintegradores sobre la unidad de mercado…el origen del problema se encuentra, en gran medida, en el obsesivo afán regulador de las autoridades autonómicas. La intromisión normativa de los gobiernos autonómicos tiene un alcance que supera con creces cualquier límite razonable…se puede considerar que una normativa autonómica rompe la unidad de mercado cuando impide la libre circulación de mercancías y de factores productivos, y cuando crea distorsiones a la competencia…es necesario alcanzar el punto de equilibrio que garantice la consecución de las ventajas de la descentralización territorial sin renunciar a la unidad de mercado".

A su vez, el catedrático Manuel Lagares[40] ha escrito que "un mercado único exige no sólo de una moneda común y un territorio bien comunicado y sin fronteras ni barreras arancelarias, sino también de reglas comunes en cuanto a los bienes y servicios que en él se negocian y respecto a los sistemas de contratación de tales bienes y servicios. Eso era lo que lentamente se fue alcanzando en España, especialmente a partir del siglo XIX cuando, además de la unificación de normas, junto con la de pesos y medidas, se logra también una mayor conexión territorial con la mejora de la red de carreteras y caminos y la implantación del ferrocarril. A finales del siglo XX España logra interconectar ese mercado interior unificado con el mercado único de la Unión Europea, lo que concedió una profundidad geográfica a nuestra producción como nunca antes se había logrado.

Sin embargo -ha denunciado también M. Lagares-, "la aparición de las comunidades autónomas ha supuesto un fuerte retroceso que se ha agudizado aún más en los años de la crisis, donde los valores del nacionalismo encubren en mucha ocasiones intentos evidentes de reserva de mercado y de protección de lo propio frente a otras regiones o comunidades. Se utilizan para ello todo tipo de regulaciones específicas de cada territorio e incluso la lengua propia como barrera protectora frente al resto de la nación, sin olvidar las peculiaridades fiscales de cada comunidad,

---

[40] "Lo que hay que hacer con urgencia" por Juan Velarde y otros. Artículo titulado "Recuperar el crecimiento" de Manuel Lagares. Editorial ACTAS. Madrid. 2011. Páginas 264 y 265.

que terminan por constituir auténticas barreras arancelarias. El mercado único interior, el gran logro del siglo XIX y XX en la economía española, está en grave peligro de desaparición, pues para muchos bienes y servicios resulta más fácil y menos costoso acudir a otros puntos del resto de la Unión Europea que a ciertas zonas del territorio nacional".

La culpa de lo que pasa no la tienen solamente los nacionalistas. También es culpa del Gobierno estatal. Un reciente ejemplo de ello lo tenemos en una sesión del Congreso de los Diputados cuando el 22 de junio de 2011 se sometió a la Cámara la convalidación del decreto de negociación colectiva. Zapatero comprobó que no tenía suficientes votos de diputados para que la convalidación tuviera éxito. Entonces comenzó entre los políticos el "cambio de cromos" y el Gobierno central ofreció al Partido Nacionalista Vasco lo que exigía para abstenerse en la votación y que, así, pudiera aprobarse el decreto de negociación colectiva: el Gobierno rectificó al final permitiendo, a petición del PNV, que se concediera prevalencia a los convenios de carácter autonómico por encima de los estatales o, incluso, de los individuales de la empresa. Se consumó así un atentado a la unidad del mercado español. Las perjudicadas serán las empresas, que deberán adecuar sus pactos laborales a las exigencias de cada sindicato regional. En este caso ¿quién es más culpable de esta ruptura de la unidad de mercado, el nacionalista PNV o el chantajeado Gobierno de Zapatero?.

0000000000

¿Existe una obligación constitucional de mantener la unidad del mercado español para las comunidades autónomas?. ¿Cuáles son esos preceptos constitucionales?.

Para contestar a estas preguntas fundamentales voy a referirme a un dictamen jurídico excelente, el que ofrece Francisco Marcos, profesor del área jurídica del Instituto de la Empresa, de Madrid, en su artículo titulado "El principio constitucional de la unidad de mercado: ¿fragmentación del mercado por las normas y decisiones de las comunidades autónomas?", publicado en enero de 2006, donde concluye, entre otras cosas, lo que se expone a continuación:

"Según el Tribunal Constitucional, la unidad del mercado nacional o del orden económico estatal se deduce del preámbulo de la Carta Magna y de diversas afirmaciones diseminadas en el texto constitucional (referencias a toda la jurisprudencia anterior en la STC 96/2002, de 25 de abril, Fdo. jº 11). Además corresponde al Estado central garantizar esa unidad, interpretando el *"interés general nacional"*, pero siendo consciente de que la estructura compleja del modelo territorial adoptada por la Constitución conduce necesariamente a cierta diversidad normativa y en las políticas públicas. En ningún caso, no obstante, cabría que el ejercicio de sus competencias por las comunidades autónomas pueda conducir a una ruptura de la unidad del mercado nacional…

Para el TC, de la Carta Magna se extrae que la libre circulación de bienes, capitales, servicios y mano de obra es la primera consecuencia de la unidad de mercado…porque *"ninguna autoridad podrá adoptar medidas que directa o indirectamente obstaculicen la libertad de circulación y establecimiento de las personas y la libre circulación de bienes en todo el territorio español"* (artículo 139.2 de la Constitución española)…

…El TC pretende evitar la fragmentación del orden económico y del mercado nacional, sin que las comunidades autónomas puedan limitar o dificultar las actividades empresariales y los intercambios de bienes y la contratación de servicios, que deben ser libres, y sin que las condiciones básicas de la posición jurídica de los ciudadanos, de sus derechos y de sus obligaciones, cambien en el territorio nacional…

…En suma, la Constitución reconoce la posibilidad de la intervención y la regulación autonómica y acepta esta diversidad, sólo excluye la posibilidad de establecer obstáculos a la libre circulación de recursos por el territorio nacional, y de que las intervenciones (normativas) autonómicas versen sobre los aspectos ya indicados que configuran un estatus jurídico igualitario de los sujetos, de sus derechos y sus obligaciones, pues la Sentencia del Tribunal Constitucional 64/1990, de 5 de abril, concluye que *"esta unidad de mercado supone, por lo menos, la libertad de circulación sin traba por todo el territorio nacional de bienes, capitales, servicios y mano de obra y la igualdad de las condiciones básicas de ejercicio de la actividad económica"*."

A pesar de la claridad de la doctrina constitucional sobre la unidad del mercado, en la práctica se observan los efectos negativos que está produciendo la acumulación de trabas normativas y barreras de toda índole que las comunidades autónomas están poniendo a la libre circulación de personas, mercancías y servicios por el territorio español, ante la culpable pasividad del Gobierno central.

Actualmente, España padece una crisis económica agravada por un problema estructural debido a la deficiente competitividad de nuestros bienes y servicios. Por ello, es vital que se destierren las prácticas restrictivas y las barreras internas artificiales que han levantado las comunidades autónomas para proteger sus productos y servicios, que deterioran más aún la poca competitividad de las mercancías españolas en el mercado único europeo. Desde luego, resulta indudable que el desarrollo de las autonomías territoriales está minando la eficiencia económica, con el consiguiente perjuicio para la Economía nacional, que apenas crece y que mantiene un volumen de paro insostenible a medio plazo, por lo que la recuperación plena de la unidad de mercado es tan prioritaria como urgente.

No es posible salir de la crisis económica si se mantienen 17 normativas distintas dentro un territorio nacional, que debería ser un mercado único bien integrado. Si todo sigue como está, los productos y servicios europeos y asiáticos invadirán nuestros mercados y la Economía española, en todas nuestras comunidades autónomas, se arruinará.

0000000000

Dada la crítica situación económica de la España de las Autonomías y la pasividad del Gobierno de Zapatero, algunos políticos –obviamente de la oposición- están comenzando a reaccionar, antes de que sea demasiado tarde, y alguno propone que se dicte una ley de unidad de mercado.

José María Aznar, en la presentación de un estudio de FAES titulado "Por un Estado autonómico, racional y viable" ha advertido de la aspiración de las comunidades autónomas de convertirse en "mini-Estados" y de que con esta pretensión España no podrá competir con éxito "ni en Europa ni en el mundo".

España, ha aseverado Aznar, no puede mostrarse al exterior como "un territorio fragmentado, enfrentado, inseguro y escasamente previsible", consecuencia de convertir "la diversidad territorial" en un "viaje a ninguna parte".

Ha recordado que el modelo del Estado nace de la Constitución y, por tanto, "no puede quedar a merced del aventurerismo político de mayorías pasajeras" y debe evitar "nostalgias premodernas por fórmulas confederales", ya que ninguna de las planteadas ha arrojado las ventajas por las que abogaban.

Todavía hoy hay "quien sigue patrocinando un destructivo juego" entre administraciones central y autonómica, que más que beneficiar, perjudica, y "quienes trabajan a favor de un Estado residual" por considerar que es "el único deseable".

Frente a esas propuestas "temerarias", Aznar ha defendido la Constitución como marco de configuración del modelo de Estado y ha apostado por afrontar la reforma bajo el paraguas de la Carta Magna para garantizar el Estado de bienestar, estimular la competencia institucional entre territorios y aprovechar "las economías de escala" para competir con éxito en el exterior.

Finalmente ha proclamado que "si queremos seguir formando parte del proyecto europeo debemos resolver, entre otros, los problemas de nuestro Estado autonómico, porque de lo contrario tendremos dificultades crecientes para seguir anclados en el euro".

Para finalizar este capítulo sobre la unidad de mercado, se puede concluir que las barreras interiores que levantan las CC.AA. obstaculizan la salida de la crisis económica y el desarrollo económico de España, por la menor competitividad de sus productos y servicios. Por ello es tarea del Gobierno central restablecer la plena unidad del mercado único español.

El eurodiputado Aleix Vidal-Quadras llega a esta misma conclusión, pues en su blog personal ha escrito lo siguiente:

"En cuanto a la creación de un Consejo Interterritorial para la unidad de mercado equivale a la reinvención de la rueda. La unidad de mercado no resultará de la buena disposición de las Comunidades Autónomas, sino de que el Estado la garantice como es su obligación constitucional, lo que implica revisar la última hornada de reformas estatutarias que la ha descoyuntado. La verdad, por dolorosa e incómoda que resulte, no deja de ser verdad".

En la tarea de restablecer la unidad de mercado el Gobierno español puede contar con el apoyo de las autoridades europeas, pues la fragmentación de nuestro mercado interior afecta negativamente también al mercado único europeo. La Comisión Europea ya ha sido asesorada en este sentido por el Consejo de Cooperación Económica, pues le ha advertido sobre la necesidad de llevar a cabo en España políticas que restablezcan la unidad de mercado, que está en peligro por algunas normas obstaculizadoras dictadas por las CC.AA.

==========

5.- LA LIBERTAD LINGÜÍSTICA Y LA DISCRIMINACIÓN DEL CASTELLANO.

El artículo 3 de la Constitución española dice lo siguiente:

"1. El castellano es la lengua oficial del Estado. Todos los españoles tienen el deber de conocerla y el derecho a usarla.

2. Las demás lenguas españolas serán también oficiales en las respectivas Comunidades Autónomas de acuerdo con sus Estatutos.

3. La riqueza de las distintas modalidades lingüísticas de España es un patrimonio cultural que será objeto de especial respeto y protección.".

Como los preceptos de la Constitución son obligatorios tanto para las personas como para las administraciones españolas, y dado que las CC.AA. tienen transferidas las competencia sobre educación, las Comunidades deben cooperar para que los españoles puedan conocer el castellano enseñándolo suficientemente en las escuelas y colegios de su territorio; así como facilitar el derecho de los ciudadanos a usar el castellano, la lengua común de todos los españoles, sin imponer limitaciones o prohibiciones a su uso. La igualdad de todos los españoles ante la Ley conlleva la libertad lingüística. Son los ciudadanos los sujetos que tienen derechos lingüísticos, no los territorios ni las lenguas mismas. El primer derecho lingüístico es el de recibir educación en la lengua española materna de cada uno, sea o no el castellano. Sin embargo, actualmente en España hay miles de familias discriminadas porque no pueden elegir que sus hijos se eduquen en su lengua materna, cuando esta es el castellano.

Los ciudadanos que hablan cualquiera de las lenguas cooficiales tienen derecho a recibir educación y ser atendidos por la Administración en ella, pero las lenguas no tienen que conseguir coactivamente hablantes ni imponerse como prioritarias en educación, información, rotulación, instituciones, etc. en detrimento del castellano (y mucho menos se puede llamar a semejante atropello "normalización lingüística").

En las comunidades bilingües es un deseo encomiable aspirar a que todos los ciudadanos lleguen a conocer bien la lengua cooficial, junto a la obligación de conocer la común del país (que también es la común dentro de esa comunidad, no lo olvidemos). Pero tal aspiración puede ser solamente estimulada, no impuesta. Es lógico suponer que siempre habrá muchos ciudadanos que prefieran desarrollar su vida cotidiana y profesional en castellano, conociendo solo la lengua autonómica lo suficiente para convivir cortésmente con los demás y disfrutar en lo posible de las manifestaciones culturales en ella. Que ciertas autoridades autonómicas anhelen como ideal lograr un máximo techo competencial bilingüe no justifica colocar a la lengua autonómica como vehículo exclusivo ni primordial de educación o de relaciones con la administración pública. Conviene recordar que este tipo de imposiciones abusivas daña especialmente las posibilidades laborales o sociales de los más desfavorecidos, recortando sus alternativas y su movilidad.

Además, como ha puesto de manifiesto el catedrático de Economía Aplicada Mikel Buesa[41] la discriminación lingüística es también una barrera a la movilidad en el interior del mercado español, pues ha dicho que "un tipo de barrera interior que limita la circulación de factores productivos y que, por tanto, incide negativamente sobre la unidad del mercado nacional se deriva de las políticas de normalización lingüística desarrolladas por las Comunidades autónomas bilingües. En ellas, la normalización se ha entendido como imposición a todos los ciudadanos de la lengua regional en detrimento del empleo del español y, sobre todo, menoscabando su libertad para elegir la lengua en la que quieren expresarse, relacionarse con las Administraciones Públicas y educar a sus hijos".

Desde luego, es de todos conocido que actualmente en ciertos territorios de España no se respetan los derechos lingüísticos reconocidos en la Constitución, porque existe discriminación sobre personas o grupos en cuanto al uso de su lengua, sea la castellana común, o sea la cooficial propia de su comunidad autónoma, en Cataluña, Valencia, Islas Baleares, País Vasco, Navarra y Galicia.

---

[41] Obra citada. Página 61.

En las Comunidades de Valencia y de Navarra hay zonas donde la lengua cooficial es predominante mientras que en otras zonas de esas Comunidades predomina el castellano.

Según Rosa Díez[42] "el derecho de todos los ciudadanos españoles a no ser discriminados por razones de sexo, lengua, religión o ideológicas, que está consagrado en la Constitución, se está vulnerando ante la pasividad de quien tiene la máxima obligación de defender los derechos fundamentales: el Gobierno de la Nación. Ante la pasividad y la complicidad. Porque si bien es cierto que tanto en Galicia, como en el País Vasco, como en Cataluña, como en las Baleares, hay nacionalistas en esos gobiernos, no es menos cierto que en tres de ellos el presidente es socialista.

Para decirlo todo, cabe recordar que la ley que hoy excluye el castellano del espacio público en Galicia, que pretende la inmersión en gallego y que empobrece la formación de miles de niños gallegos –y, por tanto, las expectativas de futuro de esa comunidad-, fue aprobada en tiempos de la mayoría absoluta de Fraga; o sea, con el PP. Lo mismo cabe decir de la legislación que se está desarrollando en las Baleares: aprobada por gobiernos del PP. En Cataluña, no hace falta que lo diga: para nacionalistas ya están los del PSC. A su lado, los de CiU son unos moderados".

En el diario ABC del 8 de septiembre de 2011, los periodistas J. Guil y M.J. Cañizares escribieron que "en 1981 tenía lugar la primera gran movilización en favor de los derechos de los castellanohablantes en Cataluña. Se trata del "Manifiesto por la igualdad de los derechos lingüísticos en Cataluña", conocido popularmente como el "de los 2.300" –cifra alusiva al número de firmantes- y que vio la luz en plena gestación de la primera ley de política lingüística impulsada por el gobierno de Jordi Pujol y que sentó las bases de la inmersión en las escuelas públicas.

Treinta años después, los motivos que llevaron a suscribir ese texto siguen vigentes porque, a pesar de los logros obtenidos por los defensores del bilingüismo en el terreno judicial, los gobiernos autonómicos de CiU y del tripartito se niegan a aplicar las sentencias y mantienen un modelo lingüístico que incluso recoge un régimen sancionador".

En el año 2000 la asociación Acción Cultural Miguel de Cervantes, de Barcelona, denunció "la continuada conculcación de los derechos lingüísticos y culturales de que era objeto la comunidad castellanohablante de Cataluña (que representa aproximadamente el 50 % de esta región). Dicha conculcación se produce como consecuencia de la adopción de una sola lengua, el catalán, por parte de las instituciones autonómicas: el Parlamento de Cataluña y el Gobierno Autónomo (Generalidad de Cataluña), y siguiendo normas y directrices de estos dos entes autónomos regionales, también las Diputaciones Provinciales, los ayuntamientos y otras instituciones de carácter público y ámbito catalán…

…Esta vulneración tiene lugar con el consentimiento, tolerancia y connivencia del gobierno del Estado, último y máximo responsable de todos estos atropellos.

Denunciamos, por tanto, que en una sociedad bilingüe, cual es la catalana, cuya población se expresa tanto en castellano como en catalán, toda la actividad pública se realice en una sola de las lenguas: el catalán, con el propósito de forzar a un cambio lingüístico de manera que la comunidad castellanohablante sustituya su lengua habitual por la catalana, todo ello en contra de la composición sociolingüística

---

[42] Obra citada. Páginas 265 y 266.

de Cataluña, de la Constitución Española y de los Tratados Internacionales de protección de los Derechos Humanos".

0000000000

Desde luego, la libertad lingüística es uno de los derechos humanos. Por ello algunos Estados importantes poseen observatorios del cumplimiento de los derechos humanos en los diferentes países del mundo.

Uno de estos principales observatorios depende del Departamento de Estado de los Estados Unidos de América y afirma que en España se producen cotidianamente casos de discriminación lingüística, especialmente en Cataluña, País Vasco y Baleares cuyas autoridades autonómicas tienen una "obsesión política" por dar prioridad excluyente a su lengua propia. El Informe de 2009, publicado en marzo de 2010, recuerda que el Defensor del Pueblo recibió aproximadamente 100 quejas por motivos lingüísticos en 2007, solo de Cataluña, y todas en la misma dirección: la imposibilidad de escolarización en español en las escuelas de la Comunidad.

El Departamento de Estado también reconoce problemas similares en el País Vasco y en Baleares. Así, se apuntan los casos de una escuela del País Vasco en 2008, que se negó a dar la posibilidad, a los padres de los alumnos que lo quisieran, de poder estudiar en español; y en el caso de una cuarentena de médicos, en las Islas Baleares, que protestaron por la obligación impuesta por la administración autonómica de exigirles la acreditación del catalán para poder seguir ejerciendo de médicos.

Por otro lado, el Informe recoge dos protestas que contra la imposición lingüística se han llevado a cabo en Cataluña y Baleares en los últimos años – manifestaciones impensables solo hace un par de lustros-. Unas 2.500 personas, asegura el Informe, "participaron en una manifestación de protesta" contra la obligación del catalán para ejercer de médico en Baleares; y 4.000 más en otra manifestación en Barcelona "para protestar contra las políticas lingüísticas del Gobierno (autonómico) y defender el derecho a recibir clases en castellano en la escuela" de Cataluña".

El diario Financial Times también ha criticado la política lingüística de algunas CC.AA. españolas en un artículo firmado por Víctor Mallet, que dice que "la política lingüística ha sido especialmente polémica, con acciones de los gobiernos autonómicos para imponer el catalán, el gallego o el vasco en todas escuelas y en los servicios públicos, provocando reacciones de enfado en los ciudadanos castellanohablantes". También señala que "docenas de médicos en Ibiza han amenazado con abandonar la isla porque el Gobierno regional de Baleares insiste en examinarles en catalán, la lengua local".

Financial Times hace un repaso general a la política autonómica y considera que "no solo es ocasionalmente un inconveniente para los que quieren hablar castellano. Los inversores, tanto locales como extranjeros, se quejan profundamente de la burocracia extraordinaria impuesta por los gobiernos regionales, costes que difícilmente puede afrontar España, que se hunde en la más profunda recesión que se recuerda".

Desde luego las políticas de inmersión lingüísticas de algunas CC.AA. violan el derecho a la libertad lingüística de los castellanohablantes. En Cataluña la vigente ley de Educación consagra al catalán en su artículo 11.1 como lengua de uso vehicular y el 13.3 establece que excepcionalmente se podrá autorizar el uso de una lengua extranjera como lengua curricular. Según el Partido Popular "eso significa que hacer clases en castellano, más allá de la enseñanza de esta lengua, será simplemente ilegal". La ley de Política Lingüística permitía "en teoría" el derecho a escoger los cinco cursos de primaria en la lengua materna (en la práctica "no ha estado nunca garantizado"). El artículo 11.4 de la LEC transforma esa escolarización en lengua materna en una atención individualizada sólo durante el primer año de acceso a la educación. Además, el artículo 51 fija que la competencia para el currículo corresponde a la Generalidad "salvo la formación común regulada por las leyes". Basándose en ello, se rechaza la aplicación de la tercera hora de castellano.

Uno de los aspectos más polémicos de la LEC ha sido el "blindaje" que presta, desde su puesta en marcha, a la inmersión lingüística en catalán. La consejera de enseñanza de la Generalidad, Irene Rigau, ignora la sentencia del Tribunal Constitucional sobre el Estatuto y los recientes dictámenes del Tribunal Supremo, pues ha insistido en que eso "no nos hará ni cambiar la política lingüística, evidentemente, ni la política educativa".

Como informó ABC el 20 de julio de 2011, "el Gobierno catalán que preside Artur Mas aprobó ayer el Decreto de organización transversal de la política lingüística, una norma que es, en la práctica, la creación de una red de "comisarios políticos que velarán por el cumplimiento estricto de la normativa lingüística en todos los departamentos de la Generalitat, entidades autónomas y todos los organismos dependientes de la Administración autonómica. La medida, eso sí, no supone la creación de nuevos puestos de trabajo, como destaca la nota oficial.

Así, a partir de ahora la Dirección General de Política Lingüística controlará a una "red de técnicos de planificación lingüística adscritos a cada departamento", entre cuyas responsabilidades destaca la de "informar a la dirección General de Política Lingüística sobre la actuación del departamento respectivo en materia de política lingüística". Los "técnicos" deberán velar, además, por el "cumplimiento de la legislación sobre usos lingüísticos en la Administración y la normativa sobre conocimiento del catalán y el aranés por parte del personal al servicio de la Administración de la Generalitat".

Unas normativas basadas en el Estatuto de 2006 invalidadas por el Tribunal constitucional, precisamente en sus artículos referidos a la lengua, por dar preeminencia al catalán sobre el castellano como "lengua propia" de Cataluña.

En este sentido, el líder de Ciudadanos (C's), Albert Rivera, denunció que el presidente catalán "se rodee de comisarios lingüísticos para hacer cumplir leyes inconstitucionales" y recordó que la Ley del cine, la de consumo y la de usos lingüísticos, han sido declaradas ya inconstitucionales, pese a lo cual la Generalitat sigue exigiendo su cumplimiento".

En definitiva, la política lingüística de la Generalidad de Cataluña, guiada por su afán de "normalización", le lleva a una "inmersión" en catalán que discrimina al castellano, especialmente por

· considerar lengua vehicular solo al catalán.
· las multas administrativas a comercios que no rotulan en catalán.
· exigir el dominio de las dos lenguas oficiales para acceder a la función pública.
· no utilizar el castellano en las señales de tráfico.
. no utilizar el castellano en ninguno de los medios de comunicación públicos.

El Tribunal Supremo del Estado consideró en 2008 que la Generalidad incumplía su obligación de velar por los derechos lingüísticos de los castellanohablantes y dictó la obligación de incluir en los formularios una pregunta sobre la lengua familiar de cada alumno. Parece que esto no se ha llevado a cabo por parte del Gobierno autonómico, a pesar de que su política lingüística (teóricamente, al menos) establece que:

"Los niños tienen derecho a recibir la primera enseñanza en su lengua habitual, ya sea esta el catalán o el castellano. La Administración ha de garantizar este derecho y poner los medios necesarios para hacerlo efectivo. Los padres o tutores lo pueden ejercer en nombre de sus hijos instando a que se aplique".

También ha sentenciado el Tribunal Supremo que el castellano debe ser, junto al catalán, lengua vehicular en las escuelas de Cataluña. Por ello, el 2 de septiembre de 2011 el Tribunal Superior de Justicia de Cataluña ha dictado auto en que comunica a la Consejería de Enseñanza que dispone de dos meses de plazo para que cumpla la ley modificando el sistema lingüístico en las escuelas.

El diario El Mundo ha informado de que el Govern de la Generalitat ha anunciado que presentará recurso contra el auto del TSJC. La consejera de Enseñanza, Irene Rigau, ha anunciado que su departamento acudirá "desde el mayor respeto institucional" a la Justicia para defender un "modelo que no ha generado conflictos, un modelo que no ha provocado diferencias", pues dice que la inmersión lingüística que se aplica en Cataluña forma parte del "patrimonio" catalán, además de garantizar el dominio de ambas lenguas oficiales y ser un pilar de la "cohesión social". El recurso contra el auto del TSJC se presentará "en estrictos términos de defensa", si bien no ha desvelado qué hará la Consejería si el TSJC no acepta su recurso, al entender que el Tribunal Constitucional ya ha avalado en el pasado el modelo actual. Tras la presentación del recurso, el TSJC ha dejado en suspenso el citado plazo de dos meses para modificar el sistema lingüístico en las escuelas.

La Generalitat no se encuentra sola en esta lid judicial. Además del apoyo de ERC, Solidaritat u Òmnium Cultural, también se ha sumado a sus filas el Partido Socialista de Cataluña, pues los socialistas están "al lado del Govern en la defensa del modelo lingüístico de las escuelas catalanas". En la misma línea la ministra de Defensa, Carme Chacón, ha defendido el modelo de inmersión lingüística en Cataluña y ha considerado que éste ha garantizado la cohesión social y lingüística". También lo apoya Rubalcaba. En efecto, Pablo Sebastián[43] ha escrito que "Rubalcaba ya no sabe que hacer o que decir para intentar remontar su deteriorada situación pre electoral y por eso se ha ido a Cataluña, de la mano de su "enemiga" Chacón, a justificar la marginación ilegal del idioma castellano, a criticar la sentencia del Tribunal Superior catalán y negar el Estado de Derecho en un vale todo con tal de conseguir aminorar la derrota electoral que se cierne sobre el PSOE.

Rubalcaba se disfraza de "vende patrias" en Barcelona a sabiendas de la importancia que tiene en escaños la lista de los posibles diputados del PSC, una vez que es conocida la importancia que para los dos grandes partidos tienen las Comunidades de Cataluña y Andalucía, de ahí la intensidad de visitas que Rajoy y Rubalcaba realizan en ambos territorios…

…Rubalcaba y Chacón –que aún es ministra de Defensa- han montado su numerito "pro nacionalista" en contra de la legalidad y la lengua española (lo que les será tenido en cuenta en el resto de España) para calificar a Rajoy de "pirómano" de

---

[43] Artículo titulado "Rubalcaba reniega de España" publicado en República.com el 19 de septiembre de 2011.

un incendio que han provocado Montilla y Mas y en el que al PP solo se le puede acusar de tibieza y escurrir el bulto –como en casi todo-, convencidos de que el silencio, la ambigüedad y el tiempo juegan a su favor…".

Sin embargo, el Partido Popular y Ciutadans han celebrado la decisión del TSJC. Enric Millo, del PP, portavoz de los populares en el Parlamento autonómico, ha adelantado que presentarán una serie de propuestas en la Cámara para que la Generalitat, en manos de CiU, cumpla con lo que ordena el TSJC. Albert Rivera ha dicho que en Ciutadans "llevamos más de cuatro años luchando porque esto sea así y, antes de dos meses, uno de nuestros objetivos políticos se acabará cumpliendo a no ser que el Gobierno (autonómico) concurra en un delito incumpliendo la resolución". Rivera se ha felicitado porque, a partir de ahora, en Cataluña habrá "un modelo educativo adecuado a la Constitución, después de casi 30 años de imposición lingüística". Y de que "por fin, una sociedad bilingüe tendrá una escuela bilingüe".

El que está indignado con el auto del TSJC es el presidente de la Generaitat Artur Mas, pues los periodistas M. J. Cañizares y J. Guil han escrito en ABC del 8 de septiembre de 2011 que "Artur Más pasó ayer de puntillas por las supuestas razones jurídicas que tiene el gobierno catalán para negarse a cumplir con las sentencias que obligan a aplicar el bilingüismo escolar, y abundó en la reivindicación identitaria. "Llevan muchos siglos tocándonos las narices con el tema del catalán, intentan que el catalán vaya a menos porque configura nuestra identidad colectiva", aseguró ayer el presidente de la Generalitat, elevando así el tono reivindicativo de un Ejecutivo inmerso en la insumisión judicial.

En sus declaraciones a la emisora RAC1, Mas repartió indignación a partes iguales entre jueces y el PP, formación a la que los partidos catalanistas, incluido el PSC, intentan aislar por su defensa de que el castellano también sea lengua vehicular en la enseñanza. El líder nacionalista cuestionó la capacidad de los tribunales para enmendar las leyes catalanas. "Un juez no puede cargarse la Ley de Educación de Cataluña a partir de casos de familias concretas", dijo Mas. Una reflexión precedida por la negativa de la Generalitat a aplicar la sentencia del Tribunal constitucional (TC) sobre el Estatuto...

…No sé que harán los jueces, pero advierto que la línea roja del idioma no se traspasará", advirtió. Y afirmó que el modelo de inmersión es "irrenunciable", porque la lengua autonómica de Cataluña "necesita una especial atención, protección y discriminación positiva", para que la nueva inmigración pueda aprenderla".

Ante la desbordada actitud del presidente Mas, el diario ABC del 8 de septiembre ha publicado un editorial titulado "El grave error de Mas" cuya parte primera dice así: "La reacción del gobierno nacionalista de Cataluña al auto judicial que ordena incorporar el castellano como lengua vehicular al sistema educativo catalán es pura irracionalidad. La obsesión identitaria del nacionalismo obceca a sus dirigentes, que ni siquiera se molestan en leer las prudentes consideraciones de las sentencias del Tribunal supremo para que los derechos de los castellanohablantes sean atendidas por la Administración autonómica. Optar por la visceralidad garantiza el fracaso de la estrategia de Artur Mas y, aún peor, abre una dinámica extremista que a CiU se le puede ir de las manos, aunque ahora le sirva para correr un velo sobre la crítica situación económica de Cataluña, tan visible en los recortes a la sanidad y a la educación. En este contexto de sacrificios sociales, la defensa panfletaria de la inmersión lingüística resulta extravagante y demuestra la escasa evolución del nacionalismo en la fijación de prioridades. Por eso es lamentable que a las sensatas decisiones de los tribunales sobre el castellano en el sistema educativo catalán responda el ejecutivo de Artur Mas con apelaciones flamígeras al "proyecto de país". La inmersión lingüística queda así retratada como un proyecto político antepuesto a la realidad social catalana y al signo de los tiempos, y además pretende situarse al margen de la Constitución y del Estado de Derecho".

Un sondeo de DYM para el diario ABC, que se publica en el ejemplar del 9 de septiembre de 2011, desmonta las tesis en que se basa la política lingüística del Gobierno de CiU, pues resulta que ocho de cada diez catalanes quieren que la enseñanza sea bilingüe. El artículo, firmado por María Jesús Cañizares, dice lo siguiente: "Los designios lingüísticos del gobierno de Artur Mas se contraponen a las preferencias de los catalanes. Así lo revela una encuesta de la empresa DYM para ABC, según la cual, el 81 por ciento de los ciudadanos de Cataluña prefieren que en los colegios públicos se impartan asignaturas en catalán y en castellano".

0000000000

En todo caso, hay que tener en cuenta que, como ha dicho Mikel Buesa[44] "las políticas de normalización lingüística se han convertido en un obstáculo para el ejercicio de los derechos fundamentales de los ciudadanos…(y) esas políticas están teniendo también importantes efectos negativos para la economía y el bienestar colectivo. Entre ellos, se pueden señalar, a título ilustrativo, los siguientes:

- En primer lugar, las dificultades que encuentran los grandes servicios públicos –principalmente los sanitarios y educativos- para reclutar el personal de alta cualificación que requiere su prestación. En el País Vasco, por ejemplo, se ha denunciado la carencia de médicos de diferentes especialidades y la imposibilidad de completar las plantillas de los hospitales, con el consiguiente deterioro del servicio que se presta a los ciudadanos…Lo mismo puede decirse de las Universidades cuando, como en el País Vasco, la contratación o selección de los profesores e investigadores queda constreñida a los hablantes de las lenguas cooficiales, con independencia de los méritos académicos, y ello dificulta el logro de elevados niveles de calidad.
- En segundo término, se puede destacar que, en el sector público, las exigencias lingüísticas de algunas Comunidades autónomas se han convertido en un obstáculo objetivo para la movilidad de los funcionarios o trabajadores contratados…Es el caso, por ejemplo, de los jueces en el País Vasco, Galicia y Extremadura; o de los controladores aéreos en esas mimas Comunidades.
- En tercer lugar, se anota la extensión de esos mismos problemas en el sector privado…Una reciente encuesta de Sigma Dos (enero de 2009) constata que las políticas lingüísticas, especialmente las que afectan al sistema educativo, constituyen una barrera a la movilidad geográfica de los trabajadores, de manera que algo más del 60 % de los españoles las ven como una dificultad para aceptar un empleo que les obligue a cambiar de Comunidad Autónoma de residencia.
- Y, por último, no son irrelevantes las dificultades que las empresas foráneas tienen en las Comunidades Autónomas bilingües para presentarse a las licitaciones y concursos públicos. Las exigencias idiomáticas se han añadido a las más tradicionales de coparticipación de empresas locales, haciendo muchas veces casi imposible o extremadamente costoso competir en los mercados

---

[44] Obra citada. Páginas 62 a 64.

correspondientes. Y otro tanto ocurre con las exigencias lingüísticas asociadas a los programas de subvenciones...".

Con la normalización lingüística las Comunidades bilingües se están convirtiendo en monolingües en detrimento del castellano y, sobre todo, de la igualdad de los españoles, pues los castellanohablantes ven que disminuyen cada día más sus posibilidades de estudiar o de trabajar en una gran parte de España, en las CC.AA. que convierten su lengua propia en la única aceptable en su territorio, a pesar de la Justicia, con el beneplácito de los partidos políticos mayoritarios y sin que las autoridades protejan el derecho a hablar y a usar la lengua oficial de España, incluso en la educación, lo que resulta traumático para los niños pequeños que no pueden hacer ni siquiera la enseñanza primaria en su lengua materna.

En el País Vasco los sucesivos Gobiernos nacionalistas han extremado la inmersión lingüística. Hace años el PP colgó un video en Youtube denunciando la discriminación lingüística que sufrían los ciudadanos vascos castellanohablantes ante las imposiciones del gobierno vasco nacionalista, con el silencio cómplice de los socialistas vascos, liderados por Patxi López. Ahora, con un Gobierno constitucionalista, cabría esperar un mayor respeto a los derechos lingüísticos.

Sin embargo Rosa Díez[45] afirma que, a pesar del cambio de Gobierno, no se han producido cambios en la normalización lingüística, o sea, en la discriminación a los castellanohablantes, pues "díganme si no, lo que se puede esperar de la política que *amenaza* con llevar a cabo la consejera de Educación. Lean el artículo que firma en las páginas de *El Correo* del pasado domingo (se refiere a agosto de 2009) la titular del Departamento de Educación, Isabel Celaá: "...En el inicio de la autonomía vasca, apenas un 5 por ciento del cuerpo docente estaba capacitado para la docencia en euskera y hoy sobrepasa el 80 por ciento la cifra de quienes se hallan habilitados para enseñar en dicha lengua. Los miles de profesores que han dedicado su esfuerzo y su inteligencia al logro de la normalización escolar del euskera merecen el reconocimiento de la sociedad vasca. Ellos son artífices de la salud de la que hoy goza esta lengua".

Me preocupa –sigue diciendo Rosa Díez- que la consejera tenga la desfachatez de poner a este artículo el título de "Euskera en libertad"; porque se le ha olvidado que los profesores que ella menciona fueron obligados a aprender euskera, y que los que no lo hicieron fueron calificados como no adaptados al sistema. Me preocupa que la consejera no haga ni la más leve mención a los centenares de profesores que han sido laboralmente discriminados por no hablar euskera; que anteponga su interés por la lengua a su obligación de garantizar los derechos de los ciudadanos, y que por eso anuncie la puesta en marcha de nuevos modelos para que el euskera se hable "en la calle". ¿Qué le importa al gobierno en qué idioma hablamos en la calle?. ¿A qué viene este empeño de regular hasta el idioma en que nos relacionamos en nuestro ámbito privado?. ¿Por qué no se dedican a proteger los derechos de los ciudadanos –que es para lo que están en las instituciones- y se olvidan de las lenguas que no son titulares de ningún derecho?".

Actualmente sí que parece que el Gobierno constitucionalista del País Vasco ha aminorado un poco la discriminación lingüística, pues así lo demuestra el hecho de que las quejas por discriminación lingüística disminuyeron un 6 % en 2009. Así lo afirma el diario Deia de 7 de marzo de 2010 pues dice que Patxi Martínez de Marigorta, director de Normalización Lingüística de las Administraciones Públicas, fue el encargado de presentar la nueva campaña para sensibilizar a los ciudadanos a

---

[45] Obra citada. Páginas 270 y 271.

favor de una sociedad bilingüe y para dar a conocer también el servicio que presta Elebide.

En el País Vasco hay que tener en cuenta que, dada la dificultad del euskera, la discriminación lingüística se realiza con los castellanohablantes pero, en muchos casos, también con los euskerahablantes.

0000000000

La Comunidad Autónoma de Galicia lleva a cabo asimismo una intensa campaña de normalización lingüística, si bien actualmente el Gobierno monocolor del Partido Popular no discrimina tanto como el anterior Gobierno, en el que los socialistas tuvieron que ceder a las exigencias lingüísticas del Bloque Nacionalista Gallego.

Libertad Digital ha publicado una información de la asociación Galicia Bilingüe en la que resume la libertad lingüística del presidente gallego Feijóo en el hecho de que hay "libros de texto gratis en gallego y pagados si se quieren en castellano". Efectivamente Galicia Bilingüe afirma que en las últimas semanas (de enero y febrero de 2011) se han constatado nuevos casos de discriminación hacia alumnos que prefieren estudiar en español. A través de la denuncia de varios progenitores se ha detectado el reparto gratuito por parte de numerosos centros educativos y distintas APAs de libros en gallego para las materias que han de impartirse en castellano según el nuevo decreto de la Xunta.

Esta medida coincide con los postulados que defiende la asociación, pero siempre y cuando se respete la opción elegida por los padres o alumnos. Sin embargo, para el caso de las materias que han de impartirse en gallego, en muchos centros se bloquea la posibilidad de que los estudiantes usen libros en español, sobre todo para la asignatura de Conocimiento del Medio en Primaria. Varios padres solicitaron expresamente esta opción y ni siquiera les fue admitida abonando el importe del libro.

La Asociación que preside Gloria Lago, considera que "de esta forma, el gobierno de Núñez Feijóo no solo incumple su promesa electoral de permitir a los alumnos utilizar los materiales didácticos en la lengua de su elección, sino que sigue admitiendo, como ocurre en los colegios gallegos desde hace cuatro años, que todos los libros puedan usarse solo en gallego, pero no en castellano"...El desprecio de la Administración autonómica hacia los castellanohablantes y su aparente obsesión por acercarse a poses galleguistas alcanzó también al denominado proyecto Abalar. Galicia Bilingüe recibió en las últimas semanas numerosas denuncias de profesores alertando del bloqueo del uso del castellano en los ordenadores ligados a dicha iniciativa. Concretamente el sistema operativo llegó únicamente en gallego, con la opción de pasarlo a inglés, pero no a español, puesto que no iban preinstalados en los ordenadores los módulos correspondientes. Muchos docentes solicitaron las claves para instalar dichos módulos, pero la Consellería de Educación se negó a facilitarlas, al menos en esa consulta inicial.

Galicia Bilingüe entiende que todos estos casos evidencian, como mínimo, el nulo interés de Alberto Núñez Feijóo por cumplir sus promesas electorales en relación con el uso de los dos idiomas oficiales y a la libertad de elección en los colegios para que Galicia se iguale al resto de democracias con más de una lengua oficial.

Sin embargo, en una sentencia de noviembre de 2009 el Tribunal Supremo niega que exista discriminación lingüística en el sistema educativo gallego. Por su parte, Galicia Bilingüe afirma que esa sentencia del Supremo no se refiere al reconocimiento del derecho a estudiar en castellano.

Otra de las CC.AA. donde existe mucha discriminación lingüística es la de Islas Baleares, donde el "nacionalismo" anteriormente gobernante seguía la estela de Cataluña en cuanto a su política de normalización lingüística, copiando las actuaciones y las normativas catalanas respecto a inmersión lingüística en la lengua catalana. Y ello tanto con gobiernos del PP como de socialistas y otros coaligados. Sin embargo Bauzá, el nuevo presidente balear, parece que pretende disminuir la discriminación positiva en favor del catalán.

En Baleares, a su vez, se han registrado algunos casos de médicos que han renunciado a sus puestos en la sanidad pública por causa de las imposiciones lingüísticas, sobre todo en Ibiza.

Un caso escandaloso, pero muy significativo, es el del niño ibicenco de 11 años Olav Boned, que ha sido puesto de manifiesto por Pablo Yáñez, presidente de la Asociación Nacional por la Libertad Lingüística, análogo al que padecen muchos otros por la educación monolingüe impuesta en Baleares que ataca directamente a la libertad lingüística y al progreso del archipiélago balear.

Se trata de que, en 2009, los padres de Olav Boned, un niño de 11 años, disléxico, solicitaron que su hijo se examinara en castellano. Ocho meses después el gobierno balear les respondió que, a pesar de la dislexia del niño, debe seguir examinándose únicamente en catalán. La Consejería de Educación se ha apoyado en que "la ley no reconoce su libertad de elección" y recuerda que el aprendizaje en catalán "implica el uso oral y escrito de esta lengua". Círculo Balear y la Asociación Nacional por la Libertad Lingüística emitieron sendos comunicados en los que denunciaron la decisión del gobierno del socialista Francesc Antich.

Actualmente, cuando tras las elecciones del 22 de mayo de 2011 ha pasado a gobernar la Comunidad de Baleares el Partido Popular se han renovado las esperanzas de que se aminore la discriminación lingüística en el Archipiélago, pero está por ver si los hechos materializan esa esperanza.

0000000000

Como se ha visto hasta hora, la inmersión lingüística que practican las CC.AA. se deriva de una política autonómica de normalización lingüística que suele discriminar el conocimiento y uso del castellano, la lengua oficial de todos los españoles. A pesar de ello, el anterior Gobierno socialista del Estado contribuyó generosamente a financiar la "normalización lingüística" con más de 236 millones de euros anuales, pues así apareció en los Presupuestos del Estado, dentro de la financiación autonómica, destinados a las CC.AA. con lengua cooficial. Es lo que publicó La Voz de Barcelona el 27 de julio de 2011, basado en datos oficiales del Ministerio de Economía y Hacienda. Dice literalmente lo siguiente:

"El Gobierno español destina más de 236 millones a la "normalización lingüística". Esta cantidad se la reparten la Generalidad de Cataluña (97,9 millones de euros), la Generalidad de la Comunidad Valenciana (61,6 millones de euros), la Junta de Galicia (45,9 millones de euros) y el gobierno autonómico de las Islas Baleares (31,2 millones de euros).

El gobierno destina más de 236 millones de euros al año a la normalización lingüística del gallego, catalán y valenciano. Una partida de los impuestos de todos los ciudadanos españoles va destinada en exclusiva a las CC.AA. con lengua cooficial, excepto el País Vasco y Navarra, -que no forman parte del régimen común de financiación- con el fin de normalizar el uso de estas lenguas autonómicas.

En contra de lo que se defiende habitualmente desde partidos y entidades nacionalistas de Cataluña, el Gobierno central sí financia el uso y promoción de la lengua catalana, así como el de la gallega y valenciana.

El complicado, complejo y discutido modelo de financiación autonómico da para todo tipo de partidas, defendidas por los distintos gobiernos autonómicos. Así, cualquier hecho diferencial es defendido en el Consejo de Política Fiscal y Financiera como un valor a proteger y, por lo tanto, necesitado de financiación pública. Desde la dispersión poblacional a la insularidad, pasando por la lengua autonómica o la edad de los habitantes. Todo vale para prorratear el fondo común.

El modelo de financiación autonómica, aprobado por el gobierno y las CC.AA. en 2009 (en vigor), establece el pago de 236,85 millones de euros a las CC.AA. con lengua cooficial, además de la oficial en toda la nación, en concepto de "normalización lingüística". Esta cantidad se la reparten la Generalidad de Cataluña, la Generalidad de la Comunidad Valenciana, la Junta de Galicia y el gobierno autonómico de las Islas Baleares (en las cantidades indicadas más arriba).

Los más de 236 millones están dentro de la partida encuadrada como cantidades "adicionales" en el fondo especial destinado a la sanidad, la educación y los servicios sociales. El cálculo no es exacto anual por lo que, según la fórmula, el próximo año (el modelo de financiación firmado en 2009 se alargará hasta 2013) puede variar la cantidad destinada a la "normalización lingüística" en las CC.AA. con lengua autonómica.

Uno de los argumentos utilizados por los partidos políticos y las entidades nacionalistas, a la hora de justificar el elevado gasto de la Generalidad en la promoción, uso e imposición del catalán –en determinados ámbitos-, es que desde el Gobierno no se destina dinero para la llamada normalización lingüística del catalán.

Sin embargo, desde el actual modelo de financiación autonómica queda demostrado que el Gobierno sí dedica parte de los impuestos –recaudados, lógicamente, en toda España- para las CC.AA. con lengua oficial.

Una cantidad que se ve superada por los casos concretos de financiación para temas lingüísticos, que no figuran en la partida autonómica. Sin ir muy lejos, en enero, el Gobierno financió cursos de catalán para inmigrantes en Salt (Gerona). Además (con datos de 2008) la Generalidad destina más dinero a promocionar el catalán que el Gobierno central destina al Instituto Cervantes (centro que, por otro lado, promociona el uso del resto de las lenguas españolas). Y, según un informe elaborado por UPyD, la cantidad que la Generalidad dedica a la política lingüística –en todas sus áreas, solo para el catalán- ronda los 2.400 millones de euros.

Así las cosas, el Gobierno cumple con la promoción y uso de las lenguas de España. No solo con la común y oficial en toda la nación. Las críticas –de entidades cívicas y partidos políticos- han recaído sobre la Generalidad por promocionar el uso única y exclusivamente del catalán, pese a que no es la lengua única y exclusiva de Cataluña".

Ante esta interesante y reveladora información de La Voz de Barcelona sobre aportaciones del Gobierno del Estado a la "normalización lingüística" de las lenguas propias de algunas CC.AA. que, ¡muy agradecidas!, corresponden discriminando el conocimiento y el uso del castellano; a pesar de que los castellanos financiamos con nuestros impuestos esas aportaciones del Gobierno del Estado a la "normalización lingüística" de las lenguas propias de algunas CC.AA. me he quedado pensativo, reflexionando. Por fin he llegado a la conclusión de que me gustaría tener algún poder –cosa imposible, porque no pertenezco a ningún partido político- para hacer un programa de "normalización lingüística" del castellano en esas CC.AA. con lengua propia, antes de que éstas desplacen totalmente al castellano en sus territorios, y desaparezca, quedando solo como un idioma "extranjero".

En todo caso es conveniente tener en cuenta que, como ha dicho Miguel Platón[46], "la política de inmersión lingüística busca un objetivo inequívoco: quebrar la identidad de España en un claro avance a un estado federal y a la posterior independencia".

0000000000

El pasado 24 de junio de 2008 el diario "El País" informó de que una veintena de intelectuales habían promovido y firmado un manifiesto en defensa del castellano y reclamaron reformas para esa defensa. Al "Manifiesto por la Lengua Común" se adhirieron posteriormente decenas de miles de personas. La información de "El País" decía lo siguiente:

"Una veintena de intelectuales ha promovido un manifiesto en defensa del castellano que fue presentado ayer en el Ateneo de Madrid y que reivindica la importancia de esta lengua y reclama una normativa legal –"que puede exigir una modificación constitucional y de los estatutos- para garantizar los derechos de los españoles que quieran expresarse y estudiar en castellano, "única lengua común en todo el territorio". Los promotores del *Manifiesto por la lengua común* llamaron ayer a la sociedad civil a la movilización, "a hacer cosas", porque, señalaron, "los partidos van un poco por detrás" en este asunto.

El documento arranca con una conclusión lapidaria: "Desde hace algunos años hay crecientes razones para preocuparse en nuestro país por la situación institucional de la lengua castellana". Y solicita al Parlamento "una normativa legal de rango adecuado para fijar inequívocamente" que "la lengua española es común y oficial en todo el territorio nacional", que los ciudadanos que lo deseen tienen el derecho de ser educados y atendidos en las dos lenguas oficiales, o que los funcionarios no están obligados a utilizar la lengua autonómica. El manifiesto señala que ninguna lengua "tiene derecho a conseguir coactivamente hablantes, ni imponerse como prioritaria en la educación".

El filósofo Fernando Savater, que en el acto de presentación ejerció de maestro de ceremonias, subrayó que "una cosa es incentivar el conocimiento de las lenguas autonómicas y otra imponerlas a costa de la lengua común". Y señaló que "la discriminación" de los ciudadanos castellanohablantes en comunidades con dos lenguas oficiales "perjudica a los más desfavorecidos, como los inmigrantes, dañando sus posibilidades sociales y laborales". Por eso, Savater pidió que ningún idioma autonómico sea vehicular en la educación –como ocurre en Cataluña y se ha propuesto en el País Vasco- sino que pueda elegirse el castellano. El filósofo estuvo flanqueado por Carlos Martínez Gorriarán, miembro de la dirección de Unión,

---

[46] "La amenaza separatista: Mito y realidad de los nacionalismos en España". Temas de Hoy. Madrid. 1994.

Progreso y Democracia (UPyD), la historiadora Carmen Iglesias y el escritor Álvaro Pombo, en un acto al que asistieron unas 70 personas. Ayer ya anunciaron su adhesión el Foro Ermua y la Asociacón Galicia Bilingüe. Entre los promotores del manifiesto también están Mario Vargas Llosa, José Antonio Marina y Albert Boadella.

Carmen Iglesias advirtió de que "el fanatismo" en este asunto "va acompañado de una historia falseada que nos hace retroceder al siglo XVIII". Y Savater acusó a los partidos de "todos los colores" de haber jugado siempre con este tema y no haberlo planteado "de forma seria"."

Por supuesto, el Manifiesto por la Lengua Común trata de evitar la persecución del castellano, lengua común de todos los españoles, en algunas CC.AA., tolerada por el Gobierno central y auspiciada por instituciones públicas de esas Comunidades. Al cumplirse una semana desde su aparición el Manifiesto ya había recibido 68.000 adhesiones en todo el mundo.

El Gobierno socialista de Rodríguez Zapatero, para no incomodar a los nacionalistas, ignoró la existencia del Manifiesto; e incluso negó la existencia de discriminación lingüística a los castellanoparlantes en ninguna Comunidad Autónoma. Negando lo evidente, evitó tener que hacer algo para solucionar el problema. ¡Lo mismo que con la Crisis Económica que todavía perdura, tal vez por no haberla reconocido a tiempo!. Es la política del avestruz.

El 27 de junio de 2008 Rosa Díez, teniendo en cuenta ese Manifiesto y consciente de que el Estado debe regular por ley la protección de los derechos lingüísticos presentó en el Congreso de los Diputados una Proposición de Ley Orgánica para Prevenir y Erradicar la Discriminación Lingüística y Asegurar la Libertad de elección de Lengua.

El diario El Mundo publicó la noticia en los términos siguientes:

"La norma, que tendrá que debatir el Pleno del Congreso –a la que ha tenido acceso EL MUNDO- tiene siete artículos y es la proposición de ley más completa que se ha presentado sobre este asunto en las Cortes. El PP anunció esta semana que presentará una ley en este sentido, pero el partido de Díez se le ha adelantado, ya que lleva varios meses trabajando en ello, como confirmó el dirigente de UPyD Carlos Martínez Gorriarán, uno de los autores de la proposición y también promotor del Manifiesto.

La iniciativa denuncia que miles de ciudadanos quedan excluidos de "derechos básicos", como el acceso al trabajo o la elección de la lengua vehicular en la educación por no saber catalán, gallego o vasco.

Así, enumera como principales problemas lingüísticos "el requisito abusivo del conocimiento de la lengua cooficial para acceder a empleos públicos, "la eliminación de comunicaciones oficiales bilingües" y "la eliminación de la enseñanza bilingüe". Todas estas situaciones "dejan en desventaja objetiva" a millones de personas en España que se expresan normalmente en castellano y que quedan "excluidos del espacio público", según UPyD.

De hecho, apunta que la situación actual lleva a que España sea "un país cada vez más dividido por fronteras internas de orden territorial y social", en este caso lingüístico, para acabar con "la sustitución del bilingüismo real por un monolingüismo de nuevo cuño, impuesto por las instituciones".

Compara la situación actual con la que se vivía en el franquismo, cuando el catalán, el gallego y el vasco "estaban totalmente marginados" y, "a efectos legales, prácticamente no existían". "Del mismo modo que en el pasado dictatorial era sumamente difícil escolarizar a los niños en una lengua materna española distinta del castellano, ahora sucede lo mismo al tratar de escolarizarlos en español".

Hasta mediados de marzo de 2009 tuvo que esperar Rosa Díez para poder defender su Proposición de Ley que protegía el uso del castellano por quien lo desease en cualquier lugar de España. Por supuesto, el PSOE y sus aliados nacionalistas rechazaron la Proposición de Ley.

0000000000

Por último, ante la crisis económica que padece España actualmente, quisiera poner de relieve, antes de finalizar este apartado sobre la libertad lingüística, el enorme daño que las discriminaciones lingüísticas, como potentes barreras obstaculizadoras, producen en la libre circulación de las personas en el mercado interior de España, lo que repercute negativamente en la competitividad de nuestros bienes y servicios y, por tanto, en nuestra debilitada Economía española que, sin embargo, ha de competir favorablemente, si quiere sobrevivir en el mercado único de Europa y en un universo cada vez más globalizado.

En fin, como ha dicho Mikel Buesa[47] hay que tener siempre en cuenta que "a través de las políticas lingüísticas, se está fragmentando el mercado nacional. Y, con ello, se reducen las oportunidades para los trabajadores y empresas de las regiones castellanohablantes, a la vez que éstas estrechan sus posibilidades de aprovechar las economías de escala que se asocian a los mercados amplios, con la consiguiente merma de su capacidad competitiva".

Desde luego, dada la importancia que tiene la aportación económica del idioma castellano al Producto Interior Bruto de España resulta tan absurdo como incomprensible que el Gobierno del Estado, los partidos políticos y todos los españoles no contribuyamos mucho más a que nuestra lengua castellana sea promocionada en todo el mundo; así como a su defensa en aquellas comunidades autónomas de España donde se la discrimina y se la quiere erradicar para que ciertas Comunidades Autónomas se conviertan en raquíticos territorios monolingües, con una lengua propia solo para andar por casa, cuando es ya indispensable comunicarse en un mundo global con un idioma aceptado por centenares de millones de personas, como el inglés o el español. ¡Dichosos los que poseemos una lengua universal!.

==========

6.- CACIQUISMO NEOFEUDAL.

La manera en que se ha efectuado el proceso autonómico en España ha puesto de manifiesto ciertos efectos perversos de las autonomías territoriales, pues se ha favorecido la existencia de una oligárquica casta política regional que ha consolidado un nuevo caciquismo calificable de neofeudal. El caciquismo es una forma de

---

[47] Obra citada. Página 64.

liderazgo, con tendencia a gobernar, ligado estrechamente al clientelismo. Se concreta en un intercambio de favores que el cacique hace a los suyos, denominados técnicamente clientes. Si el cacique tiene un cargo político, o aspira a tenerlo, lleva a cabo prestaciones a sus clientes, directas o indirectas, a cambio de apoyo electoral en los comicios.

José Manuel Rodríguez Acevedo[48] entiende por caciquismo "todo un sistema de organización social y política articulado desde el ámbito local al nacional, que se desarrolla históricamente en aquellos países en los que no se produjo o no culminó la revolución burguesa durante el siglo XIX y, por tanto, subsistió la semifeudalidad a nivel económico, social, político y cultural...

...El caciquismo es la expresión política del dominio económico de unas oligarquías lideradas por los grandes propietarios del suelo, ya sea rústico (actividades agrarias) o urbano (actividades inmobiliarias)...Comprende una larga jerarquía de funcionarios, intermediarios y agentes, que conforman estrechas redes mediante las cuales los sistemas de autoridad estatal se engarzan con los sistemas de autoridad social que se desarrollan en la base de las comunidades.

Estas redes complejas, capaces de bordear la legalidad, tienden a controlar las instituciones y las formas de organización política, social, cultural y, en general, todos los aspectos relevantes de las comunidades, rurales o urbanas. El caciquismo surgirá históricamente vinculado a sistemas políticos parlamentarios (monarquías o repúblicas)...

La actual España de las autonomías hace necesario abrir, a nuestro entender, una línea de investigación que desde la perspectiva de las ciencias sociales profundice en la subsistencia del caciquismo semifeudal".

Pero entonces ¿es que ha surgido el caciquismo ahora en España por las autonomías territoriales?. No exactamente, porque el caciquismo español se inició con las mutaciones sociales y políticas que conllevó la revolución liberal de mediados del siglo XIX. Por ello, antes de entrar a analizar el rápido desarrollo del caciquismo en nuestro Estado de las Autonomías, parece necesario dedicar unos breves párrafos a la evolución del caciquismo español.

En realidad, lo que ha ocurrido es que, como ha subrayado Javier Moreno Luzón[49], "...con el desarrollo económico y el crecimiento del Estado se ha asistido a la transformación, más que a la evaporación, del patronazgo político, que puede ser desplazado o no del centro de la vida pública...En primer lugar, hay que hacer referencia a la transformación de los partidos políticos. Algunos autores han señalado fundamentalmente dos etapas en la evolución del clientelismo: una primera, que podría denominarse "tradicional" o de "clientelismo de los notables", y una segunda, la correspondiente al "clientelismo de partido", en la que existen organizaciones partidistas a través de las cuales son encauzados los intercambios clientelares...los notables, que obtenían su control político como corolario de su posición social,

---

[48] Artículo titulado "El caciquismo en la España reciente. El caso de Castilla y León". Universidad de La Laguna (Tenerife). Aposta. Revista de ciencias sociales. Nº 43. 4º trimestre de 2009.
[49] Artículo titulado "Teoría del clientelismo y estudio de la política caciquil". Revista de Estudios Políticos. Nº 89, de julio-septiembre de 1995. Páginas 220 y 221.

fueran propietarios o abogados, son sustituidos como patronos por los políticos profesionales, que actúan en cuanto delegados del partido que los ha nombrado".

Los españoles se han dado cuenta ya de que las Autonomías son -y cada vez más- un voraz sistema de explotación de los ciudadanos por los caciques territoriales de las Comunidades, generalmente encuadrados en unos anticuados partidos políticos oligárquicos. Actualmente, con el Estado de las Autonomías se ha consolidado en España un caciquismo de nuevo cuño, más peligroso que el tradicional porque se disfraza de "democrático".

Un certero y contundente artículo sobre el retorno del caciquismo avasallador a España, debido a la generalización de las Autonomías, es el que ha realizado Rodrigo Tena[50] quien, entre otras cosas, dice lo siguiente:

"…Una nota propia y singular de la partitocracia española, que la hace especialmente peligrosa es la derivada de su adaptación a un sistema en el que el poder se encuentra extraordinariamente descentralizado a nivel territorial. La evolución del Estado de las Autonomías ha venido a crear focos de poder regional muy poderosos. El líder territorial, especialmente si ostenta el gobierno de la correspondiente Comunidad, dispone de ingentes recursos con los que construir un régimen clientelar propio, denso y ramificado. De esta manera, no solo es capaz de eliminar cualquier competencia interna, sino, como consecuencia de su aportación en votos al conjunto nacional, condicionar las decisiones de su propio partido, constituyéndose como único contrapoder frente al líder máximo. He aquí una de las razones por las cuales ciertos barones territoriales, con mando presupuestario en plaza, aguantan carros y carretas sin inmutarse, ya sea en forma de escándalos varios o de Estatutos declarados inconstitucionales.

Pero, lamentablemente, este contrapoder no sirva para dulcificar en beneficio de nuestro maltrecho Estado de Derecho la tiranía partitocrática que padecemos. Más bien al contrario. La capacidad negociadora del líder territorial frente a la cúpula del partido lo que suele traer consigo es todavía mayor erosión institucional. La laboriosa construcción clientelar por parte del barón territorial demanda con excesiva frecuencia cacicadas y extralimitaciones de toda índole que el aparato central se ve obligado a tolerar. En fin, feudalismo en estado puro, conforme al cual terminan pesando más los intereses locales de partido que los generales de los ciudadanos.

La partitocracia de taifas en consecuencia, no se contenta con invadir los poderes del Estado, sino que más bien busca ignorarlos. No se trata de controlar el Tribunal Constitucional para que dicte una sentencia favorable, sino a articular los instrumentos necesarios para desconocerla cuando sea desfavorable. El caso del Estatuto de Cataluña es el más conocido, pues tanto el presidente del Gobierno como el de la Generalitat se han cansado de repetir su disposición a encontrar las vías necesarias para superar de una manera u otra el problema que ha supuesto la sentencia, pero no nos engañaríamos si pensáramos que este fenómeno es

---

[50] Artículo titulado "Partitocracia de Taifas", publicado en el diario El Mundo el 14 de septiembre de 2010.

excepcional. Se repite constantemente, en todos los puntos de la geografía nacional aunque de forma casi inadvertida.

El que la erosión no se limite a los altos organismos del Estado, lo que ya es bastante grave, sino que llegue hasta el último rincón del país, constituye una gravísima amenaza para nuestro Estado de Derecho. Dado que la reacción desde los partidos mayoritarios no parece posible, tendrán que ser los ciudadanos, al final los únicos responsables, los que decidan, dentro de las opciones que ofrece nuestro sistema democrático, si desean remediar tal estado de cosas. En democracia, siempre se está a tiempo".

Por su parte los catedráticos Francisco Sosa Wagner y Mercedes Fuertes en su libro *El Estado sin territorio* concluyen que "…han aparecido en la España contemporánea unos poderes neofeudales que anidan en las instancias territoriales cuyo ejercicio se agrava por el hecho de que la misma fragmentación que afecta al Estado se advierte claramente ya en los partidos políticos que han gobernado y que gobiernan España…(Hay) ejemplos clamorosos de cómo sus dirigentes carecen de criterio alguno sobre cuestiones fundamentales guiándose exclusivamente por una brújula lamentable: la de los intereses electorales a corto plazo de tal o cual secretario regional o local. Un panorama desolador pues estas personas tienen en sus manos el destino de las instituciones públicas y de los engranajes que conforman nuestra convivencia.

Y que lavan sus manos a diario en la palangana del sectarismo y de la improvisación.

A esta calamitosa situación no hubiéramos llegado si no contáramos con un sistema político enhebrado por una red de relaciones personales e intereses singulares que están poniendo en pie un sistema remozado que conecta a los individuos por intereses de grupo, territoriales y corporativos. Es decir, un sistema democrático degradado a toda prisa".

0000000000

Ante esa avalancha de conclusiones de diversos autores sobre el caciquismo, me he planteado la cuestión de que si nuestro Estado de las Autonomías se habrá convertido ya en una nueva forma de caciquismo generalizado.

Cuando estaba reflexionando sobre esa cuestión, me llamó la atención un artículo que localicé en un foro de debate, de fecha 25 de octubre de 2010, firmado por un tal Rasmia (supongo que es un seudónimo), que tenía el llamativo título de "Las Comunidades Autónomas, el caciquismo del siglo XXI". En ese artículo se dice, entre otras cosas, lo siguiente:

"El Estado de las Autonomías ha supuesto la creación de una casta política donde una serie de personas que pertenecen a los grupos de poder regionales y políticos, están manejando sin control alguno por parte del Estado, no solo grandes cantidades de dinero sino la posibilidad de legislar, utilizando leyes y reglamentos en aumentar de poder y en hacer cada vez más amplia la distancia que separa a esa casta de la alta política del resto de los españoles que paulatinamente ven como se empobrecen más para poder mantener en su alto nivel de vida a las clases dirigentes de esos entes regionales que forman las 17 sanguijuelas autónomas".

Ante esta conclusión acusadora, he vuelto a repasar lo que sobre ello dice el experto José Manuel Rodríguez Acevedo[51], que es lo siguiente:

"¿En qué ha devenido esa administración autónoma en la mayoría de las regiones? En un medio de perpetuar el caduco caciquismo, que se reestructura para adaptarse al nuevo marco democrático-burgués establecido. La descentralización política y administrativa serviría básicamente para colocar bajo el dominio directo del viejo y del nuevo caciquismo los poderosos resortes del poder regional y provincial (José Carlos Mariátegui, 1996). La descentralización judicial que pretende impulsar el gobierno socialista, con el argumento de la adaptación de la justicia a la estructura autonómica del Estado sería una profundización en este proceso…

…La huella del caciquismo se percibe también en la organización de la Administración Pública de las comunidades autónomas, estructuradas en una serie de "reinos de taifas" más pequeños que son entregados a unos consejeros, vicepresidentes, directores generales, presidentes y consejeros de diputaciones y cabildos insulares, convertidos en verdaderos reyezuelos al servicio de variados y a veces contrapuestos intereses económicos y políticos de sectores oligárquicos".

Por todo ello, José María Marco[52] ha escrito lo siguiente:

"Un amigo (mío) compara la situación actual con la de la Restauración (primera)…(Hoy) después de treinta años de la nueva Restauración, nos hemos instalado ya en la etapa de lo que mi amigo llama caciquismo democrático. Los mecanismos del poder (las clientelas, las influencias, los amigos) son idénticos. Se cuenta, en cambio, con el respaldo de la opinión pública, casi igual de desinformada que entonces pero más participativa. Por eso mismo se tiene la capacidad de influir en una parte gigantesca de la sociedad. También existen medios que los caciques de la primera Restauración ni siquiera habrían soñado. Les habrían parecido una monstruosidad. El Estado (autonómico) entero se ha convertido hoy en un medio de mercadeo de votos".

Ante estos testimonios, yo saco mis propias conclusiones: la autonomía territorial ha hecho renacer y proliferar en nuestro país el caciquismo; pero, eso sí, "democrático", porque está en la base de nuestro sistema político, donde los políticos son elegidos en listas cerradas y bloqueadas "a mayor gloria de los caciques", con desprecio absoluto de la voluntad popular. No es extraño que, en nuestra actual España de las Taifas, se publiquen libros con títulos bien expresivos como, por ejemplo, *El Paraíso según Adán: veinticinco años de caciquismo autonómico*, cuyos autores son Ramón Pérez Almodóvar y José Manuel Castellano Gil.

Para que la descripción del caciquismo español no se quede en una mera descripción teórica, voy a exponer seguidamente un ejemplo práctico del caciquismo

---

[51] Artículo citado ya al principio de este capítulo.
[52] Artículo titulado "Caciquismo democrático", en la columna de Libertad Digital, publicada el 19 de septiembre de 2008.

que se da en la realidad de nuestro país, en sus comunidades autónomas. Se trata de un certero y oportuno artículo de Joaquín Legina[53], del que reproduzco aquí la mayor parte. Dice así, literalmente:

"El 28 de junio –dos días antes de que los asalariados (los paganos del 90 % del IRPF) recibiéramos un sablazo de Hacienda- nos enteramos de que Renfe eliminará el servicio del AVE entre Albacete, Cuenca y Toledo.

Esta línea permitía viajar entre esas tres capitales sin pasar por Madrid. Un trazado absurdo que se hizo en clave regionalista y que usaban nueve personas al día, generando un déficit anual de siete millones de euros, sin contar la amortización de la enorme inversión. También existe un ramal de AVE entre Zaragoza y Huesca (ciudad donde ¡oh casualidad! nació el actual secretario de Estado de Infraestructuras) que da servicio cada día a 12 personas.

Y uno se pregunta: antes de gastarse esos dinerales, ¿nadie en el Ministerio previó la futura demanda de billetes? Al ser nombrado ministro de Fomento, José Blanco anunció que el AVE a Galicia sería "uno de verdad" y no esa bagatela de ferrocarril convencional que solo se mueve a 250 kilómetros por hora. ¿Y saben Vds. cuánto cuesta un kilómetro (sólo las vías y la catenaria) del AVE?.

Pues unos 20 millones de euros. Lo cual les debe parecer una minucia a quienes con tanto acierto dirigen nuestros destinos en esta plural España. AVE sin viajeros, aeropuertos sin aviones, teatros a los que nadie acude…Ellos son los monumentos del nuevo caciquismo. Unos caciques que se dedican a construir sus escoriales con nuestro dinero…".

¡Sin comentarios!, dado el gran conocimiento de la realidad que tiene el autor del artículo.

0000000000

No es extraño que algunos autores hayan querido ver semejanzas entre el floreciente caciquismo de la España actual con el existente en nuestra nación en la primera Restauración, que duró hasta 1923, cuando se instaló la Dictadura de Primo de Rivera, y que tan intensamente fue criticado por Joaquín Costa y otros. De todas las comparaciones que han llevado a cabo esos autores hay una que me parece correcta técnicamente. Se trata de una comunicación defendida ante los IV Encuentros de Filosofía en Gijón (5-7 de julio de 1999), de la que es autor Felipe Giménez Pérez, y que se titula "Comparación del diagnóstico de Joaquín Costa acerca de la España de 1899 con la situación de España en 1999". Esa comunicación consta de dos partes: en la primera hace un análisis de la situación política española en 1899 según Joaquín Costa; la segunda tiene el siguiente título: "El caciquismo del régimen de 1978. Actualidad y validez del diagnóstico de costa de 1902 en 1999".

---

[53] Artículo titulado "El nuevo caciquismo: 20 millones de euros por un kilómetro de AVE", publicado en Periodista Digital el 1 de julio de 2011.

Desde luego, con la modificación de los estatutos de autonomía para que los territorios asuman más competencias, se ha generalizado en todo el país la oligarquía caciquil que representan -o que apoyan- los barones territoriales de los partidos mayoritarios o nacionalistas, lo que favorece el clientelismo electoral sectario y distorsiona todavía más la representatividad política. En este punto debe señalarse que los actuales caciques territoriales se diferencian de los caciques típicos de comienzos del siglo XX, a los que fustigaba Joaquín Costa, en que los actuales caciques, al ser dirigentes de partidos políticos, no tienen que financiar con sus propios recursos el clientelismo que les garantizaba buenos resultados electorales en su territorio, porque los partidos políticos españoles reciben sustanciales consignaciones presupuestarias de la Hacienda pública.

Las carencias y corruptelas del sistema político que padecemos se hacen más notorias e inaceptables en épocas de crisis económica como la contemporánea, con cinco millones de parados que no encuentran solución a sus problemas laborales en el Gobierno.

En fin, la académica y catedrática Carmen Iglesias[54] ha denunciado la deriva autoritaria que está ganando terreno en la clase dirigente española, pues ha escrito que "...en este momento, las mayores dificultades económicas y el futuro incierto oscurecen la gravedad de las pérdidas de libertad de expresión que sufrimos paulatinamente. Pero lamentablemente todas las pérdidas van interrelacionadas en el círculo de la desconfianza que ha generado un sistema en el que la incompetencia de los dirigentes políticos, la ignorancia y la osadía de sus ingenierías sociales de todo tipo, la corrupción cada vez más generalizada y más cínicamente negada por sus responsables, destilan idiotismos esperpénticos con frecuencia desoladora, así como abiertas medidas de carácter totalitario, en un intento de controlar una realidad que no comprenden ni pueden reducir a sus deseos de control sin molestias".

==========

7.- LOS NACIONALISTAS HACIA EL INDEPENDENTISMO ANTE LA PASIVIDAD IRRESPONSABLE DE LAS CÚPULAS DE LOS PARTIDOS MAYORITARIOS.

Durante el siglo XIX hasta hoy se han ido desarrollando en España diversos movimientos nacionalistas que si bien tienen motivaciones políticas van apareciendo en aquellas regiones más industrializadas donde hay una burguesía industrial en la que va arraigando el nacionalismo; o sea en Cataluña y el País Vasco. Posteriormente también irán apareciendo brotes nacionalistas en Galicia y Andalucía, unas regiones periféricas poco industrializadas.

---

[54] Artículo ya citado publicado en El Mundo el 21 de febrero de 2011.

En Cataluña es donde aparecen los primeros nacionalistas, en el siglo XVIII, debido a los "Decretos de Nueva Planta" que dicta el rey Felipe V en 1714, poco después de terminar la Guerra de Sucesión.

En el País Vasco, tras la pérdida de las guerras carlistas, se inicia un nacionalismo que se intensifica cuando el presidente del gobierno Cánovas del Castillo derogó los fueros tradicionales. Sabino Arana impulsó un nacionalismo vasco antiespañol basado en la raza como "hecho diferencial", lo que le llevó a sobrevalorar a la nación por encima de todo, como valor supremo, una especie de integrismo religioso, que reduce la religión a la política, la política a la Nación y ésta a la raza. En 1895 fundó el Partido Nacionalista Vasco que tenía su propia bandera, la ikurriña. Hasta 1958, para ser miembro del PNV era necesario tener los ocho primeros apellidos vascos, lo que probaba que el candidato era de pura raza vasca y que no se había mezclado con los maketos inmigrantes. El PNV era burgués y foralista.

Aleix Vidal-Quadras[55] ha subrayado que "…desde el campo del nacionalismo vasco, el desdén y la aversión finiseculares hacia España como realidad política, histórica, cultural y social adquirían una malignidad inusitada en contraste con la cual las invectivas catalanas casi parecían suaves y amigables reproches. El padre fundador, profeta e inventor de la nación vasca, Sabino Arana Goiri, daba rienda suelta al rencor y a la repugnancia que le inspiraba la española cuando reprendía a sus compatriotas en los siguientes y caritativos términos:

Vosotros, sin pizca de dignidad y sin respeto a vuestros padres, habéis mezclado vuestra sangre a la española o maketa, os habéis hermanado y confundido con la raza más vil y despreciable de Europa, y estáis procurando que esta raza envilecida sustituya a la vuestra".

En Cataluña, a finales del siglo XIX se desarrolló un movimiento cultural, la "Renaixença", que pretendía recuperar la autóctona lengua catalana. En 1892 sus dirigentes, entre los que debe mencionarse a Prat de la Riba y Doménech i Montaner, elaboraron las denominadas "Bases de Manresa", e instituyeron una especie de entidad regional catalana que, a principios del siglo XX, fue sostenida por algunos partidos políticos: Lliga Regionalista, Solidaritat Catalana y Esquerra Republicana de Catalunya.

En 1931, al proclamarse la II República en España, el nacionalismo catalán consiguió un Estatuto de Autonomía, que restableció la Generalitat, hasta que al triunfar Franco en la guerra civil española anuló el Estatuto y disolvió la Generalitat, que no sería restaurada hasta que en 1976 retornó a España un sistema político democrático.

Los nacionalismos gallego y andaluz son más tardíos. Sus iniciadores fueron Casares Quiroga en Galicia y Blas Infante en Andalucía, cuyos movimientos nacionalistas fueron abortados por la guerra civil y la victoria de Franco; pero renacieron con la vuelta a España de la democracia en la década de los setenta.

---

[55] Obra citada. Página 115.

Recientemente Enrique Rodríguez[56] ha escrito que el libro de Javier Barraycoa, titulado "Historias ocultadas del nacionalismo catalán", "…desvela infinidad de hechos, sustanciales o anecdóticos, que demuestran la nula fundamentación de esa ideología…Javier Barraycoa, catalán y profesor universitario de Barcelona…ha recogido…nada menos que 222 hechos históricos que demuestran que los fundamentos de dicho movimiento son postizos e ideológicos y carecen de anclaje en la Historia, da igual que nos remontemos a dos siglos que a diez…"

Por su parte, el catedrático de Historia de las Ideas y Formas Políticas Dalmacio Negro Pavón[57] ha puesto de relieve que "La debilidad congénita del nacionalismo español constituye la causa principal de que aquí parezcan mucho más fuertes los nacionalismos particularistas, disgregadores, que en otras naciones –casi todas, Alemania, Francia, Inglaterra,…- en las que las características particulares de algunas de sus regiones, provincias, partes o "Estados federados" son mucho más acentuadas que en España. No solo por las abundantes diferencias lingüísticas, sino por la etnia, la religión, haber tenido regímenes políticos propios –"históricas" hasta hace relativamente poco tiempo en algunos casos-, etcétera. Pero en ninguna de ellas se ha cometido la insensatez –o la demagogia- de considerarlas autonomías cuasi estatales como en España y de consagrar en la Constitución, a su vez sacralizada con fiesta de guardar y todo, el término nacionalidades".

0000000000

Muchos españoles creen que los nacionalistas son partidarios del Estado de las Autonomías porque mediante las sucesivas reformas de los estatutos de su Comunidad van asumiendo crecientes competencias y recursos financieros, mientras debilitan cada vez más a un Estado residual en competencias, exhausto económicamente y sin territorio, hasta que en cierto momento consigan el derecho a la autodeterminación y, por ella, logren la secesión, porque la meta de los nacionalistas es la independencia de su país o nación. Otros españoles creen que los nacionalistas chantajean al Estado con la amenaza de independizarse para sacar más recursos al Gobierno central pero que, en último término, no se plantean la secesión porque no les interesa desde el punto de vista económico.

Me parece que unos y otros tienen razón, porque los nacionalismos hispánicos son diversos: algunos sí que son separatistas y quieren la independencia total de su nación o nacionalidad para convertirse en Estado soberano; otros aspiran a una independencia relativa, pues quieren soberanía propia, pero como Estado asociado a España o como miembro de un Estado confederal, lo que les garantizaría su continuidad dentro de la Unión Europea y una independencia subvencionada por España; algunos nacionalistas quieren una España federal y, finalmente, otros solo

---

[56] Artículo titulado "El libro que un nacionalista catalán nunca hubiera querido ver escrito", publicado en El Semanal Digital el 23 de septiembre de 2011.
[57] Artículo titulado "El nacionalismo en España". Ver hhtp://www.conoze.com/doc.php?doc=2252

aspiran a tener la máxima autonomía política posible, pero dentro de una España cuasifederal, que les daría un concierto económico favorable pues, en el fondo, saben que su país es inviable como Estado independiente. Por tanto, es necesario distinguir entre unos y otros nacionalistas, pues son diferentes incluso dentro de una misma Comunidad Autónoma: no quieren lo mismo todos los nacionalistas catalanes, ni todos los vascos, ni todos los gallegos, ni todos los valencianos o los canarios.

Solo hay una cosa en que coinciden todos los nacionalistas hispanos: en la necesidad de un enemigo externo que, lógicamente, es España, la centralista y opresora España, de la que algún que otro nacionalismo saca mucho, todo lo que puede, para vivir relativamente mejor que los no nacionalistas.

En consecuencia, no se puede ni se debe dar un mismo tratamiento a todos los nacionalismos, ni alabarlos o descalificarlos por igual. Hay que ponderarlos y tratarlos adecuadamente, procurando comprender sus demandas en todo lo posible.

Jesús Laínz[58] afirma que los nacionalistas son "unos partidos que, incluso gobernando sus respectivas comunidades autónomas desde la instauración del régimen democrático, fundamentan su ideología y, por lo tanto, sus reivindicaciones políticas, en la negación de España como nación y en el cuestionamiento de la legalidad del Estado español, del cual sus propios gobiernos autonómicos son parte; incluso han llegado a afirmar su radical enemistad con la idea misma de España. Dichos partidos disfrutan de gran poder tanto en el gobierno de sus regiones como en el del Estado en su totalidad debido a los pactos de gobernabilidad necesarios tras la consecución de mayorías simples con el Partido Socialista y el Partido Popular.

Para legitimar sus planteamientos estos movimientos han debido realizar durante un siglo una intensa labor ideológica de presentación ante la opinión pública de las entidades nacionales que propugnan, contraponiéndolas a la realidad nacional española de la que afirman sentirse, en mayor o menor grado, ajenos".

Por su parte, Irene Lozano[59] ha subrayado que "…en España salimos de cuarenta años de dictadura nacional-católica, y se sustituyó el nacionalismo único por el múltiple. La cosa empezó con dos o tres reivindicaciones de derechos particulares, léase privilegios, y ahora, si incluimos el regionalismo, el localismo, el cantonalismo y todas las modalidades de aldeanismo, debemos de andar ya por los diecisiete discursos tintados de apelaciones a distintas patrias chicas. Se empezó repartiendo café para todos y hemos llegado al punto en que cada uno reclama: mi agua para mí, mis médicos para mí, mi historia para mí, y mi lengua… para mí y para ti, quieras o no. El delirio prepolítico acarrea consecuencias políticas…

…Lo peor de la historia es que uno no puede librarse de ella. El haber pasado del nacionalismo oficial del franquismo a la multiplicidad de nacionalismos particulares han contribuido a que en España, encima, el nacionalismo se haya presentado con un aura progresista, que ha servido durante años para sofocar las críticas al nacionalismo tachándolas de fachas, carcas o franquistas. Lo cierto es que

---

[58] "Adiós, España. Verdad y mentira de los nacionalismos". Jesús Laínz. Ediciones Encuentro. Madrid. 2004. Página 7.
[59] "Es lo que hay". Rosa Díez. Debate Ediciones. Barcelona. 2011. Páginas 226 y 227.

tradicionalmente, y en todo el mundo, las ideas de progreso se han asociado a lo cosmopolita, universalista, internacionalista; y el nacionalismo ha sido conservador".

0000000000

Ahora vienen las preguntas cruciales: ¿es viable la secesión?, ¿es factible la independencia del País Vasco o de Cataluña? ¿es conveniente para los ciudadanos vascos o para los catalanes?.

Antes de contestar a estas preguntar hay que tener en cuenta que la independencia nacional implica que es preciso crear un costoso nuevo Estado que ha de ejercer las competencias que le corresponden y, además, las derivadas del bienestar social a que están acostumbrados los españoles actualmente.

En fin, para responder a tales preguntas, en primer lugar voy a reproducir seguidamente las conclusiones de un profundo estudio del tema que Mikel Buesa, catedrático de Economía Aplicada, ha llevado a cabo en la segunda parte de un excelente libro suyo publicado recientemente, que lleva por título *La Crisis de la España Fragmentada*. En cuanto al Concierto Económico, Buesa[60] ha explicado que "desde la perspectiva financiera del sector público, el País Vasco y Navarra son casos singulares cuya especificidad se encuentra determinada por la existencia del Concierto Económico. Este régimen foral –que en Navarra se denomina Convenio- aparta a dichas Comunidades del sistema de financiación regional establecido para las demás y propicia que, en ellas, la disponibilidad de recursos en manos del gobierno regional exceda sobradamente al promedio nacional. La excepcionalidad foral, que en la práctica se traduce en la fijación, bajo reglas negociadas en función de intereses políticos espurios, de un "cupo" con el que los territorios forales contribuyen a los gastos del Estado, entra así en abierta contradicción con los principios constitucionales de igualdad y solidaridad "que deben prevalecer sobre los nebulosos derechos históricos" a los que se apela para justificarla, y genera una situación de privilegio de la que es exponente el hecho de su inviable generalización a las demás regiones, pues, como ha destacado Cantarero, si todas las Comunidades Autónomas adoptasen el sistema de cupo y su cálculo se efectuara del mismo modo en que lo hacen el País Vasco y Navarra, "la hacienda central quebraría al no poder hacer frente a sus necesidades de gasto".

En el caso del País Vasco, el origen de esta peculiar forma de financiación se remonta a la abolición del sistema foral tras la última guerra carlista y a la búsqueda de una forma transitoria de integración de Álava, Guipúzcoa y Vizcaya –en aquella época "provincias exentas" y, por tanto exceptuadas del sistema tributario- a la hacienda pública del Estado".

---

[60] Obra citada. Páginas 97 y 98.

Respecto a la viabilidad de la independencia del País Vasco, Buesa concluye[61] que "la promesa del nacionalismo al propiciar la secesión es…una invitación al empobrecimiento, a la ausencia de horizontes, al abandono del tren del progreso. ¿Qué podemos decir, a todo esto, de las regiones españolas?. Un estudio realizado en la Universidad de Valencia señala que el "efecto frontera" provoca que esas regiones comercien entre sí, por término medio, con una intensidad veinte veces más grande que con cualquier otro país extranjero, a igualdad de tamaño y distancia. Sin embargo, otro trabajo más reciente publicado por el IESE de la Universidad de Navarra duplica esa estimación…Las dos estimaciones son, por otra parte, dispares en cuanto al orden de magnitud del "efecto frontera" para algunas regiones, lo que se explica por la diferente metodología y el distinto periodo analizado en los trabajos que se citan. Pero, en todo caso, lo que esas estimaciones revelan es que, en España, cualquier proceso de secesión puede dar lugar a importantes pérdidas de bienestar para la región en la que se emprenda. Ello se mostrará con más detalle para los casos del País Vasco y de Cataluña…

…La secesión es, en resumen, un mal negocio. El interés material de la ciudadanía de cualquiera de las Comunidades Autónomas no está en que éstas se conviertan en naciones independientes. Cuando los partidos nacionalistas propugnan la desmembración de España, pretenden hacernos ignorar que las leyes de la economía imponen su ineludible dictamen más allá de cualquier voluntad humana. En esos partidos se recurre a la vieja aspiración totalitaria de subordinar la economía a la política. Pero la experiencia de la historia nos enseña que están condenados al fracaso y que, si no lo impedimos, nos veremos arrastrados por ellos a un tiempo de penuria y desgracia".

El vasco Mikel Buesa ha dedicado especial atención al análisis de las consecuencias de la hipotética secesión de Euskadi y ha concluido[62] que "un País Vasco independiente, al romper los lazos que unen su economía a la del resto de España y al trucar el entramado institucional que ordena sus actividades productivas, afrontará unas graves dificultades económicas que harán caer la creación de riqueza y, con ella, las oportunidades de empleo, de manera que sus habitantes se enfrentarán al fantasma del desempleo masivo. Asimismo, ellos tendrán que asumir la prestación de unos peores servicios públicos y pagar unos mayores impuestos, de manera que su nivel de vida se verá debilitado. El sacrificio será, además, desigual, de manera que los perceptores de rentas públicas, sobre todo los pensionistas, serán los que más bienestar pierdan. Y todos los ciudadanos se verán envueltos en un clima generalizado de incertidumbre.

Nada de todo esto parece afectar a los proponentes del programa secesionista, que insisten alocadamente en difundir la falacia de que la independencia hará de Euskadi un paraíso. Da la sensación de que, en su visionario totalitarismo, el *lehendakari* Ibarretxe, y con él quienes desde el nacionalismo o desde la izquierda le han apoyado sosteniendo su gobierno, quieren hacer efectiva la predicción que hace

---

[61] Obra citada. Páginas 144 a 146.
[62] Obra citada. Página 163.

ya muchos años formulara, todavía en el exilio, el que fuera presidente del Gobierno Vasco: Jesús María de Leizaola, quien, preguntado en cierta ocasión sobre cuáles serían las consecuencias de la independencia para Euskadi, contestó: "Cien años de pobreza".

Desde luego, como ha concluido Aleix Vidal-Quadras[63], "si alcanzaran su siniestra meta, Cataluña y el País Vasco, desprovistas del manto protector de su pluralidad interna que la pertenencia a España les asegura, estallarían en enfrentamientos fratricidas entre sus diferentes sectores culturales y sociales, ya que centenares de miles de ciudadanos vascos y catalanes no se plegarían a ser coactivamente transformados en clones de una única identidad canónica nacionalista".

0000000000

El victimismo de los nacionalistas catalanes les lleva a acusar a España de que explota económicamente a su "nación", sobre todo en fiscalidad. El catedrático Roberto Centeno[64] niega que exista esa pretendida explotación de Cataluña, en los siguientes términos:

"El chantaje permanente de los nacionalistas, que no de los catalanes, al afirmar que España les roba no se sostiene. Para ello, utilizan unas balanzas fiscales inexistentes porque la realidad es justo la contraria. Puestos a ello, hay que considerar todos los flujos. Y esto lo explico pensando esencialmente en los empresarios catalanes y en las multinacionales allí ubicadas para abastecer a toda la nación, y que tienen todo que perder ante un eventual enfrentamiento y ruptura con el resto de España, pero que poseen mecanismos suficientes para frenar una locura que solo puede llevar a Cataluña a la ruina.

Fiscalmente hablando, la primera cuestión importante es la siguiente: los impuestos los pagan las personas, no las regiones. Cataluña no es sujeto jurídico de nada, los sujetos jurídicos son los catalanes. Y como su renta per cápita es un 18 % superior a la media, en todo el mundo civilizado paga más quien más tiene. ¿Qué ocurre entonces? En cifras absolutas, los madrileños aportaron en el año 2009 14.600 millones de euros, seguidos por los catalanes, que aportaron 11.143 millones…

…Pero los flujos económicos entre Cataluña y el resto de España no se limitan a la balanza fiscal, existen también las balanzas comerciales de bienes y servicios y las de ahorro-inversión. Y en las balanzas comerciales de bienes y servicios el superávit de Cataluña con el resto de las CC.AA. es de más de 24.000 millones de euros, más del doble que su *déficit* fiscal. Pero es que además, y más trascendente si cabe, a través de los bancos y cajas catalanas parte del ahorro del resto de España se *transfiere* a Cataluña. Se estima que por cada cien euros de ahorro

---

[63] Obra citada. Página 141.
[64] Artículo titulado "El intolerable desafío nacionalista" publicado en El Confidencial el 12 de septiembre de 2011.

en Cataluña se invierten 180 financiados gracias a este mecanismo. ¿Qué pasaría si las Comunidades perjudicadas exigieran la reducción del déficit comercial y de ahorro-inversión".

A su vez, Pablo Sebastián[65] advierte a los nacionalistas catalanes que "no lloren ni se lamenten con el cuento de la balanza fiscal, porque también existe la balanza comercial con el resto de España que les es muy favorable, y que incluye el IVA capturado en Comunidades que no son la suya, lo que no es justo de ninguna de las maneras. O sea que mucho ojo con las improvisaciones y los victimismos patrióticos no vaya a ser que todo eso se revuelva contra ellos mismos como un boomerang. Porque no se puede pedir mucha más soberanía y a la vez defender una economía global que ha de empezar por la española que es la que alimenta a todas las grandes empresas y entidades financieras catalanas como muy bien lo saben ellos o deberían saberlo, y como muy pronto –si siguen por ese camino- alguien se lo va a recordar".

Desde luego, si los nacionalistas catalanes apelan al saldo positivo de la balanza fiscal para una reivindicación económica habrá que replicarles que, en cambio, la balanza de bienes y servicios, y la de capitales son ampliamente favorables al resto de España. Por tanto, lo que es verdaderamente significativo es el saldo que se obtiene sumando los resultados de las tres citadas balanzas contables, que es muy favorable a Cataluña.

Pero, además, hay que tener en cuenta que el saldo negativo de la balanza fiscal se debe, en gran parte, a que incluye un gran volumen de ingresos por IVA generado por la venta de productos catalanes en el resto de España que los catalanes dicen que le corresponde, lo que es muy discutible porque si, por ejemplo, España vende en Europa no tiene derecho a reclamar a los países compradores de sus bienes y servicios el IVA devengado allí, alegando que es suyo, porque entonces esos países compradores le contestarán que no y que, si no está conforme, España puede dejar de vender productos a los países europeos y así, entonces, desaparecerá su pretendido derecho a ese IVA como perteneciente a España. Desde luego, si toda España – incluida Cataluña- es un verdadero mercado único interior, no se debería contabilizar como "catalán" en la mutua balanza fiscal, el IVA capturado en territorios que estén fuera de Cataluña.

En cuanto al saldo favorable a Cataluña de la balanza de capitales significa que las entidades bancarias y financieras catalanas captan ahorros y capitales en el resto de España y lo usan o invierten en Cataluña. Un buen ejemplo de ello es la presencia en Madrid de varias cajas de ahorro catalanas, como la del Penedés, y otras menores, que obviamente ejercitan su derecho a instalarse en cualquier parte del territorio nacional para obtener fondos y llevárselos a Cataluña, pues yo no creo que se hayan instalado en Madrid solo para hacer obra social benefactora con los madrileños.

---

[65] Artículo titulado "Una proposición indecente" publicado en el diario digital República.com el 28 de septiembre de 2011.

En LibertadDigital D. Soriano[66] ha escrito lo siguiente:

"Las balanzas fiscales han sido, casi desde el comienzo del periodo democrático, una de las obsesiones más recurrentes del nacionalismo catalán. CiU y ERC (con el acompañamiento en los últimos años del PSC) han asegurado por activa y por pasiva que España somete a un "expolio fiscal a Cataluña" y que la publicación de las balanzas fiscales es el primer paso para acabar con esta "injusticia" histórica…El estudio más conocido y exhaustivo publicado hasta ahora sobre balanzas fiscales lo publicó BBVA a finales de 2007. Los autores, profesores universitarios, hicieron un buen trabajo, recopilando los impuestos pagados en cada territorio y comparándolo con los gastos del Estado. Es una cuestión estadística que puede ayudar a la hora de tomar decisiones técnicas. De hecho, los resultados son bastante lógicos: las regiones más densamente pobladas y más ricas –Madrid, Cataluña y Baleares- *aportarían* más que lo que reciben y en las más despobladas y más pobres –Extremadura, Asturias, las dos Castillas- pasaría lo contrario. Es algo habitual en prácticamente todos los países del mundo.

Sin embargo, los nacionalistas lo han cogido como uno de los argumentos clave de su programa político. Es una cuestión fácil de vender –"España nos roba"-, a un electorado que ve que Cataluña, la región más rica del país hace unas décadas, pierde peso relativo en relación a otras comunidades como Madrid. Además, de esta manera, la culpa de la decadencia catalana no sería de Jordi Pujol, Pascual Maragall o José Montilla, sino de los *malvados políticos centralistas* que chupan la sangre a sus sufridos contribuyentes…

Cuando Joan Ridao o Josep Antoni Durán i Lleida aseguran que Cataluña da mucho más de lo que recibe, se olvidan de una cuestión básica: las regiones no pagan, lo hacen sus ciudadanos. Ni Montserrat, ni el río Ter, ni siquiera el delta del Ebro pagan un duro, lo hacen los individuos que allí viven. En este sentido, el Estado cobra lo mismo a un catalán que gane 100.000 euros que a un extremeño. Quizás haya más catalanes adinerados (como madrileños), pero eso es lo máximo que se puede decir. Luego, será cuestión de analizar si el actual sistema tributario es justo o injusto, pero el que paga es el contribuyente, no el solar sobre el que vive…

…Como decíamos antes, los resultados del estudio del BBVA son bastante lógicos. Los ciudadanos de Cataluña, Madrid y Baleares pagan más de lo que el Estado se gasta en sus provincias. Las dos Castillas y Extremadura están en el lugar opuesto. Tanto Barcelona como Madrid son territorios muy ricos en términos de renta per cápita, tienen mucha industria y están muy poblados. Esto implica tres cosas: por un lado, sus habitantes pagan altos tipos de IRPF; por otro lado, hay muchas compañías que tienen allí su sede social (pagan el IVA que cobran en todo el territorio español); por último, se benefician de los costes de escala asociados a la acumulación de población…

…En relación con los dos apartados anteriores, está el tema de las empresas. Las compañías pagan impuestos allí donde están radicadas sus sedes centrales, pero

---

[66] Artículo titulado "La gran mentira nacionalista: ni balanzas, ni "injusticia", ni "expolio", publicado en Libertad Digital el 30 de marzo de 2011.

generan actividad allí donde están sus clientes. De esta manera, una compañía con sede en Madrid o Barcelona que venda el 80 % de su producción en el resto de España, aparece como contribuyente en su ciudad de origen, y genera en este territorio unos grandes ingresos a Hacienda, aunque tenga otras sedes desperdigadas por varias provincias. Esto distorsiona aún más el cálculo de estas balanzas".

Por mi parte, voy a dar un expresivo ejemplo de lo que se acaba de explicar: la compañía automovilística SEAT, S.A., cuyo domicilio social está en Autovía A-2, km. 585, en Martorell (Barcelona), vende coches en toda España, pero el IVA de esas ventas se ingresa en la Delegación de Hacienda de Barcelona. Se trata de un ingreso fiscal que se contabiliza en la balanza fiscal de Cataluña, gracias a la venta de automóviles SEAT en toda España, lo que aumenta el saldo positivo de esa balanza fiscal. Por ello, si los nacionalistas catalanes no quieren ser "expoliados" por España, ¿por qué no dejan de vender los automóviles SEAT y otros productos catalanes en el resto de España?. Entretanto, los compradores españoles de productos catalanes ¿estamos "expoliando" a Cataluña?. ¿me puede explicar este absurdo algún nacionalista catalán?. Creo que lo tiene difícil, porque a los economistas no nos podrá engañar.

0000000000

Mikel Buesa[67] ha llevado a cabo un profundo análisis numérico detallado de la hipotética secesión de Cataluña. A continuación expondremos las conclusiones de ese estudio, recogiéndolas literalmente. Buesa concluye que "para el nacionalismo catalán la creación de un Estado propio se vincula a la cuestión de la balanza fiscal, de manera que el déficit que ésta presenta con respecto al resto de España –que, en palabras de Sala i Martin, se califica de "exagerado"- se verá automáticamente corregido y los catalanes podrán disponer para sí mismos de los correspondientes recursos. Sala i Martin lo señala con nitidez: "Cataluña podría dedicar entre el 8 y el 10 % de su PIB, que ahora paga en concepto de déficit fiscal, a hacer infraestructuras y al gasto social para los catalanes", y ello tendría como consecuencia que "nuestros empresarios verían que sus beneficios serían muy superiores, […] nuestros trabajadores verían que sus salarios serían de los más altos de Europa […] (y) nuestros consumidores verían que su poder adquisitivo podría haber sido un 70 % más elevado que el actual".

Esta visión idílica, -que tiene un fondo de razón, pues es cierto que el déficit fiscal existe y que su cuantía, según sea la metodología empleada para su cálculo, se desenvuelve entre el 6,5 y el 8,7 del PIB regional, de acuerdo con las estimaciones publicadas oficialmente por el Gobierno español- debe ser sometida al escrutinio de los números…Una vez desencadenada la crisis económica a la que conduce la aparición de fronteras, los ingresos del Estado catalán acabarán siendo de 48.853

---

[67] Obra citada. Páginas 176 a 180.

millones de euros, un 26,5 % menos que en el escenario base de estas estimaciones…Esos ingresos habría que confrontarlos con un gasto igual al de dicho escenario –dada su inflexibilidad a la baja-, aumentando con las prestaciones por desempleo que cobrarán los trabajadores despedidos; unas prestaciones cuya cuantía se puede valorar en 9.256 millones de euros, totalizándose así un gasto de 67.345 millones. Ello significa que el prometido superávit fiscal del nuevo Estado independiente de Cataluña acabará tornándose en un déficit de 17.492 millones, lo que supondrá el 11,0 % del PIB. La sostenibilidad de este déficit, lo mismo que la del derivado de las cuentas exteriores antes expuesto, es muy dudosa, por lo que el Estado catalán tendría que emprender una dura política de ajuste que, en ausencia de elementos compensadores procedentes del resto de España, inevitablemente tendrá que plasmarse en una reducción del empleo en las Administraciones Públicas, los subsidios al sector privado y las prestaciones sociales –principalmente, las pensiones-…". De esta forma, Buesa llega a las siguientes conclusiones[68]:

"…*Nosotros solos* es todavía uno de los tópicos políticos que se sostienen desde el nacionalismo más radical en la Cataluña actual, desde ese nacionalismo que ha acabado convocando el referéndum de independencia en dos centenares de municipios catalanes. Ha llegado, por tanto, el momento de establecer cuáles podrían ser las implicaciones de tal soledad para la economía catalana y, por derivación, para el bienestar de los catalanes. En las página precedentes he presentado algunas estimaciones preliminares que no dejan lugar a dudas: la independencia de Cataluña, de manera inevitable, conducirá a una grave crisis económica en ese territorio que reducirá el nivel de vida de sus habitantes y obligará a que, por el efecto de un déficit insostenible, empeoren los servicios públicos y las prestaciones sociales que oferten sus Administraciones.

Nada de esto es, sin embargo, novedoso. Y, aunque no hubiese sido cuantificado, sí fue percibido por algunas de las más preclaras inteligencias que Cataluña ha dado a España".

A una conclusión semejante llega también Aleix Vidal-Quadras[69] pues afirma "que nadie se engañe. En este momento histórico, los Estados nacionales, fuertes, unidos y potentes, siguen siendo necesarios y se mantendrán en escena durante mucho tiempo. La pretensión de construir un pseudo-Estadito al precio de inutilizar el gran Estado-nación que la alberga, conduciría a Cataluña a la ruina económica y a la irrelevancia política. No hay por tanto para los catalanes en esta etapa de nuestro devenir colectivo misión más urgente que la de neutralizar al nacionalismo identitario que nos precipita al desastre".

Por supuesto, en cuanto a la viabilidad de la independencia de Cataluña existen opiniones contrapuestas. Por ello, tras las conclusiones de Mikel Buesa voy a exponer seguidamente la visión nacionalista de ese tema. La he encontrado en un foro de debate[70] y su autor se identifica solo por cu cut. Dice lo siguiente:

---

[68] Obra citada. Páginas 179 y 180.
[69] Obra citada. Página 31.
[70] LoQUo fórum. Véase http://foro.loquo.com/viewtopic.php?f=24&t=221078&start=0

"La viabilidad de la independencia de Cataluña es una cuestión política, no económica. Lo confirma una vez más otro estudio, en este caso elaborado por la oficina de estadística comunitaria (Eurostart), según el cual si Cataluña dependiera de sus propias finanzas sería el séptimo estado más rico de toda la Unión europea. Lamentablemente, el mismo informe se encarga de advertir que la economía catalana ha ido perdiendo posiciones y que el poder de compra de sus ciudadanos retrocedió casi dos puntos entre el año 2007, cuando superaba la media comunitaria de riqueza de un 23,3 %, y en 2008, cuando retrocedió hasta el 21 %. Trabajar para un mal dueño tiene este precio.

Se trata de la constancia de una realidad que hace tiempo que los catalanes conocemos y denunciamos, estar forzosamente ligados en España no solo genera frustraciones soberanistas y recorta nuestra identidad cultural, también nos encadena a un modelo económico en retroceso. Según las conclusiones de la misma oficina comunitaria, el Estado español ocupa la undécima posición de este ranking, muy por debajo de una Cataluña hipotéticamente independiente, y veinte y cinco años después de ingresar en la Unión europea, aunque hay una docena de comunidades autónomas con un producto interior bruto por debajo de la media europea.

El Estado que debería proteger y estimular, pues, es justamente lo que nos frena y nos perjudica. Basta contrastar sus números con los de Bruselas. Vista desde la capital europea, Cataluña es una potencia ahogada por un modelo estatal ineficaz. Vistos desde Madrid, en cambio, los catalanes lideramos el déficit público, no sabemos decir basta al endeudamiento y regateamos la solidaridad con otros territorios. Todo ello, naturalmente, pasando por alto las balanzas de pago que demuestran de manera inapelable hasta donde llega la continuada expoliación de nuestros recursos. El último ejemplo de esta demagogia permanente lo ha proporcionado la vicepresidenta económica del gobierno español, Elena Salgado, que bendijo el balance de las finanzas de la Generalitat cuando gobernaba el tripartito y se acercaban las elecciones al Parlamento y, ahora que ha cambiado el color político del ejecutivo, se apresura a mostrar públicamente su preocupación por los números rojos. Es cierto que las opciones políticas que representan o aspiran a representar al independentismo a escala parlamentaria pasan por un periodo de fragmentación y falta de liderazgo, pero eso los debilita a ellos, no a las aspiraciones de los ciudadanos que están convencidos del camino a seguir".

0000000000

El análisis numérico de Mikel Buesa sobre la inviabilidad económica de la independencia del País Vasco y de Cataluña no convence a los nacionalistas radicales, como BILDU o ERC, de que renuncien a sus objetivos independentistas, dada su ideología totalitaria, en que prima lo político sobre el bienestar de los ciudadanos; pero sí ayudan a que los nacionalistas moderados suavicen sus actitudes y reivindiquen solamente una independencia "a largo plazo", cuando sea posible, sin concretar fecha. Pero entretanto...ellos continúan con sus reivindicaciones y amenazas.

El 8 de noviembre de 2009 escribió en su blog Rosa Díez un artículo titulado "El Oportunismo Nacionalista", que ha incluido en su último libro[71] donde, con su habitual claridad y desparpajo, retrata literariamente a los nacionalistas en los siguientes términos:

"Ayer nos desayunábamos con una entrevista de Artur Mas en *La Razón* en la que el dirigente nacionalista catalán se declaraba independentista pero abogaba por esperar a que los dioses les fuesen propicios para hacer el referéndum llamado de autodeterminación: "Me temo muy mucho que ganaría el "no" en una consulta independentista", dice cuando es preguntado al respecto.

Añadió que esa consulta provocaría una división muy fuerte y que ganaría el NO. "Si te lleva a la derrota, no tiene sentido", sentenció.

Habrá quien a esto le llame pragmatismo; yo le llamo cara dura...¿Para qué van a hacer un referéndum ahora teniendo garantizados unos recursos por encima de la media nacional con el nuevo sistema de financiación autonómica, exactamente un tercio de los once mil millones totales? ¿Para qué quieren los nacionalistas catalanes un referéndum de autodeterminación si han establecido la bilateralidad con el Estado a través de ese Estatuto pendiente de sentencia del Constitucional que se está desarrollando por la vía de los hechos consumados para hacer casi imposible la vuelta atrás aunque el pronunciamiento fuera contrario a su constitucionalidad?.

No tienen nada que ganar, ni aunque ganara el sí. Para los nacionalistas es mucho más lucrativa la independencia subvencionada por España. Y frente a unos gobernantes débiles, sin alternativa nacional a la vista, es mucho más eficaz mantener el chantaje que ejecutar la amenaza.

Una vez más, se les ha visto el plumero; vamos, se lo hemos visto nosotros. Pero ¿se habrán enterado Zapatero y Rajoy".

Yo no sé si Zapatero y Rajoy se habrán enterado o no de lo que son los nacionalistas. Pero la mayoría de los españoles, ahora sí que conocemos a los nacionalistas, y sabemos lo que son y lo que quieren porque, como ha concluido Aleix Vidal-Quadras[72] "después de todo, el nacionalismo no es más que la solución imposible a un problema inventado".

Recientemente, cuando el Congreso de los Diputados dio luz verde a la tramitación de la reforma constitucional para garantizar el principio de estabilidad presupuestaria, una iniciativa presentada conjuntamente por el PSOE y el PP, los representantes de los grupos nacionalistas manifestaron su irritación ante la propuesta de los dos partidos mayoritarios, por no haber contado con ellos.

El editorial del diario EL MUNDO del 31 de agosto de 2011 decía, entre otras cosas, que "la clave de la oposición de Durán, y la razón por la que amenazó al PSOE y al PP con un "choque de trenes", no es otra que el apartado 6 del nuevo artículo 135, que impedirá que las autonomías establezcan su propio techo de gasto.

---

[71] Obra citada. Páginas 258 y 259.
[72] Obra citada. Página 48.

El dirigente catalán se quejó de que los socialistas hayan cambiado su posición de que el límite del déficit fuera decidido por los parlamentos autonómicos. Esta irritación de los nacionalistas, a pesar de que el principio es flexible en momentos de dificultad, no puede explicarse únicamente por un precepto tan de sentido común como mantener la disciplina fiscal. Lo que en realidad les molesta es que su sueño de una España confederal se desvanece cuando PSOE y PP llegan a un pacto de Estado, como es el caso. "Sólo se ponen de acuerdo para ir contra nosotros", se lamentó. Es precisamente esa irritación la que demuestra que el acuerdo es bueno para el país. Claro que sería deseable incorporar a los nacionalistas al consenso, pero demasiadas veces en los últimos años han puesto en evidencia su deslealtad con los principios constitucionales".

Durán i Lleida, en esa intervención suya en el Congreso llegó a decir que, con el acuerdo entre PSOE y PP, estos partidos mayoritarios habían roto el consenso en el que se fundamentó y elaboró la Constitución de 1978. Dada la actitud de rechazo a la Constitución de 1978 existente por parte de los nacionalistas vascos y catalanes, solo queda reflexionar sobre la actitud que cada uno de los lectores quiera adoptar ante el creciente nacionalismo existente en algunos territorios de España.

El que ya ha reflexionado sobre ello y ha decidido adoptar una postura beligerante es el catalán Aleix Vidal-Quadras[73] que, en efecto, concluye afirmando que "con los nacionalistas no hay que dialogar, hay que hacerles morder el polvo en las elecciones, no se trata de integrarles, sino de poner en evidencia sus miserias, en vez de darles cancha no hay que darles cuartel. Pongamos fin a los complejos, las tácticas miopes, los seguidismos vergonzantes y las maniobras de salón para volver al combate a pecho descubierto, orgullosos de nuestro credo y de nuestras siglas".

Desde luego, en un mundo globalizado y en el marco de una Unión Europea con su mercado único continental, resulta que Madrid es el principal polo de desarrollo económico y cultural de una España dinámica que contempla, estupefacta, el anacrónico y ruinoso aspecto de unos territorios españoles donde los nacionalistas vascos o catalanes -xenófobos y antiespañolistas- caciquean a su antojo y protagonizan políticas localistas que producen recortes sociales y originan discriminaciones, agravios entre comunidades autónomas, barreras a los mercados y que, finalmente, llevarán al empobrecimiento a los habitantes de su propio territorio, a los que entretanto han ido embaucando con señuelos identitarios decimonónicos y promesas de un "paraíso" cantonalista.

Jesús Laínz[74] ha subrayado que "mientras Europa como comunidad humana y como realización del espíritu creada durante más de dos milenios afrontará –está afrontando ya– el cambio quizá más importante de su historia, nuestros nacionalismos de campanario insisten en discutir hasta la náusea sobre articulaciones del Estado, derechos históricos, autodeterminaciones, identidades nacionales oprimidas, frustrados ámbitos de decisión, hechos diferenciales, galgos y podencos.

---

[73] Obra citada. Página 48.
[74] Obra citada. Páginas 828 y 829.

Esta es la prueba absoluta de que los nacionalismos vasco y catalán son una gran mentira. A los nacionalistas vascos y catalanes sus identidades nacionales, el futuro de los pueblos por cuya existencia afirman luchar, no parece importarles mucho. No son más que un montaje organizado por los políticos nacionalistas para engañar al pueblo vasco y catalán, y justificar en su nombre egoístas ambiciones personales. Si fuese cierto su afán por conservar la identidad de su pueblo, ya saben los nacionalistas dónde está el debate.

Los nacionalismos catalán y vasco están ante una disyuntiva histórica. Es innegable que Cataluña y el País Vasco tienen con España y con el resto de los españoles vínculos milenarios de naturaleza histórica, antropológica, cultural y religiosa. Ante los riesgos de la globalización sólo en el seno de España puede preservarse y florecer los rasgos esenciales de lo catalán y de lo vasco. Sólo como españoles, y eventualmente como europeos, pueden darse respuestas modernas, eficaces y atrevidas a las grandes cuestiones del nuevo siglo".

En todo caso debe tenerse siempre en muy en cuenta que, como ha dicho Rosa Díez[75] "el peligro no son los nacionalistas". Esa líder política explica tal conclusión en estos términos: "Sí, hombre, que a nadie se le olvide. Lo que podemos esperar de los nacionalistas ya está probado: son insaciables...

...No, ése no es el verdadero peligro, porque los nacionalistas y sus homologados (caso PSC) saben que se les acaba el tiempo. Que han de aprovechar la circunstancia de un presidente del Gobierno que abjura del sentido de Estado para sacar ventaja. Los nacionalistas saben que la gente normal, los que amamos la sociedad plural y democrática, -a pesar de que estén mayoritariamente callados- está harta. Y que más bien pronto que tarde estallará. ¿Qué más tendrá que ocurrir para que estalle? No lo sé; pero ellos –los nacionalistas y abducidos- saben mejor que nadie que el tiempo corre en su contra.

Por eso aceleran el paso; por eso se han mostrado independentistas los que hasta hace nada se emboscaban detrás del autonomismo. Ellos nunca tuvieron límites; nos costó algunas legislaturas comprobarlo. Pero hoy ya lo sabemos".

Pero ¿quién le pone el cascabel a la fiera del nacionalismo?. Lo normal sería que fueran los partidos mayoritarios que, con el ochenta y cinco por ciento de los diputados en el Congreso, pueden consensuar cualquier decisión política, como acaban de demostrar al acordar ellos solos, sin contar con otros partidos ni con un referéndum popular, la modificación del artículo 135 de la Constitución. Sin embargo, no podemos ignorar que el PSOE es un partido federalista que tiende a entenderse mejor con los nacionalistas que con el PP. Por ello, es indispensable convencer al PSOE de que, si continúa aliándose con los nacionalistas, facilitará el camino de la independencia al País Vasco y a Cataluña y que, cuando estas dos comunidades autónomas sean independientes, la España restante será favorable al Partido Popular y el PSOE se verá marginado del gobierno español y de la mayoría de los gobiernos autónomos. Por tanto, a medio plazo al PSOE le interesa romper amarras con los nacionalistas y entenderse con el PP. De momento, para aceptarlo,

---

[75] Obra citada. Páginas 232 y 233.

será necesario que el PSOE interiorice su condición de perdedor de las elecciones generales habidas el 20-N. Para tocar poder, el PSOE tendrá que consensuar con el PP algunas decisiones importantes en materia de Estado. Al fin y al cabo, es un partido con vocación de mando y, si no toca poder, cundirá el desánimo y la división entre sus militantes.

En definitiva, los dos partidos mayoritarios, que son los mayores responsables del auge de los nacionalismos, tienen que unirse para adoptar ciertas medidas que benefician a ambos y perjudican a los nacionalistas. Estoy pensando en que ambos partidos mayoritarios acordasen modificar la ley electoral para evitar que los nacionalistas estén sobrerrepresentados, pues el PNV ha obtenido el 20-N 5 escaños con 323.517 votos mientras que UPyD, para conseguir también 5 escaños, ha necesitado obtener 1.140.242 votos. Pero, sobre todo, es preciso que PSOE, PP y otros partidos minoritarios, como IU, cambien radicalmente de actitud respecto a los nacionalistas y les hagan ver que España sería viable sin el País Vasco e incluso sin Cataluña; en cambio, un País Vasco independiente no es viable; y Cataluña sí que lo sería a largo plazo, pero no a corto, ya que sería traumática para los catalanes la pérdida de renta y de riqueza que conllevaría su independencia de España, sobre todo si vetamos su ingreso en la Unión Europea como nuevo miembro. De momento, a los nacionalistas hay que amenazarlos con un referéndum de autodeterminación a realizar inmediatamente y con la adopción subsiguiente de una política coherente con el resultado del referéndum. España tiene que pasar de ser amenazada por los nacionalistas a ser ella quien los amenaza si no cumplen las leyes y no actúan con lealtad constitucional.

Si PSOE y PP no se conciertan para enfrentarse abiertamente a los nacionalistas la mayoría de los españoles, que estamos hartos de las amenazas secesionistas, de la discriminación del castellano y de su desobediencia a las leyes estatales, a pesar de las sentencias del Tribunal Supremo o del Constitucional, nos pasaremos a votar a otros partidos que sean inequívocamente antinacionalistas.

De la partitocracia avasalladora, tan querida por el PSOE y el PP, no se puede esperar demasiado respecto a su actitud hacia los nacionalistas, dada su actividad en los años que llevamos de democracia; pero sí que hemos de recordar y tener en cuenta sus acciones antidemocráticas y caciquiles que les han llevado a bordear la ley en algunas ocasiones, pues son inolvidables sus actuaciones corporativas con manifiesto desprecio de la voluntad popular. Es lo que veremos en el próximo capítulo. En todo caso, el sistema político español necesita una profunda regeneración, en la que los partidos mayoritarios deben ser actores principales.

==========

III) DIAGNÓSTICO DEL SISTEMA POLÍTICO ESPAÑOL.

El sistema político español fue establecido definitivamente en la Constitución de 1978. ¿Qué naturaleza tiene nuestro sistema político?. ¿Cómo se puede definir la política española actualmente?. ¿Están los ciudadanos españoles satisfechos con el vigente sistema político y con el ejercicio del poder por los políticos?.

Trataré de contestar a estas cuestiones en el capítulo que ahora se inicia. Para contestar a la última de esas tres preguntas, y para efectuar un diagnóstico de la situación política española, voy a basarme inicialmente en las respuestas que han sido dadas a una encuesta del Centro de Investigaciones Sociológicas en su Barómetro del mes de junio de 2011, publicado en julio siguiente, sobre las cuestiones siguientes: ¿cuál es, a su juicio, el principal problema que existe actualmente en España?, ¿y el segundo?, ¿y el tercero?. En la tabla que se expone seguidamente se muestran los porcentajes agregados de las principales contestaciones a estas tres preguntas.

1.-	El paro	82,6 %
2.-	Los problemas de índole económica	47,0 %
3.-	La clase política, los partidos políticos	24,7 %
4.-	La inmigración	11,8 %
5.-	La inseguridad ciudadana	7,7 %
6.-	La vivienda	7,2 %
7.-	La corrupción y el fraude	6,9 %
8.-	El terrorismo, ETA	5,3 %
9.-	El Gobierno, los políticos y los partidos	4,6 %
10.-	La sanidad	4,4 %
11.-	La educación	3,9 %
12.-	Los problemas de índole social	3,7 %

De la observación de los resultados que se exponen en esta tabla se deduce que el problema principal que afecta a los españoles es el paro derivado de la crítica situación económica.

Para resolver este enorme problema, y muchos otros, los españoles hemos elegido a unos representantes políticos que dirigen el Estado, las comunidades autónomas y los ayuntamientos. Esos representantes integran la denominada clase política. Actualmente, como esos dirigentes políticos no solucionan satisfactoriamente los graves problemas que aquejan a España resulta que, como se deduce de la observación de las respuestas contenidas en esa citada tabla aparece como un problema muy destacado (en tercer lugar) la clase política, los partidos y el Gobierno.

Además, en esa tabla hay dos epígrafes similares que deben unificarse. Se trata de los siguientes:

3º) La clase política, los partidos políticos	24,7 %
9º) El Gobierno, los políticos y los partidos	4,6 %
Total	29,3 %

Conclusión: cerca del 30 % de los encuestados dicen que los políticos, los partidos y los gobernantes son un gran problema. La explicación de ese resultado es que los políticos no saben, no quieren o no pueden resolver los asuntos problemáticos que nos preocupan a los españoles, a pesar de que les pagamos con nuestros impuestos precisamente para que los solucionen.

Ante ese fracaso de nuestros actuales políticos los ciudadanos nos hacemos algunas preguntas: ¿son esos políticos idóneos y capaces de resolver nuestros problemas económicos y sociales?; ¿hemos elegido bien a nuestros representantes políticos?; ¿no serán ineptos porque tales políticos han sido elegidos por sus partidos y no directamente por los ciudadanos?.

Si los partidos no eligen a profesionales que sepan gobernar y resolver eficazmente los problemas sociales y económicos, ¿no será porque el sistema falla?. Pero ¿cuál es nuestro sistema político?. Si el sistema no resulta eficiente y no nos da buenos gobernantes que solucionen los problemas ¿deberíamos mejorar o cambiar nuestro sistema político?; ¿mejoraría el sistema si fuera más representativo con elección directa de sus representantes por los ciudadanos, en lugar de ser elegidos en listas cerradas y bloqueadas por los partidos, como ocurre ahora?.

Intentaré responder a todos estos interrogantes. De momento, en este capítulo, solo trataré de identificar el sistema político existente en España emanado de la Constitución de 1978 para ver si, de hecho, se trata de una democracia como debería ser o, más bien, es una partitocracia, donde los partidos han asumido una función controladora de todas las instituciones del Estado y han llegado hasta la eliminación de la separación de poderes, el elemento básico de un verdadero Estado de Derecho. Además, si los partidos no cumplen el mandato constitucional de ser democráticos en su funcionamiento y en su estructura interna, resultará que la partitocracia habrá degenerado en una cupulocracia, que podría eternizarse si estuviera sostenida por una oligarquía territorial de barones neofeudales.

Con el fin de que mi análisis sea más objetivo voy a tener en cuenta ahora, y a exponer seguidamente en forma resumida, lo que sobre ello opinan algunos expertos. Posteriormente manifestaré mis propias opiniones para que, teniendo en cuenta las mías y las ajenas, el lector pueda sacar sus propias conclusiones.

En primer lugar, voy a reproducir algo de lo que ha dicho el ex-ministro Eduardo Serra en un artículo publicado en El Imparcial: "…Paradójicamente los elegidos para resolver nuestros problemas son ellos mismos nuestra principal preocupación, después del paro y de la crisis económica…

…Nuestra democracia dista de ser perfecta; nuestros modelos y mecanismos de representación dejan mucho que desear; pero lo que está aconteciendo en los últimos tiempos nos acercan más a una pantomima de democracia que a una democracia verdadera…

Las cautelas adoptadas en los momentos fundacionales han sido manipuladas en interés de parte y están pervirtiendo el objeto que pretendían defender…Se primaba y se favorecía a los grandes partidos (Ley D'Hont). Asimismo y para evitar la corrupción se concedían abundantes y generosos fondos presupuestarios (entiéndase, del dinero de los contribuyentes) a las formaciones políticas que llegaban a obtener escaños. Si a ello unimos que el mandato constitucional de funcionamiento democrático de los partidos políticos nunca ha sido cumplido, nos queda la realidad actual de unos partidos cristalizados, más que consolidados, que se confrontan entre sí en las elecciones con tal aparato propagandístico que hace prácticamente imposible el competir con ellos (véase el caso del partido Unión Progreso y Democracia)".

Me parece que el análisis más esclarecedor de la situación política española actual lo han hecho recientemente los catedráticos Francisco Sosa Wagner y Mercedes Fuertes en su libro "El Estado sin territorio"[76] donde, entre otras cosas, afirman lo siguiente:

"…El vicio de mayor bulto de nuestro sistema viene representado por los partidos políticos con mando y su desesperante comportamiento. En algún sitio uno de nosotros ha escrito que la democracia española es adúltera porque ha engañado a su pueblo, su legítimo cónyuge, y se ha ido de picos pardos con los partidos que encima la han dejado embarazada de tópicos y consignas.

La democracia de partidos, en los términos en que ha desembocado la nuestra, deja de ser democracia para convertirse en oligarquía de secretarios generales y secretarios de organización, los personajes que con más denuedo –y con mayor eficacia- adulteran el sistema. Se han vivido en nuestro país acontecimientos de una gran magnitud, el más clamoroso es sin duda el de una revisión a fondo de la estructura del Estado, tal como hemos visto, o después la gran crisis económica y financiera. Pues bien, ¿alguien ha sabido de un debate en el seno del partido del Gobierno sobre estas cuestiones de tanto calado? ¿se ha convocado un Congreso para que los militantes y sus delegados debatan, aclaren, propongan y resuelvan? ¿en el seno de los grupos parlamentarios de las Cortes se han oído voces razonadoras apoyando esto, discrepando de aquello?. El más espeso de los silencios ha sido un clamor. Y en el partido de la oposición las cosas han circulado de modo parejo.

A ello se une el hecho de que los partidos políticos que manejan los resortes del poder se han acostumbrado a ocupar todo aquel espacio que a su alrededor carezca de los pertinentes anticuerpos. Es lo que podríamos llamar la tentación tentacular del partido, la irrefrenable vocación que se le despierta por meter baza y enredar en todo achaque o negocio humano: da igual que se trate de una operación empresarial relevante o de conceder un premio literario".

Pero ¿cuál es la naturaleza de nuestro sistema político, del que se dice que no es representativo de los ciudadanos sino de la cúpula de los partidos?. La representación política y el sistema electoral fue regulado inicialmente por el Decreto-Ley de 18 de marzo de 1977 sobre normas electorales, pero se consolidó en la Constitución de 1978 y, posteriormente, en la Ley Orgánica de 19 de junio de

---

[76] "El Estado sin Territorio" Cuatro relatos de la España autonómica. Francisco Sosa Wagner y Mercedes Fuertes. Marcial Pons Ediciones. Madrid. 2011. Páginas 31 a 32.

1985 sobre Régimen Electoral General (LOREG), que estableció que el número de escaños correspondiente a cada partido se halla mediante una regla proporcional corregida por la fórmula D'Hont, asignando los restos electorales a los dos partidos mayoritarios en cada circunscripción electoral, que es la provincia. De esta forma se favorece el bipartidismo. En las elecciones las listas de candidatos son elaboradas por los partidos políticos y han de ser cerradas y bloqueadas para elegir los diputados del Congreso y abiertas para el Senado.

Por otro lado, el artículo 6 de la Constitución dice que:

"Los partidos políticos expresan el pluralismo político, concurren a la formación y manifestación de la voluntad popular y son instrumento fundamental para la participación política. Su creación y el ejercicio de su actividad son libres dentro del respeto a la Constitución y a la ley. Su estructura interna y funcionamiento deberán ser democráticos".

En la práctica, sin embargo, los partidos políticos españoles incumplen generalmente los preceptos de ese artículo 6 porque ni su estructura interna ni su funcionamiento suelen ser democráticos. En los partidos suele haber una élite o grupo dominante que impone, poco o nada democráticamente, quienes han de mandar en el partido. A estos dirigentes se los denomina corrientemente "la cúpula" del partido.

0000000000

Ante el escasamente representativo sistema político español, al que todavía algunos denominan democracia, cabe preguntarse cómo se gestó y por qué nuestra perversa partitocracia. Previamente hay que subrayar que, tras la desaparición de la dictadura franquista, los españoles clamamos por un cambio de régimen político para instaurar la democracia parlamentaria.

Los gobernantes, a pesar de que eran franquistas, tuvieron que plegarse a las demandas populares y aceptaron inicialmente las asociaciones políticas y, posteriormente, los partidos políticos, excepto el clandestino partido comunista. En esa Transición desde el Movimiento Nacional como partido único hasta la aceptación de una pluralidad de partidos, la mayoría del pueblo español, que ignoraba lo que era la verdadera democracia, contempló pasivamente cómo las Cortes franquistas aceptaban la Ley de Reforma Política de 4 de enero de 1977 para transformar el régimen político convirtiéndolo en democrático, pero sin ruptura con el pasado. Los gobernantes, deseosos de mantener su poder político, en la medida de lo posible, negociaron con algunos dirigentes de grupos democráticos, que estaban ávidos de tocar poder, una reforma instauradora de la democracia.

Como ni los ciudadanos ni la mayoría de los políticos, franquistas o no, sabían lo que era la verdadera democracia, los políticos del régimen y los nuevos llegaron pronto a un consenso para instrumentar una aparente democracia que iba a ser tutelada por los partidos políticos para servir mejor al pueblo, pero sin la participación de éste en la toma de decisiones. De esta forma inició su andadura una partitocracia que, sin ruptura con el franquismo para no exasperar a los militares, en su mayor parte franquistas, se formalizó en el Real Decreto-Ley de 18 de marzo de 1977 sobre normas electorales para regular las primeras elecciones democráticas que se iban a celebrar el 15 de junio de 1977. Este primitivo sistema electoral, tras la dictadura franquista, sirvió para que en la Transición no fueran excesivos los partidos políticos que la protagonizaron y para tutelar por esos pocos partidos la naciente democracia en España.

En la Transición hubo un partido que ejerció un protagonismo destacado: me refiero a la Unión de Centro Democrático (U.C.D.). Por ello parece interesante narrar ahora brevemente su proceso de gestación.

La ley 21/1976, de 14 de junio, reguló el derecho de asociación política. El 2 de octubre el Ministerio de la Gobernación hizo público que hasta entonces el Consejo de Ministros solo había aprobado tres asociaciones políticas acogidas a la citada ley 21/1976.

La primera de ellas que se aprobó se denominaba Partido Popular y su legalización había sido solicitada por dos de sus promotores: Juan Antonio Ortega y Díaz Ambrona, y Manuel Fraile Clivillés. Las otras dos asociaciones fueron la Unión Catalana (U.C.) y el Partido Socialista Demócrata Español (P.S.D.E.).

Aquel primer Partido Popular no tiene nada que ver con el actual que lleva el mismo nombre. Su reunión constitutiva, antes de iniciar su actuación pública, tuvo lugar el 10 de noviembre de 1976 en el salón Cervantes del hotel Meliá Castilla, de Madrid. A esa reunión asistimos sesenta promotores representantes de diversos grupos políticos nacionales o regionales; aunque entre esos promotores había también algunas personas singulares independientes, entre los que destacaban los ex-ministros José María de Areilza y Pío Cabanillas. El núcleo promotor del Partido Popular fue un grupo de reflexión y pensamiento político conocido por "Tácito", integrado por demócratas-cristianos y por algunos altos cargos de la Administración. Yo asistí a la reunión constitutiva en nombre de la Asociación Liberal Social, cuyo jefe era José Armengod López de Roa. Los sesenta participantes en la reunión firmamos un comunicado para dar a conocer el nuevo Partido Popular, sus objetivos programáticos y su apertura a partidos regionales que tuvieran análoga definición ideológica[77].

El Partido Popular celebró su primer Congreso en febrero de 1977. Aunque Areilza fue quien más destacó en él, Pío Cabanillas resultó elegido presidente de un partido que fue el núcleo de una coalición apellidada Centro Democrático, que sirvió de embrión a la Unión de Centro Democrático (UCD), el partido más importante de la Transición, cuya jefatura fue ofrecida al propio Adolfo Suarez, presidente del Gobierno. Suarez puso como condición para liderar UCD la salida del partido de Areilza para evitar rivalidades y, tras la marcha del político liberal, desembarcó

---

[77] El texto del comunicado y la lista nominal de los promotores asistentes a la reunión constitutiva fue publicado el 11 de noviembre de 1976 en el diario ABC, en su página 11, en un artículo que firmó el periodista Pedro J. Ramírez.

Suarez en UCD con muchos de sus ministros, dispuesto a conducir al partido a la victoria en las siguientes elecciones generales, que serían el 15 de junio. UCD ganó holgadamente esas elecciones y Suarez presidió un gobierno centrista en el que participó como ministro Pío Cabanillas.

0000000000

La gran tarea política que se emprendió en 1978 fue la elaboración de una Constitución democrática. Los partidos políticos se pusieron manos a la obra: en realidad se trataba de hacer una Constitución para configurar una democracia tutelada para gobernar a los españoles, un pueblo menor de edad en lo político. Los oligarcas de los partidos consensuaron que fuese elaborado un proyecto constitucional por una comisión de expertos integrada por representantes de los principales partidos políticos. Finalizado el proyecto sería sometido a su aprobación en referéndum popular. Por lo tanto, no hubo Cortes constituyentes encargadas de llevar a buen fin una constitución democrática.

Como ha dicho certeramente Aleix Vidal-Quadras[78] "la Constitución se propuso con gran optimismo armonizar la heterogeneidad cultural, lingüística e histórica del país con la unidad nacional, de tal manera que el reparto del poder político entre la Administración Central y las comunidades autónomas fuese un factor definitorio de la democracia recuperada después de cuarenta años de régimen autoritario. Ahora bien, la necesidad de poner de acuerdo posiciones y tradiciones muy distintas en lo referente a "la idea de España" –la corriente centralista de origen liberal, las tesis federalistas de filiación socialista y las reivindicaciones soberanistas de los nacionalismos periféricos- alumbró un texto técnicamente defectuoso, con lagunas evidentes y notorias inconsistencias, que, sin embargo, y quizá por eso, al dejar a todos parcialmente insatisfechos, nos ha proporcionado a los españoles….décadas de apreciable estabilidad institucional y política y de aceptable progreso social y económico".

Los "padres" de la Constitución integrantes de la comisión redactora del proyecto constitucional fueron los siguientes:

Manuel Fraga Iribarne, por Alianza Popular; Gabriel Cisneros, José Pedro Pérez Llorca y Miguel Herrero Rodríguez de Miñón por Unión de Centro Democrático; Gregorio Peces-Barba por el PSOE; Jordi Solé Turá por el Partido Comunista y Miquel Roca Junyent por el partido nacionalista Convergencia i Unió.

En los debates de la comisión se vio que los más autoritarios fueron el conservador Fraga Iribarne y los izquierdistas Peces-Barba y Solé Turá. En cambio los más abiertos y pragmáticos fueron Pérez Llorca, Cisneros y Herrero Rodríguez de Miñon, precisamente los tres representantes de U.C.D.

---

[78] Obra citada. Página 189.

Después de muchos meses de intensa tarea, la comisión elaboró un proyecto constitucional. Su trabajo fue duro y laborioso, especialmente en la redacción del Título VIII sobre la organización territorial del Estado. Consensuaron que la única nación española estaba integrada por nacionalidades y por regiones. El 8 de diciembre de 1978 la nueva Constitución fue aprobada en referéndum popular. La partitocracia, una democracia tutelada por los partidos, quedó constitucionalmente consagrada.

El Título VIII, en lo referente a las Autonomías, es confuso, flexible, incompleto e, incluso, contradictorio, ya que establece las competencias de las comunidades autónomas y las correspondientes al Estado pero, simultáneamente, dice que las autonomías podrán asumir competencias estatales, generalmente por traspaso y concesión del Estado, lo que dejó abierto e interminable un proceso de transmisión de competencias a las autonomías con un intermitente conflicto entre el Estado y las comunidades autónomas.

El proceso autonómico se inició en 1979, tras la aprobación de la Constitución; pero como se trataba de un proceso indefinido la Transición resultó de hecho prolongada. Además, la construcción democrática de España era obstaculizada por la existencia de graves problemas, que se añadieron al planteado por el desarrollo autonómico: me refiero al creciente terrorismo, a la pésima situación económica y a la apertura al exterior, especialmente a la Comunidad Económica Europea y a la OTAN, grandes temas que debían ser resueltos. En cuanto al terrorismo, en 1979 ETA asesinó a 86 personas y el GRAPO a 21. Algunos actos terroristas pretendían provocar al Ejército para abortar la incipiente democratización de España.

La situación económica era mala porque los políticos de la Transición dieron prioridad a los más urgentes asuntos políticos y no se ocuparon suficientemente de la Economía española, que padecía un estancamiento del Producto Interior Bruto (PIB), una inflación excesiva y un paro masivo, debidos también a la segunda crisis del petróleo que afectó negativamente a la situación económica internacional. En los Pactos de la Moncloa los partidos políticos se pusieron de acuerdo en el enfoque que debía darse a la resolución de la mayoría de los problemas económicos y sociales, con el fin de que la Transición no fuera traumática y, gracias a ese consenso político, se pudo llegar a buen puerto.

El paciente pueblo español soportó estoicamente el feroz terrorismo, el creciente paro y las tensiones y reivindicaciones autonómicas hasta 1980, en que comenzó a manifestarse un cierto desencanto popular ante la ineficacia de los políticos para resolver los problemas económicos y sociales que nos aquejaban. Sin embargo, ni siquiera entonces la oposición radicalizó su actitud, aunque el PSOE y el PCE tenían una ideología de raíz marxista que, al parecer, no era entonces precisamente revolucionaria, ya que aceptaron una reformista transición a la democracia, sin ruptura violenta con el extinto régimen de Franco.

0000000000

A pesar de tener carácter provisional, las normas electorales de 1977 fueron incorporadas en 1978 al texto constitucional y finalmente se consolidaron como ordenamiento electoral por la Ley orgánica 5/1985, de 19 de junio, sobre el Régimen Electoral General (LOREG), dictada por el PSOE que gobernaba desde octubre de 1982 con mayoría absoluta de diputados. Por tanto, los socialistas son los responsables de haber consolidado entonces una legislación electoral poco democrática y provisional elaborada en 1977 por el reformador franquista Adolfo Suarez. Al PSOE le interesó entonces mantener un sistema electoral que tutelase la democracia a través de un partido estatal dominante. El ciudadano quedó así sujeto al imperio de la partitocracia mediante las listas cerradas y bloqueadas, pues la Ley electoral de 1985 no respetó ni siquiera los "criterios de representación proporcional" establecidos por la Constitución española en su artículo 68.3. Además la LOREG perpetuó consecuencias perversas, pues mantuvo injustas desigualdades del voto según que el ciudadano votante residiera o no en una provincia con predominio de partidos nacionalistas.

José Antonio Zarzalejos[79] ha subrayado que "el sistema electoral premia a los partidos que se concentran en circunscripciones territoriales muy concretas (caso de Cataluña y País Vasco y sus partidos nacionalistas) y penaliza a las opciones de implantación nacional…En estas condiciones es imposible que prospere un partido bisagra de ámbito general –seguirán siéndolo los nacionalistas- e igualmente difícil un trasvase de fuerzas del PSOE a IU que resulte sustancial.

Los nacionalismos vasco y catalán disponen de un sistema electoral que les premia hasta límites llamativos y la fundación y puesta en marcha de un nuevo partido (es el caso de UPyD) de implantación nacional se antoja poco menos que una tarea de titanes. Por lo demás, las fugas del PSOE por su izquierda, hacia IU, no alcanzan volumen de escaños aunque sea muy significativo el número de sufragios que escapan a los socialistas.

Este desajuste –y hay alguna propuesta digna de ser contemplada como la lista adicional en circunscripción única de 50 diputados como propone el partido de Díez- debe corregirse, no tanto para restar a los nacionalistas cuanto para ser ecuánimes y proporcionales con la relación coste electoral/número de escaños. Siempre habrá un cierto desfase, pero el actual resulta manifiestamente injusto. Es normal que para los partidos pequeños no nacionalistas, la reforma del sistema electoral resulte así una necesidad urgente. Y para la autenticidad de la democracia, también".

En las elecciones generales del 20 de noviembre de 2011 se han confirmado, en la práctica, los defectos e incorrecciones que lo descalifican. Ana I. Gracia[80] ha escrito que "las elecciones del 20-N han vuelto a poner en evidencia la ineficiencia de la ley d'Hont, el método que decide el reparto de escaños y que perjudica a los

---

[79] Artículo titulado "Un sistema electoral arbitrario que castiga (IU, UPyD) y premia (PNV, CiU), publicado en El Confidencial el 16 de noviembre de 2011.
[80] Artículo titulado "Cada escaño de UPyD le cuesta 228.048 votos, casi cinco veces más caro que Amaiur", publicado en El Confidencial el 22 de noviembre de 2011.

partidos pequeños que consiguieron en las elecciones del domingo un amplio respaldo en las urnas. En total, más de un millón de votos repartidos en 50 formaciones pequeñas, entre ellas el Partido Animalista contra el Maltrato Animal (PACMA) con 101.000 votos, han sido inútiles porque no han tenido representación parlamentaria. UPyD, junto con Izquierda Unida, los dos partidos que más caro han pagado el escaño, han sido los impulsores de la necesidad de reformar la ley electoral española para que un voto de Teruel cueste lo mismo que otro de Madrid.

Con el actual sistema, el voto de todos los españoles no vale lo mismo. Si España se convirtiera en una única circunscripción electoral, el número de escaños se repartiría dividiendo el número de votos por asientos. Al elegir como circunscripción la provincia, a los partidos generalistas minoritarios les cuesta mucho más caro conseguir escaño que a otro nacionalista. El partido más castigado por este sistema fue UPyD, pagando a 228.048 votos el escaño. Le sigue la tercera fuerza más votada, Izquierda Unida, que con 1,6 millones de votos únicamente se hizo con once escaños.

"Nos están robando 14 escaños", dijo su coordinador general, Cayo Lara, tras conocerse sus resultados. Aplicando la misma fórmula, Rosa Díez y su "marea magenta" sumarían doce escaños más, llegando a los 17. También hubieran conseguido representatividad partidos como Equo, PACMA, Escaños en blanco, PartidoAndalucista o PxC, que se han quedado fuera de juego.

Si la ley electoral fuera justa y proporcional, los resultados hubieran variado notablemente…Equo, la nueva formación ecologista encabezada por el ex dirigente de Greenpeace Juan López de Uralde, ha sido otra de las grandes perjudicadas de las elecciones, quedándose sin escaño a pesar de los 215.000 votos logrados en toda España. Mucho más suerte ha tenido Amaiur, que se estrenará en el Hemiciclo con 7 escaños y 333.628 sufragios. CiU, con 1.014.263 votos, ocupará 16 asientos y se hará con el 4,17 % de la representatividad del Congreso de los Diputados.

La Ley d'Hont, utilizada en muchos países, es una fórmula electoral que distribuye proporcionalmente los escaños por provincia dependiendo del número de votos que se recojan por partido en dicho territorio, beneficiando a partidos nacionalistas como CiU, PNV, BNG o Amaiur. El problema de la ley es el tamaño de las circunscripciones electorales, las provincias, muchas de las cuales están sobrerrepresentadas aunque tengan muy poca población con dos diputados fijos que se reparten siempre los dos grandes partidos, PP y PSOE".

Por ello, en la elecciones generales celebradas el 20 de noviembre de 2011 cada uno de los partidos mayoritarios, PP y PSOE, han contado inicialmente con 52 escaños cada uno (uno por cada provincia, otro por Ceuta y otro por Melilla), a los que se han sumado los que les han correspondido según el número de votos obtenidos. A pesar de esa inmensa ventaja inicial, los resultados del 20-N muestran que el bipartidismo se ha debilitado considerablemente, ya que los partidos minoritarios han obtenido 54 escaños en 2011 mientras que en 2008 solo obtuvieron 27, exactamente la mitad de escaños que en 2011. Sin embargo, el avance real de los minoritarios ha sido mucho mayor que lo que expresa el número de escaños. Efectivamente, en votos válidos los resultados del 20-N han sido los siguientes:

Partido Popular	10.830.693	44,62 %	186 escaños
PSOE	6.973.880	28,73 %	110 "
Partidos minoritarios con escaño	5.342.416	22,02 %	54 "
Otros Partidos minoritarios	791.799	3,26 %	0 "

Por tanto, los partidos minoritarios han conseguido un total del 25,28 % de los votos y el Congreso de los Diputados ha quedado dividido en tres bloques: PP, PSOE y once partidos minoritarios. El PP podrá imponer su mayoría absoluta en las votaciones, pero los debates parlamentarios pueden hacerse interminables porque en la Cámara habrá representantes de trece partidos políticos.

En cuanto a los partidos que han aumentado más su número de votos el 20-N destaca UPyD, tanto en términos absolutos como relativos, pues ha obtenido 850.000 votos más que en 2008; ya que Izquierda Unida ha crecido con 675.000 nuevos votantes y el Partido Popular en unos quinientos mil. Los resultados de esas elecciones han confirmado la consolidación de UPyD como una opción política de carácter nacional, pues es la tercera fuerza política en 8 provincias y en 23 capitales de provincia.

Esos resultados de las elecciones son una radiografía del descontento de los ciudadanos con el sistema político. Esto es lo que pone de manifiesto José Luís González Quirós[81] cuando afirma que "el resultado de las elecciones muestra que la sociedad española está bastante disconforme con el paisaje político. No es extraño que así sea, porque han abundado los signos más que evidentes de desafecto hacia las principales fuerzas políticas. De este juicio hay que excluir, en alguna medida, al PP porque ha obtenido unos buenos resultados aunque, en Cataluña o el País Vasco, con aspectos menos halagüeños que la dirección del partido hará bien en no minusvalorar. De cualquier manera, la suma de votantes, y de escaños, de PP y PSOE ha disminuido bastante, lo que supone una notable enmienda al bipartidismo *imperfecto* en que se sustenta el sistema del 78.

Los votos que han huido del racimo central han ido hacia el radicalismo, sea por la izquierda, sea por el nacionalismo, con la notable excepción de UPyD, seguramente la herida más amarga y grave para los socialistas. Los autores de la última reforma constitucional han perdido fuelle, y no está claro con quien pueda pactar el PP…

…La naturaleza de los partidos, una especie de mafia bienintencionada y pacífica que se gobierna únicamente por el olfato y la regia voluntad de los líderes, sin que los ciudadanos, militantes o no, puedan decir otra cosa que Amén, es el defecto más grave y más notorio de la democracia española".

0000000000

---

[81] Artículo titulado "Una radiografía de descontento", publicado en El Confidencial el 24 de noviembre de 2011.

Las injusticias y anomalías que se observan en nuestro sistema electoral nos obligan a reflexionar sobre la naturaleza de la subespecie de partitocracia que hay en España. Así, en primer lugar, debemos tener en cuenta lo que afirma Rodrigo Tena[82]: "característica común a todas las partitocracias es que el poder no reside en el partido en su conjunto, sino únicamente en su equipo de dirección, con el agravante de que en España ese equipo se resume prácticamente en una sola persona –el presidente o el secretario general- que elige libremente a sus colaboradores más directos, y de ahí para abajo, a todo el organigrama del partido. Esa peculiaridad, unida a su prerrogativa de decidir quién va o no en las listas, demuestra lo difícil que puede resultar cambiar a un líder si éste no accede voluntariamente a ello, por muy desastroso que sea su liderazgo o por muchas elecciones que pierda".

Por otra parte merece ser destacado que Ramón Peralta, en el curso 2008-2009, presentó en el Instituto de la Democracia, de la Universidad San Pablo-CEU una ponencia titulada "Representación y Sistema Electoral" como aportación a un debate sobre la necesidad de una reforma electoral en España. En esa ponencia Ramón Peralta hace una crítica del sistema proporcional de listas de partido. De esa ponencia reproducimos aquí los párrafos que me parecen más sobresalientes:

"- Los diputados deben su cargo al jefe del partido que confecciona la lista electoral: el Parlamento se convierte exclusivamente en la Cámara de representación de las cúpulas de los partidos –cupulocracia- (tras la desaparición de la democracia interna en los partidos).

- Desaparece la representación real de los ciudadanos en el Parlamento.

- El diputado se convierte en un mero "eslabón técnico" de una democracia devenida en cupulocracia, eso sí, eslabón necesario para dar apariencia democrático-representativa al régimen. Su actividad se reduce a apretar obedientemente tal o cual botón según la indicación del que dirige el grupo parlamentario.

- El ciudadano queda ignorado, sin representación efectiva, estafado en sus derechos políticos, ninguneada su libertad política…

En este "Estado de partidos" el principio representativo se falsea por completo. Al Parlamento acceden solo los delegados de los partidos seleccionados por la dirección de los mismos en las listas electorales en función del grado de "afectuosa docilidad" respecto de sus dirigentes y para representar exclusivamente sus intereses.

Las elecciones se convierten en plebiscito a favor de tal o cual partido, de jefe de uno u otro partido, con lo que la democracia representativa deviene en plebiscitaria, tergiversándose uno de los presupuestos esenciales de la misma: la libertad política de los ciudadanos desaparece en la práctica, reduciéndose a la mera posibilidad de cambiar cada cuatro años de oligarquía partidaria gobernante…para mantener formalmente la apariencia democrática…La "democracia de partidos" sencillamente no tolera la verdadera representación.

---

[82] Artículo titulado "Partitocracia de Taifas" publicado en el diario El Mundo el 14 de septiembre de 2010, en la sección de Política y Sociedad.

Cuando en un régimen de tipo parlamentario los partidos se financian por vía estatal y monopolizan los cauces de representación, apoyándose en fórmulas proporcionales de listas, tendiendo a la fusión de los poderes ejecutivos y legislativos, entonces la democracia reviste la subespecie que se denomina partitocracia, o incluso "cupulocracia" cuando llega a desaparecer, incluso, hasta la democracia interna en el partido. En estos regímenes cupulocráticos, sin verdadera representación de los ciudadanos por su distrito, las posibilidades del elector, insistimos, quedan reducidas a un mínimo intolerable, incluso insultante: relevar a una de las oligarquías partitocráticas contendientes que, sin embargo, pueden continuar usufructuando los privilegios de una oposición institucionalizada y disponiendo de dinero público".

Tras reflexionar sobre las certeras y demoledoras conclusiones de Ramón Peralta se queda uno desencantado de nuestra "democracia". Examinemos ahora una exposición de lo que hacen actualmente los partidos políticos en España, antes de que las conclusiones que obtengamos sobre nuestro sistema político sean demasiado pesimistas. Dice Ana Samboal[83] que "los partidos políticos han tejido su telaraña no solo en torno a los tres poderes del Estado, sus tentáculos se extienden en todas las direcciones...Para colmo de males, a escala territorial las formaciones políticas se han multiplicado como amebas, replicando la estructura de un Estado parcelado en comunidades autónoma cada vez más poderosas... Son ochenta mil los cargos electos. ¿Demasiados?.

El desarrollo legislativo que ellos mismos han hecho de la Carta Magna les ha constituido como el cimiento sobre el que pivota todo el sistema. Sobre ellos, sobre su fortaleza, descansa buena parte del entramado institucional de España y, paradojas de la vida, la democracia en su seno brilla por su ausencia...

...Aunque cuentan con brillantes personas en sus filas, parecen alérgicos, salvo honrosas excepciones, al ascenso basado únicamente en la meritocracia y en sus benéficos efectos. Mientras las listas electorales permanezcan cerradas, al arbitrio de unos pocos, el trabajo en pos del progreso de la sociedad y el compromiso de los representantes en las cámaras con sus electores, con el ciudadano, seguirá siendo secundario".

Ante este panorama, que se muestra en toda su crudeza en los territorios autónomos dominados por nacionalistas y caciques "democráticos", no tenemos más remedio que reconocer que Francisco Sosa Wagner y Mercedes Fuertes[84] tienen razón cuando dicen que "si nosotros contemplamos la realidad española actual podemos concluir que caminamos hacia una recuperación –inesperada, extemporánea- de un sistema parecido al feudal como consecuencia de la evolución que vive nuestro Estado autonómico especialmente desde 2004. Un sistema feudal con perfiles nuevos, pero en el que se advierten rasgos del orden antiguo, caracterizado por el hecho de que, en él, el interés predominante del noble –señor

---

[83] "Gabinete de Crisis". Ana Samboal. Temas de Hoy. Madrid. 2010. Páginas 244 y 245.
[84] Obra citada. Páginas 14 y 15.

territorial y hacendado- se dirigía al disfrute –sin tapujo alguno y en disputa con el rey- de su posición económica, social y política.

Cambiemos al noble por la barroca clase política autonómica y municipal actual y tendremos, cada vez de forma más visible, ese mismo proceso histórico, ya enterrado, resucitando cada día entre nosotros en medio de espasmos intermitentes de frivolidad: de un lado, afianzamiento de la influencia política de los señores territoriales hasta donde permiten las combinaciones parlamentarias y los acuerdos coyunturales; de otro, apartamiento particularista –e insolidario- de la estructura común del Estado. El resultado es la creación de un poder que cada vez se parece más a la "autocracia principesca" que tan bien describe Otto HINTZE en su estudios sobre el feudalismo. Es "la vuelta a la Edad Media" sobre la que, con carácter más general, han teorizado autores como Umberto ECO o Alain MINC".

En este sentido José Antonio Zarzalejos[85] añade que "este neofeudalismo, abusivo y chulesco, se ha manifestado de manera especial –aunque no solo- en las comunidades autónomas en las que el PSOE se ha perpetuado hasta conformar una suerte de régimen: Andalucía y Extremadura son los ejemplos más descriptivos. En ambas autonomías los socialistas se han comportado como señoritos de cortijo recebando un sistema clientelar de fidelidad claramente feudal que ha echado mano de la solidaridad ideológica de IU cuando su posición hegemónica ha sido puesta en riesgo".

En definitiva, que gracias a la partitocracia avasalladora y al perverso desarrollo que se ha hecho de las autonomías territoriales nuestro sistema político es, cada vez más, neofeudal.

Ante tanta injusta arbitrariedad y tanta sinrazón los ciudadanos han comenzado a espabilarse. Por internet, a través de las redes sociales: Facebook, Twitter… se han organizado plataformas antisistema como Democraciarealya.com o los indignados del Movimiento 15-M, que han convocado concentraciones y acampadas duraderas en la Puerta del Sol de Madrid y en lugares céntricos de las principales ciudades de España. El Movimiento 15-M pretende canalizar y hacer fecunda la indignación ciudadana contra los políticos y contra el sistema. Por ello, en su lema dicen que el problema "No es la Crisis, es el Sistema".

Actualmente las protestas de los indignados se han extendido a todo el mundo. El movimiento se ha globalizado y el 15 de octubre han tenido lugar manifestaciones en cientos de ciudades de muchos países contra el sistema político, económico y social imperante.

El sistema político español es tan injusto y decrépito que el académico Luís María Ansón[86] ha dirigido una carta abierta al presidente Rajoy, en cuya primera parte dice lo siguiente:

"Querido presidente…

---

[85] Artículo titulado "Neofeudalismo político" en El Confidencial del 25-6-2011, por José Antonio Zarzalejos.
[86] Carta abierta dirigida al presidente Rajoy titulada "Solo una reforma constitucional profunda puede evitar el colapso del sistema", publicada en el diario El Mundo el 13 de noviembre de 2011.

¿Pero de verdad no te das cuenta de que el régimen se ha agotado, de que el sistema se está desmoronando, de que si no se aborda una reforma constitucional de fondo, el riesgo de estallido revolucionario continuará creciendo?. Entre los diez grandes problemas que agobian a los españoles, la clase política ocupa el tercer lugar. Vosotros, los que debéis arreglar la situación os habéis convertido, no en una solución, sino en un gravísimo problema. Los partidos políticos, a su vez, se han instalado clamorosamente en el último lugar de la valoración popular.

La gente, querido presidente, está harta de la corrupción y el despilfarro de los políticos, también de su insufrible mediocridad. Sería injusto generalizar. La mayor parte de la clase política es tórpida pero honrada. La corrupción, sin embargo, se ha multiplicado de forma alarmante en los últimos años y muchos de los que se incorporan a la cosa pública consideran que la política es un negocio para forrarse, no el servicio del bien común.

Aunque la corrupción, siendo grave, no está generalizada, el despilfarro de los políticos sí que se ha extendido por todo el territorio nacional. Las cuatro Administraciones –la central, la autonómica, la provincial y la municipal- se han enraizado en el derroche. También los principales partidos y sindicatos. Se dispara con pólvora del rey y se gasta sin tino. La gente, querido presidente, está harta e indignada. Está harta de pagar con sus impuestos los palacios suntuosos de los políticos, los incontables edificios en los mejores sitios de las principales ciudades, la construcción faraónica de aeropuertos o de *aves* sin viajeros, los ejércitos de asesores, consejeros, chóferes, escoltas, asistentes y mangantes, la crecida vertiginosa de los empleados públicos en puestos innecesarios, nombrados a dedo entre los parientes, amiguetes y paniaguados de los dirigentes de los partidos. Está harta la gente de las trabas burocráticas, de la proliferación de empresas públicas, fundaciones y asociaciones que no sirven para nada; de las embajadas autonómicas en el extranjero, de los viajes gratis total, de las interminables caravanas de automóviles oficiales, de los banquetes y comilonas incesantes, de los incontables teléfonos móviles, de las suntuosidades y los lujos desbocados. Ah, y de la presencia de los políticos en las Cajas porque mientras los Bancos han resistido la crisis con buena nota, allí donde el sistema financiero lo administran los políticos, se ha producido el desastre, con las debidas excepciones. Está harta la opinión pública, en fin, está indignada por los abusos y los dispendios de la clase política. Exige la democratización de los partidos, la regeneración de la democracia, un nuevo orden en la vida nacional..."

0000000000

Al principio de este capítulo vimos que, según las respuestas al Barómetro del Centro de Investigaciones Sociológicas, uno de las principales problemas que tiene España es la clase política; o sea, los políticos y el Gobierno, quienes son, precisamente, los encargados de resolver nuestros problemas: paro, crisis económica, autonomías,…

La académica y catedrática de Historia de las Ideas Carmen Iglesias[87] ha puesto el dedo en la llaga al aportar una clarividente explicación de esa aparente paradoja, pues ha escrito que "…lo que resulta en extremo pernicioso para la salud democrática es que los políticos –o una buena parte de ellos- se consideren un fin y no un medio al servicio de la ciudadanía que los ha elegido. Una y otra vez hemos denunciado la deriva autoritaria que nuestros políticos de cualquier signo exteriorizan como si fuera algo normal".

A su vez, el académico y catedrático Luís Suarez ha escrito un magistral y esclarecedor artículo titulado *¿Retornan los totalitarismos?*, publicado en el diario La Razón el 5 de junio de 2011. En el mismo dice literalmente, entre otras cosas, lo siguiente:

"El término "totalitario" es un descubrimiento de Lenin: para afirmar el sistema, enderezándolo en sentido contrario al del liberalismo parlamentario que él identificaba con el capitalismo, era preciso invertir los términos, sometiendo el Estado al Partido y entregando a éste tanto la autoridad como la potestad. De este modo a la fuerza política podía corresponder la identificación entre los dos términos: el Partido debe señalar aquello que es legítimo y debe hacerse y, al mismo tiempo, poner en marcha los mecanismos para su cumplimiento…

…Percibimos el peligro de esa resurrección de los totalitarismos, (pues) se está ensayando la omnipotencia de los partidos que para sí asumen autoridad y poder, otorgando la compensación de que puedan ser varios en lugar de uno solo. Ahora bien: si uno de esos partidos logra la que (se) llama mayoría absoluta, entonces, dueño del Estado y poco a poco de los recintos de los tres poderes, ejerce un mando absoluto que no necesita tener en cuenta el parecer o interés de los ciudadanos. Se parte de una noción. El partido no es simple asociación de personas sino una parte del Estado; quiero decir que no se sostiene con las cuotas de sus afiliados, sino con la parte de los recursos del Estado que, de acuerdo con el número con que figura le corresponde recibir. En consecuencia los afiliados significan poco. Es una élite restringida la que, reunida en despachos, redacta las listas de candidatos que va a presentar ante los ciudadanos. Ahora bien esa lista es intangible. El ciudadano actúa como árbitro depositando su voto, pero no puede alterar, modificar o tachar ninguno de los nombres. Vota a un partido y no a unas personas concretas…

…El poder ejecutivo y también el legislativo (e inclusive el judicial) quedan en manos de los partidos mayoritarios. Con un número de diputados o asambleístas suficientes, en la nueva democracia totalitaria se puede llegar incluso a quebrantar el orden de la naturaleza. Y, desde luego, a intervenir en la conducta y en el patrimonio".

Por tanto, los individuos quedan sometidos al partido (o coalición de partidos) que tenga la mayoría absoluta, y este partido vencedor en las elecciones pasa a ser el dueño del Estado y ejerce un poder totalitario, pero "democrático", del que dependen

---

[87] Artículo titulado "Los idiotismos morales". Carmen Iglesias. Diario El Mundo. 21-2-2011. Página 21.

los tres poderes: legislativo, ejecutivo y judicial. Todo para el pueblo, pero sin el pueblo y, si fuera necesario, a pesar del pueblo. Esta es la democracia que hay en España. Por ello, no es de extrañar que a los jefes de los partidos mayoritarios que se alternan en el ejercicio del poder, algunos los denominen ya *virreyes*, porque son los únicos que verdaderamente tienen mando en plaza….y ¡totalitario!.

Las elecciones generales son luchas sin cuartel, casi a vida o muerte, en las que la mayoría de los ciudadanos son simples espectadores. Los consensos entre ambos virreyes (de la derecha y de la izquierda) solo tienen lugar cuando hay motivos excepcionales de gran importancia: modificar la Constitución, sin referéndum popular, por ejemplo, o cuando ambos partidos tienen que hacer cacicadas para impedir que ningún otro partido, ni nadie, atente contra su duopolio político o contra el sistema electoral de listas cerradas y bloqueadas, que es lo que permite que ellos detenten el poder estatal, aunque sea con alternancia democrática.

Por su parte, el periodista Francisco Rubiales[88] ha escrito un libro titulado "Políticos, los nuevos amos" que analiza el actual poder político en España que califica de depredador al servicio de las élites. Además Rubiales[89] ha escrito en su blog recientemente que:

"…En España, son los partidos políticos los que controlan a los diputados y senadores, los que elaboran las listas y los que disfrutan de la lealtad de los representantes. El pueblo está ajeno y ni siquiera conoce a los que dicen representarle.

El sistema español es tan desequilibrado, injusto y corrupto que cada vez que los ciudadanos acuden a las urnas no eligen a sus representantes o gobernantes sino a sus amos, a gente que carece de controles democráticos, que ni siquiera representan a los ciudadanos y que disfrutan de una práctica impunidad que los convierte en dictadores…"

En fin, respecto a los políticos dice específicamente F. Rubiales en su citado libro que "se comportan en el poder público democrático como lo hacían los antiguos señores ungidos. Se saben poderosos y blindados por las urnas, muchos de ellos amparados en la inviolabilidad y en la inmunidad, por ser cargos electos, y ejercen el poder sin complejos, sin tener en cuenta la eficiencia, con lujo y boato, con actitudes altivas y lejanas de esa humildad y austeridad que ennoblecen el liderazgo. Creen que el poder sin ostentación no es auténtico poder y justifican su lujo afirmando que el Estado y la representación del pueblo soberano deben brillar con la dignidad debida. Poseen un extenso y astuto elenco de argumentos para justificar cada gesto de poder, cada movimiento de gobierno. Se mueven acompañados siempre de una corte de asesores, amigos, colaboradores, periodistas, empresarios y gente influyente a la que siempre intentan impresionar. Olvidan que mandar es servir y actúan como pequeños emperadores de la democracia, como ridículos reyezuelos inmersos en privilegios y lujos que la historia hace tiempo que erradicó porque eran propios del "Antiguo Régimen", siempre rodeados de aduladores y de cortesanos. Son los

---

[88] "Políticos, los nuevos amos". Francisco Rubiales. Editorial Almuzara. 2007.
[89] Artículo titulado "España: el 20 de noviembre elegiremos a nuestros amos", publicado en Periodista Digital el 25 de agosto de 2011.

nuevos amos, los que ostentan el poder político en las modernas sociedades democráticas, muchos de ellos sin ni siquiera creer en la democracia."

Entonces, si los españoles estamos inmersos en un sistema político partitocrático neofeudal que nos convierte a las ciudadanos en meros vasallos ¿qué es lo que pensamos ahora de los políticos, nuestros "amos"?, ¿qué sentimientos tenemos respecto a ellos?. La respuesta a ambas preguntas nos la ofrece certeramente, en un genial retrato literario, el prestigioso escritor Arturo Pérez-Reverte, con su estilo directo y desgarrado, en su artículo titulado "Esa gentuza"[90]:

"Paso a menudo por la carrera de San Jerónimo, caminando por la acera opuesta a las Cortes, y a veces coincido con la salida de los diputados del Congreso…

…Van pavoneándose graves, importantes, seguros de su papel en los destinos de España, camino del coche o del restaurante donde seguirán trazando líneas maestras de la política nacional y periférica. No pocos salen arrogantes y sobrados como estrellas de la tele, con trajes a medida, zapatos caros y maneras afectadas de nuevos ricos. Oportunistas advenedizos que cada mañana se miran al espejo para comprobar que están despiertos y celebrar su buena suerte. Diputados, nada menos. Sin tener, algunos, el bachillerato. Ni haber trabajado en su vida. Desconociendo lo que es madrugar para fichar a las nueve de la mañana, o buscar curro fuera de la protección del partido político al que se afiliaron sabiamente desde jovencitos. Sin miedo a la cola del paro. Sin escrúpulos y sin vergüenza. Y en cada ocasión, cuando me cruzo con ese desfile insultante, con ese espectáculo de prepotencia absurda, experimento un intenso desagrado; un malestar íntimo, hecho de indignación y desprecio." Ante este expresivo retrato literario que de nuestros políticos ha hecho Pérez-Reverte, sobra cualquier comentario que yo pudiera añadir.

Ahora, querido lector, me gustaría que el final de este capítulo -así como otros de esta obra-, fuese más bien "interactivo". Por ello, como ya conoces lo que dicen varios expertos sobre el sistema político español y sobre su naturaleza; en vez de identificar yo dogmáticamente la naturaleza de nuestro sistema político, te invito a que tú mismo reflexiones y saques tus propias conclusiones que, por lo menos, serán tan acertadas como las que yo hubiera deducido. Al fin y al cabo, tú, yo y todos los ciudadanos españoles tenemos derecho a ser protagonistas en la solución del problema de la representatividad democrática que nos pertenece y en deshacer el embrollo político de las Autonomías, que tanto nos están afectando.

En los capítulos siguientes, por sencillez expositiva, al referirme al sistema político español lo denominaré genéricamente partitocracia sin llegar a precisar más, aunque sería más apropiado definirlo como cupulocracia o, mejor aún, como sistema neofeudal o, simplemente, como partitocracia avasalladora.

===========

---

[90] Artículo titulado "Esa gentuza". Arturo Pérez-Reverte. Diario ABC. Suplemento El Semanal. 5 de julio de 2009. Página 8.

IV) LA CONFIGURACIÓN DE LAS AUTONOMÍAS: PACTO DE LOS NACIONALISTAS CON LA PARTITOCRACIA DE "MADRID".

Para que se entienda bien cómo se ha ido configurando el Estado de las Autonomías, en este capítulo voy a recordar algunos episodios de nuestro sistema político marcados por el protagonismo de nuestra partitocracia avasalladora, pues algunos acontecimientos del periodo 1981-2011 situaron a nuestra democracia en niveles ínfimos, impropios de un país europeo, desarrollado y civilizado. La clase política ha sido incapaz de sacar a España de la actual crisis económica, social y de valores debido a su mediocridad, a la corrupción y a la sangría financiera de su obra predilecta: un insostenible Estado de las Autonomías.

De algunos de los episodios que paso a recordar seguidamente ya han corrido ríos de tinta sobre ellos y son conocidos generalmente, por lo que me limitaré a complementar lo dicho por aquellos que los analizaron y describieron anteriotmente. Lo que sí voy a añadir, resaltándolo, es el protagonismo que en cada uno de ellos tuvieron las cúpulas de los partidos políticos, para que el lector deduzca la parte de culpabilidad que corresponde a la partitocracia en unos hechos que contribuyeron decisivamente a la degeneración de nuestra democracia, al desprestigio de la clase política y al creciente desencanto ciudadano sobre las Autonomías.

En contraste con el comportamiento mesurado del pueblo español en 1980 y 1981, ciertos oligarcas libraban una batalla sorda entre ellos por el poder político. Los poderes fácticos querían mantener sus privilegiadas posiciones en la sociedad española, pero los aspirantes a convertirse en nuevos potentados luchaban contra los instalados para sustituirlos, aprovechando las oportunidades que les ofrecían los partidos en el aparente sistema democrático que se consolidó en la Constitución de 1978. No todos los dirigentes de Unión de Centro Democrático (U.C.D.) apoyaban al presidente del Gobierno Adolfo Suárez en su tarea de llevar a buen término la Transición. Algunos notables de UCD se enfrentaban a Suárez debilitando su posición y menospreciando su liderazgo político.

Como ha escrito Jesús Palacios[91] muchos personajes de la nomenclatura del sistema veían nefasta la elaboración de una ley electoral basada en el sistema proporcional que, si bien en un principio se había previsto que su aplicación fuera provisional; o sea, solo para las primeras elecciones, después se mantuvo, primando de manera poco democrática la concentración del voto nacionalista, con el peligro de que si las urnas no otorgaran mayorías absolutas a los partidos de ámbito nacional, esos votos nacionalistas se llegaran a utilizar como un chantaje al poder central en beneficio de objetivos secesionistas".

El acoso y derribo de Suarez lo iniciaron dentro de su propio partido ciertos "barones" de UCD que, al ser denominados así, veían "ennoblecido" y fortificado su cacicazgo, que generalmente era más destructor que constructivo.

---

[91] "23-F, el Rey y su secreto". Jesús Palacios. LibrosLibres. Madrid. 2010. Página 25.

Al comenzar 1981 el gobierno de UCD era ya incapaz de solucionar los grandes problemas del país: el terrorismo, la debilitada economía nacional –aquejada de estancamiento, inflación y paro masivo-, y el desmadre de las reivindicaciones autonómicas, que se había generalizado en todo el territorio español; pues Suárez tenía en UCD a grandes partidarios del "café para todos" autonómico, especialmente a Otero Novas, ministro de la Presidencia, y a Miguel Herrero, jefe del grupo parlamentario de UCD en el Congreso de los Diputados. El desencanto popular hacia la política y los políticos era creciente, lo que ponía en peligro la adolescente democracia. Los descontentos con el nuevo régimen político se multiplicaban: unos porque creían que era demasiado democrático; otros porque afirmaban que era insuficientemente democrático. La Transición se había cerrado en falso. Suarez había dejado de ser la solución política, y había pasado a convertirse en un problema que debía resolverse.

Carlos Abella[92] afirma que "la amenaza de una operación involucionista contagió a las fuerzas parlamentarias y a cierto número de instituciones, tanto empresariales como religiosas y periodísticas. En los hoteles y restaurantes de Madrid empezó a hablarse de la "Operación De Gaulle". Los diputados se hicieron eco ante los periodistas de información política y parlamentaria de los rumores, y las redacciones de los medios de comunicación eran un hervidero de nombres de políticos y de militares que eran propuestos para presidir un "Gobierno de gestión".

Entretanto, UCD estaba en plena lucha fratricida, radicalmente dividida entre un sector oficialista, dirigido por Agustín Rodríguez Sahagún, que apoyaba al presidente Suárez, y otro crítico, encabezado por Miguel Herrero. Algunos de los barones del sector crítico, como el propio Herrero, José Luís Álvarez, Salvador Sánchez Terán y Landelino Lavilla, habían asistido a unas reuniones convocadas por Luís Ansón y estaban al tanto de lo que pretendía hacer el CESID con su operación de regeneración democrática. En el último trimestre de 1980 Suárez estaba sometido a un continuo desgaste, no solo por parte de la oposición al Gobierno, sino también, y principalmente, por muchos barones de su partido y sobre todo por el sector crítico encabezado por Miguel Herrero.

Durante el mes de enero Suárez acusó el impacto de saber que sus propios enemigos políticos estaban en su propio partido; pero lo que le resultó insoportable fue el convencimiento de que el rey Juan Carlos le había retirado su apoyo".

Carlos Abella[93] dice también que "…el martes (27 de enero) por la mañana (Suárez) llamó al general Sabino Fernández Campo para confirmarle el despacho con Su Majestad y anunciarle que estaría en la Zarzuela antes del previsto almuerzo con el Rey….porque quería anunciar a Sabino Fernández Campo su decisión de dimitir…

…Terminada la comida, el Rey y el presidente se dirigieron al despacho del monarca situado en el segundo piso del palacio. Y es allí donde Adolfo Suárez le dijo al Rey que se iba, por el bien de España, por el bien de su partido y por el bien de la

---

[92] Obra citada. Página 435.
[93] Obra citada. Páginas 475 a 484.

Corona…y anunció que llevaba meditando su dimisión hacía más de un año y que era irrevocable".

La inesperada dimisión de Suárez precipitó el inicio de la "Operación De Gaulle", que se había previsto para el mes de marzo: "cuando florecen los almendros". El CESID tuvo que acelerar la Operación, que se haría necesaria cuando el teniente coronel de la Guardia Civil Antonio Tejero Molina provocara, con su invasión armada del Congreso de los Diputados, el previo e indispensable Supuesto Anticonstitucional Máximo (SAM). Entonces, al producirse el SAM, tendría lugar, como dice Jesús Palacios[94] "…un golpe de mano provocado por los mismos actores que inmediatamente después ofrecerían una salida a la ilegalidad cometida, con la oferta de formar un gobierno "constitucional", que corrigiese el atropello perpetrado, reconduciendo nuevamente la situación hacia la normalidad democrática".

0000000000

Los sucesos acaecidos el 23-F de 1981 son de sobra conocidos por todos, lo que excusa de detallarlos aquí. Pero el análisis de lo ocurrido el 23-F deja abiertas algunas preguntas: ¿hasta dónde llegaba el protagonismo de los partidos políticos y de sus barones en el golpe?, ¿hubo tramas de ultraderecha implicadas en el 23-F?, ¿Cuáles fueron las consecuencias del fracaso de la Operación De Gaulle?.

En cuanto a la participación del sistema, de la propia clase política, en el autogolpe del 23-F se ha de tener en cuenta que J. Palacios dice que "los diputados, cuya inmensa mayoría ya la habían aceptado (la propuesta de nuevo gobierno) unos meses atrás". O sea, que la mayoría de los diputados secuestrados en el hemiciclo por Tejero conocían y aceptaban la propuesta presentada por el general Armada, tal vez porque Armada había negociado su posible gobierno de coalición con los partidos. Si ello era cierto la operación del 23-F fue, simplemente, una comedia golpista, un autogolpe del sistema para quitar a algunos políticos incómodos o perturbadores como a ciertos ministros de UCD y al propio Adolfo Suárez, elegido democráticamente presidente del Gobierno de España, para sustituirlos por otros pertenecientes a varios partidos, presididos por el general Armada; lo que afianzaría la estabilidad del sistema, aunque fuese por medios tan ilegales como antidemocráticos (golpe de Estado).

Para comprobar que ello fue realmente cierto basta con examinar los nombres de los miembros del proyectado gobierno de Armada y los partidos a que pertenecían, que aparecen en el libro de Joaquín Prieto y José Luís Barbería titulado *El enigma del elefante*. Destaca que en ese gobierno iba a ser vicepresidente para asuntos políticos el secretario general del PSOE, Felipe González.

Del examen de los componentes del proyectado gobierno de Armada se deduce que todos los partidos importantes de ámbito estatal estaban representados, y en el caso del PSOE al máximo nivel, por su secretario general, mientras que no

---

[94] Obra citada. Página 37.

había representantes de los partidos nacionalistas. En puestos clave había también militares y empresarios independientes. Conclusión: las cúpulas de los partidos estatales, excepto la de UCD, de la que solo había barones críticos, conocían la operación 23-F y participaban en ella. Es decir, que la cupulocracia política cooperaba con el CESID y los militares en el golpe, que por ello se podía calificar de autogolpe del sistema, pero no la militancia de base de los partidos, pues ya entonces los partidos estaban dirigidos por oligarquías de magnates o barones. Lo chocante es que, en ese gobierno, los militares iban a convivir con dos notables del Partido Comunista: Ramón Tamames y Jordi Solé Tura.

Todos esos conspiradores tenían un denominador común: el autoritarismo; porque en sus partidos políticos no habían implantado la democracia en su estructura interna ni en su funcionamiento, por lo que solo eran- y siguen siendo- partidos oligárquicos dirigidos por notables o barones que se hacían pasar por demócratas. Si de verdad hubiesen sido demócratas no habrían participado en una operación golpista. La clase política debía asumir su responsabilidad por haber permitido que las cosas hubieran ido demasiado lejos con Suárez, que había llevado al sistema a una crisis institucional gravísima.

Pero Suárez ya había dimitido y el golpe de Tejero el 23-F se dio contra la investidura de Leopoldo Calvo-Sotelo. Para mostrar que eran verdaderos demócratas, a esos notables de UCD les bastaba con no presentar ningún nuevo candidato a presidente de Gobierno y que se convocasen elecciones generales y, si se creía necesario, abrir el proceso para modificar la Constitución. Pero como eran autoritarios y escasamente demócratas prefirieron cooperar en el anticonstitucional golpe del 23-F.

0000000000

Examinemos ahora brevemente cuales fueron las consecuencias del fracaso del autogolpe del 23-F. La primera, que el 25 de febrero se reanudó la sesión de investidura de Leopoldo Calvo Sotelo con una solemne declaración institucional, en la que el candidato de UCD fue elegido presidente del Gobierno por mayoría. Calvo-Sotelo rechazó la formación de un gobierno de coalición y en su gabinete integró a miembros de las distintas familias de su partido.

Otra consecuencia del 23-F es que los políticos implicados en la operación De Gaulle se dedicaron a ocultar o a disimular al máximo su comportamiento, difícilmente calificable de democrático. Los partidos políticos y las centrales sindicales convocaron para el viernes 27 de febrero manifestaciones en toda España en apoyo de la Constitución. Los partidos políticos se autodefinieron como "victimas" del 23-F e hicieron lo posible por desviar la responsabilidad del golpe hacia los militares, mientras que al Rey lo calificaron públicamente de "salvador de la democracia", que es el mismo calificativo que hubiesen aplicado al monarca en el caso de que hubiese triunfado la operación golpista.

Jesús Palacios[95] ha escrito que "tras el fracaso del 23-F, la clase política en general se dedicó a realizar un notable ejercicio de ocultación. El líder de la izquierda socialista, Pablo Castellano, sería testigo de cómo en el PSOE "se hizo el silencio muy rápidamente" cuando circulaban intensos rumores de que miembros de la ejecutiva del partido habían ido mucho más allá de un simple "coqueteo o galanteo con alguno de los marciales ofertantes de soluciones "constitucionales". Castellano lo dejaría escrito así: "Muchos años después, no sé si atando bien cabos o deslindando redes, sigo teniendo la convicción de que, además de la llamada trama civil integrista y de la trama militar golpista, hubo una trama de conspiradores de "salón de sesiones", unos sentados en sus escaños y otros con cara de póquer, mirando a la pared en alguna saleta aledaña".

Desde luego, la inmensa mayoría de los que participamos en la grandiosa manifestación que hubo en Madrid el 27 de febrero "en defensa de la democracia" ignorábamos que tras las pancartas que encabezaban la multitud de manifestantes iban muchos de los políticos conspiradores del 23-F, que eran notables o barones de los partidos "democráticos". La oligarquía política se había echado a la calle liderando al pueblo llano para defender el sistema partitocrático. Si hubiera triunfado la operación golpista del 23-F también ellos –como salvadores de la Patria- habrían encabezado otra distinta manifestación popular en defensa de la democracia. ¡Al fin y al cabo, ellos pretendían conseguir, despóticamente, con el golpe del 23-F lo mejor para el pueblo español, pero sin el pueblo!.

Sin embargo, hay que subrayar que el fracaso del 23-F no fue total, si se tiene en cuenta que tuvo también ciertas consecuencias políticas:

- Todos comprendieron que en España perduraban todavía unos poderes fácticos que tenían, o que se arrogaban, el poder de controlar el sistema político. Un buen ejemplo de ello eran los militares dirigentes del CESID.

- Los nacionalistas tomaron nota de que sus excesivas reivindicaciones exasperaban a muchos españoles y, para que no retrocediesen sus conquistas autonómicas, moderaron un poco sus exigencias, aunque no por mucho tiempo.

- El 23-F aceleró la imparable desintegración de UCD. En efecto, tras el relevo de Suárez por Leopoldo Calvo Sotelo en la presidencia del Gobierno y por Agustín Rodríguez Sahagún como presidente de UCD, en este partido continuaron y se intensificaron las luchas fratricidas internas entre sus barones, apoyados por sus partidarios, en una especie de guerra civil de todos contra todos, con el consiguiente deterioro del partido gobernante que así se iba debilitando cada vez más. Algunos barones de UCD se dieron cuenta de que el 23-F no les había favorecido porque Calvo Sotelo gobernaba sin recompensar prioritariamente a ninguna "familia" o facción política de las integrantes de UCD.

0000000000

---

[95] Obra citada. Páginas 204 y 205.

En el primer semestre de 1982, en la sede del Servicio Geográfico del Ejército se celebró el juicio contra los golpistas del 23-F o, mejor dicho, contra los autores materiales y sus cooperadores, ya que no se emprendió acción alguna contra sus autores intelectuales. Tras la sentencia contra los golpistas del 23-F, la calma volvió a la sociedad civil y, desde entonces, los dirigentes de los partidos políticos dijeron que la normalidad democrática se había restaurado plenamente en España. En realidad lo que se había consolidado era la partitocracia, pues los barones y demás oligarcas de los partidos seguían ejerciendo su dictadura democrática sobre los militantes de sus partidos y, en la medida de lo posible, sobre la sociedad civil, ya que los partidos se habían adjudicado toda la representatividad popular y acapararon todo el poder, pues los controladores militares del CESID fueron silenciados.

En la partitocracia avasalladora que dominaba España se exigía obediencia ciega a las órdenes de la superioridad, especialmente a los cargos y a los representantes de los partidos que habían accedido a sus puestos en listas cerradas y bloqueadas. Desde luego en ningún partido político se cumplía el mandato constitucional de que "en su estructura y funcionamiento deberán ser democráticos".

Los civiles que habíamos participado en la vida pública para sacar a España adelante, pero que no teníamos vocación política, íbamos retornando al ejercicio de nuestras profesiones, desencantados ante la vigente partitocracia. En los partidos solo permanecieron los oligarcas, los que representaban a ciertos intereses o grupos de presión haciendo "lobby", y los que, no teniendo otro trabajo, encontraron un puesto en los "aparatos" de los partidos haciendo de la política su medio de vida.

Además aquellos que, como yo mismo, pertenecíamos a UCD veíamos al partido desintegrarse cada día más por el enfrentamiento suicida de los barones. Por otra parte, una vez encarrilada –más o menos bien- la democracia en España, éramos conscientes de que la prorrogada Transición democrática se había acabado y, por ello, el "punto de encuentro" que era la UCD se había convertido ya en un partido innecesario, por lo que la hora de su extinción estaba próxima.

Por ello, el 18 de junio de 1982 me di de baja en UCD y remití una carta al alcalde de Madrid señor Tierno Galván comunicándole mi abandono de UCD y que, en consecuencia, le presentaba mi dimisión como concejal del ayuntamiento.

Unos días más tarde me hicieron una entrevista en el diario ABC, que apareció en el ejemplar del día 24 de junio, en su página 32, en la que explicaba las razones de mi dimisión como concejal. En mis contestaciones a las preguntas que me hizo el periodista dije, entre otras cosas, lo siguiente:

- "UCD ha perdido su razón de ser. Fue muy útil en el momento de la transición española, pues logró una estabilidad muy necesaria en el país y trajo la democracia. Pero luego ocurrió que esa democracia tan pregonada no la practicó en su propio seno y algunas personas utilizaron el partido como coto de caza particular, a repartir entre unos cuantos líderes".

- "En ciertos casos se debe renunciar a cargos políticos si se quiere ser consecuente. Los consensos vienen de atrás y ellos traducen que los políticos quieren gobernar de espaldas al pueblo. Hay un divorcio entre lo que el pueblo quiere y lo que los partidos le ofrecen. Dentro de los partidos importa mucho más decir amén que servir al pueblo".

- "No volveré a presentarme a ninguna elección en listas cerradas mientras que la Ley electoral no se modifique. Lo importante en este momento es España. Más que el problema de las personas está el problema de la consolidación de la democracia y esta no se consigue con las listas cerradas y bloqueadas. El fallo de nuestra democracia está en la partitocracia. Los partidos no cumplen con el artículo 6 de la Constitución que dice que éstos deben ser democráticos y la Ley Electoral es preconstitucional. En las Administraciones públicas no se encuentran los representantes del pueblo, sino los de los partidos, y en estos hay grupos y camarillas. Los partidos se han convertido en empresas dirigidas por minorías oligárquicas que juegan a la comedia de la democracia".

Entretanto, el abandono de UCD por sus militantes era incesante. El 28 de julio de 1982 Adolfo Suárez comunicó al presidente Landelino Lavilla que dejaba UCD porque iba a fundar su propio partido. Efectivamente el 31 de julio Suárez presentó públicamente el denominado Centro Democrático y Social (C.D.S.). La demolición de UCD era ya imparable.

La situación política estaba cada vez más revuelta. Por fin Calvo Sotelo disolvió las Cortes y convocó elecciones generales para el 28 de octubre.

Pero los sobresaltos golpistas no habían cesado todavía. Carlos Abella[96] nos ha recordado que "el 2 de octubre de 1982, los servicios del CESID descubrieron la trama de un nuevo golpe militar, y se detuvo a tres jefes militares que planeaban bombardear el palacio de la Zarzuela, el de la Moncloa y la sede de la JUJEM. La acción estaba prevista para el 27 de octubre, justo la víspera de las elecciones, y su descubrimiento fue interpretado por los socialistas y por Manuel Fraga como un recurso final al voto del miedo, con efectos ciertamente contraproducentes. El 6 de octubre comenzó la campaña electoral, que tuvo la nota anecdótica de que el procesado Antonio Tejero Molina encabezara la lista de un fantasmal partido, Solidaridad Nacional, después de que la Audiencia Nacional admitiera su derecho a ser candidato, pese a encontrarse en prisión".

==========

---

[96] Obra citada. Página 580.

1) EL FELIPISMO FEDERALISTA.

La partitocracia oligárquica y despilfarradora gobernante de España se generó en la Transición democrática, consolidándose en el último cuarto del siglo XX.

En las elecciones generales del 28 de octubre el PSOE se impuso como vencedor con una mayoría absoluta amplia, obteniendo 202 diputados mientras que UCD se hundió y sacó solo 12 escaños, pues una gran parte de sus votantes recalaron en Alianza Popular, que obtuvo 102 escaños.

Dada la supremacía del PSOE algunos creyeron que los socialistas, que gobernaban con mayoría absoluta, refundarían la democracia; pero el partido gobernante no solo mantuvo invariable el sistema político acordado en la Transición sino que politizó el poder judicial e intervino en la sociedad civil para desarmarla. Si los socialistas hubieran preferido la ruptura total con el régimen franquista anterior, hubieran podido llevarla a cabo, democráticamente, con su mayoría absoluta en el Congreso de los Diputados.

En cuanto al desarrollo de las Autonomías, del "café para todos" de Suarez se pasó, con el federalismo del PSOE, a la "barra libre", concediéndose a las comunidades autónomas todas las transferencias de competencias que demandaban en unas reformas estatutarias cada vez más reivindicativas, porque nacionalistas y no nacionalistas creían que a mayores competencias transferidas tendrían más poder territorial.

Desde 1982 la supremacía del PSOE sobre la derecha se mantuvo durante varias legislaturas. En todos esos años el sistema político español permaneció invariable y se consolidó como una partitocracia corrupta. Además, cuando en alguna elección general el PSOE no obtuvo mayoría absoluta de diputados se vio obligada a gobernar negociando compensaciones a los partidos nacionalistas para conseguir su apoyo; pero éstos, insaciables, reclamaron continuamente más y más competencias y recursos. Por supuesto, la Ley Electoral favorecedora de los nacionalistas y perjudicial para los partidos estatales no mayoritarios solo se modificó levemente en 1985, por lo que formalizó la consolidación de las desigualdades que tenía la preconstitucional ley de 1977 sobre normas electorales y mantuvo el sistema de listas cerradas y bloqueadas que han permitido a los partidos dominantes secuestrar y tutelar nuestra democracia, convirtiéndola en una partitocracia oligárquica y avasalladora. Los militantes de base cada vez cuentan menos en los partidos.

A la sociedad civil se la marginó del poder y de la toma de decisiones, pues miembros de los partidos políticos invadieron las asociaciones y las politizaron, poniéndolas a su servicio.

El PSOE, a pesar de tener mayorías absolutas de diputados en varias legislaturas, no supo hacer de España un Estado democrático y modélico, ni siquiera tras la integración de España en la Comunidad Económica Europea. ¡Se perdió entonces una gran ocasión histórica!. Finalmente, en el felipismo triunfante se consolidó una partitocracia caciquil avasalladora y corrupta.

A continuación repasamos brevemente algunos de sus principales hitos:

A) LA POLITIZACIÓN DEL PODER JUDICIAL.

Para que exista una verdadera democracia es indispensable que la Justicia, el Poder Judicial, sea independiente. Pero ¿cuál es la situación de la Justicia en España?.

Ana Samboal[97] la ha descrito certeramente así: "La generosa y altruista vocación de consenso y búsqueda del bien común que presidió la alabada en el mundo entero transición de la dictadura a la democracia en España se ha esfumado, pero permanecen las bases de la arquitectura institucional que emanó de ese momento histórico. Es una compleja maraña que se ha revelado ya lo suficientemente débil y vulnerable como para, una vez acceden al poder, verse colonizada y utilizada con fines particulares por los partidos políticos que, a medida que avanza el tiempo, se afianzan y erigen como verdadero epicentro del sistema. Se extienden derribando con más o menos disimulo todos los obstáculos que encuentran a su paso, como una gran mancha de aceite, con una voracidad sin límites.

Por si el presupuesto, el manejo del dinero público, y el Boletín Oficial del Estado, la potestad de dictar las normas por las que se rige el país, no fueran suficientes, controlan, además del poder legislativo y el ejecutivo, la fiscalía y el Consejo General del Poder Judicial, el órgano de gobierno de los jueces. El reparto entre los distintos grupos parlamentarios de los puestos en el seno del CGPJ en el año 2008, que públicamente anunciaron Partido Socialista y Partido Popular, fue un espectáculo bochornoso…

…El ochenta y siete por ciento de los abogados estima que los Gobiernos, sean del signo que sean, muestran más interés en tratar de controlar la Justicia o en influir sobre ella que en emprender mejoras que la hagan plenamente eficiente. Un porcentaje similar cree que el Consejo General del Poder Judicial se ha convertido en un órgano tan politizado que difícilmente podrá gestionar de forma imparcial el funcionamiento de esta Administración. Es evidente que a los que toman las decisiones no les interesa dotar a la Justicia, la última garante de nuestras libertades y derechos, de la democracia, en definitiva, de un amplio poder e independencia que pueda llegar a frenar con celeridad sus desmanes e intromisiones, que pueda llegar a convertirse, como sería deseable, en un real y efectivo contrapeso".

Por su parte, en agosto de 2008 Rosa Díez[98] dijo que "no nos cansaremos de denunciar la anomalía que sufre nuestro país: en España no se respeta la separación de poderes entre el judicial y el político. Y lo que es aún más grave, las dos grandes fuerzas políticas, la que gobierna y la que, hoy por hoy, está llamada a asumir la alternancia –que no es lo mismo que la alternativa- acaban de firmar un acuerdo que han llamado "pacto por la justicia" en el que lo único que les ha preocupado ha sido repartirse el poder en el Consejo General del Poder Judicial y en el Tribunal Constitucional.

---

[97] Obra citada. Páginas 242, 243, 246 y 247.
[98] Obra citada. Página 155.

La salud de un país democrático está directamente relacionada con la garantía de la separación de poderes. No hace falta teorizarlo: es de primero de EGB de democracia. La separación de poderes es tan consustancial al sistema democrático como el sufragio universal, o más si cabe, porque el sufragio universal solo será el instrumento de una verdadera democracia en la medida en la que la separación de poderes esté garantizada".

Por ello, el mayor atentado contra la democracia española no tuvo lugar el 23-F, porque fue otro que se llevó a cabo, ¿democráticamente?, cuando el Parlamento aprobó la Ley Orgánica 6/1985, de 1 de julio, del Poder Judicial. Al tratarse de una ley orgánica tuvo que ser aprobada por mayoría cualificada, lo que hacía necesario que, como mínimo, también el mayor partido de la oposición votara favorablemente el proyecto de ley aprobado previamente por el Gobierno. La Ley del Poder Judicial salió adelante con el voto favorable de los principales partidos, pues a la partitocracia española le interesaba politizar la Justicia, aunque se resintiera la división de poderes en nuestro Estado de Derecho. En ella se estableció que los miembros del Consejo General del Poder Judicial, el órgano de gobierno de los jueces, serían elegidos por el Congreso y por el Senado; lo que exige un consenso entre los partidos mayoritarios.

Si se tiene en cuenta, además, que en el artículo 159.1 de la Constitución de 1978 se establece que "el Tribunal Constitucional se compone de 12 miembros nombrados por el Rey; de ellos, cuatro a propuesta del Congreso por mayoría de tres quintos de sus miembros; cuatro a propuesta del Senado, con idéntica mayoría; y dos a propuesta del Consejo General del Poder Judicial", resulta que los miembros del Tribunal Constitucional, lo mismo que los miembros del Consejo General del Poder Judicial son elegidos por los diputados y senadores, es decir, por el Poder Legislativo; o sea, en último término por los partidos mayoritarios que, de esta forma, han invadido los órganos supremos de la Justicia en España, politizando el Poder Judicial. Además, los medios para el ejercicio de la justicia han de ser facilitados por el Ministerio de Justicia y, en su caso, por las Comunidades Autónomas. El Poder Judicial en España depende del Poder Legislativo y del Poder Ejecutivo tanto en su estructura como en su funcionamiento; o sea, en último término depende de los partidos políticos, que han intervenido y politizado la Justicia en su propio beneficio, degradando la democracia. Los tres Poderes integrantes del Estado dependen de la partitocracia avasalladora, y no solamente del partido gobernante.

Para comprobar la manera y el alcance de la dependencia del Poder Judicial es necesario tener en cuenta lo expresado en el Capítulo II de la Ley Orgánica 6/1985, de 1 de julio, del Poder Judicial, que trata de la composición del Consejo General del Poder Judicial y de la designación y sustitución de sus miembros, sobre todo en los artículos 111, 112, 113 y 114.

B) LA FINANCIACIÓN IRREGULAR DE LOS PARTIDOS.

Los partidos políticos se financian en España por un sistema mixto; o sea, tanto con recursos públicos como privados. La primera regulación de la financiación de los partidos se hizo por la Ley Orgánica 3/87 que ha sido sustituida por la vigente Ley Orgánica 8/2007, de 4 de julio.

Por el sistema mixto de financiación, los partidos políticos obtienen recursos por una parte de las aportaciones de la ciudadanía, y por otra de la Hacienda pública en proporción a su representatividad (escaños obtenidos) como medio de garantía del sistema, pero también de su suficiencia. Las aportaciones privadas han de proceder de personas físicas o jurídicas que no contraten con las administraciones públicas, ser públicas y no exceder de límites razonables y realistas.

La vigente Ley Orgánica de 4 de julio de 2007 trató de abordar de forma realista la financiación de los partidos políticos a fin de que tanto el Estado, a través de subvenciones públicas, como los particulares, sean militantes, adheridos o simpatizantes, contribuyan a su mantenimiento como instrumento básico de formación de la voluntad popular y de representación política, posibilitando los máximos niveles de transparencia y publicidad y regulando mecanismos de control que impiden la desviación de sus funciones.

Existen límites legales a las donaciones privadas, pues los partidos no pueden aceptar donaciones anónimas o donaciones procedentes de una misma persona física o jurídica superiores a cien mil euros anuales.

Tanto la financiación pública como la privada presentan ventajas e inconvenientes. En opinión de Antonio Argandoña[99] *"las soluciones mixtas, de financiación pública y privada*, pueden superar algunos...inconvenientes, pero es probable que presenten, en mayor o menor medida, los de una y otra alternativa. Y ambas pueden acabar generando *incentivos para la búsqueda de fondos por procedimientos ilegales e inmorales,* creando un *ambiente de corrupción en los partidos,* fomentando la *búsqueda de rentas* (por parte de los candidatos, los dirigentes del partido, sus empleados o intermediarios surgidos alrededor de la oportunidad de enriquecimiento fácil), erosionando su *reputación,* creando también un *ambiente de corrupción en los donantes* (con procesos similares de búsqueda de rentas, aparición de intermediarios, etc.) y, en definitiva *perjudicando a la democracia* y sus valores".

En la financiación privada puede hacerse uso de medios ilegales e inmorales (extorsión). Según A. Argandoña[100] "son ejemplos de actuaciones de este tipo la exigencia de "comisiones" por la adjudicación de contratos, obras, servicios y suministros públicos, o por la recalificación de terrenos, etc., o la simple promesa de un trato de favor para los donantes (o la amenaza de un trato contrario para los que se nieguen a colaborar en la financiación del partido o candidato)".

---

[99] "La Financiación de los partidos políticos y la corrupción en las empresas". Antonio Argandoña. Papeles de Ética, Economía y dirección, nº 6. 2001. Página 11.
[100] Obra citada. Página 9.

Carlos Abella[101] se ha referido al "escándalo de las denuncias de soborno del concejal del Ayuntamiento de Madrid Alonso Puerta, que acusaba a varios cargos municipales socialistas de cobro de comisiones. Casi en silencio se produjo la suspensión de militancia en el PSOE de Alonso Puerta, acaecida el 26 de septiembre de 1981, y la posterior dimisión de tres concejales socialistas por solidaridad con el denunciante, producidas el 8 de octubre. En vano pidió UCD en el ayuntamiento de Madrid la dimisión del alcalde Enrique Tierno Galván.

Los ciudadanos no atisbaron que junto a un PSOE moderado y un Felipe González hombre de Estado, con el socialismo se incubaba la corrupción como fórmula de adulteración de las relaciones entre los administrados y los administradores y de enriquecimiento personal de muchos cuadros del PSOE".

Estas graves afirmaciones de Carlos Abella responden a la realidad, pero deben ser matizadas para que sean totalmente exactas. Yo puedo precisarlas, porque fui testigo personal de las denuncias que hizo el concejal Alonso Puerta, secretario general del PSOE de Madrid, sobre soborno por cobro de comisiones. Entonces yo era concejal por UCD del ayuntamiento de Madrid y fui miembro de la Comisión de Investigación que fue creada por el pleno de la Corporación municipal para esclarecer los hechos relativos a esa denuncia de corrupción por cobro de comisiones.

En el caso a que me refiero, las comisiones fueron presuntamente pagadas por la empresa concesionaria de la recogida de basuras en Madrid; pero aunque las comisiones pudieron ser entregadas físicamente a ciertos concejales del PSOE, su destino final parece que era la financiación de su partido político, no para el lucro personal de los concejales receptores. De esta forma se inició la financiación ilegal del PSOE en la ciudad de Madrid. Entonces se desacreditó el eslogan electoral del PSOE que presumía de haber tenido "¡cien años de honradez!", pues los graciosos le añadían "…y dos en los ayuntamientos".

La denuncia de soborno por cobro ilegal de comisiones la realizó Alonso Puerta, que era nada menos que secretario general del PSOE en Madrid, por honorabilidad y por discrepancia con la dirección ejecutiva del PSOE que, al parecer, había puesto en marcha ese procedimiento ilícito de financiación del partido, a pesar de la oposición de muchos altos cargos socialistas. Consecuencia de la denuncia de A. Puerta fue que los órganos disciplinarios de su partido acordaran su suspensión de militancia, lo que conllevaba el cese como secretario general del PSOE en Madrid. ¡Así de democráticamente actuaban ya entonces las cúpulas de los partidos con los discrepantes con las órdenes, fuesen o no legales!.

Otros concejales socialistas del ayuntamiento de Madrid, a diferencia de A. Puerta, acataron aparentemente -más o menos gustosamente- la instrucción que se les imponía sobre cómo allegar fondos para financiar el PSOE. Entre ellos, José Barrionuevo, quien posteriormente llegaría a ser ministro de Interior y responsable de los GAL, procesado y condenado a 10 años de prisión, y Joaquín Leguina quien, a partir de ese momento, se convirtió en el jefe del grupo socialista en el Ayuntamiento

---

[101] "Adolfo Suárez". Carlos Abella. Ediciones folio para ABC. 2005. Página 565.

(el alcalde Tierno Galván se limitaba a "dejar hacer") y pronto accedió al puesto vacante de secretario general del PSOE en Madrid. Posteriormente, al crearse la Comunidad Autónoma de Madrid, Leguina fue designado por su partido presidente de la Autonomía.

La cúpula del PSOE castigó duramente a Alonso Puerta y premió a otros concejales su dócil obediencia, que era muy meritoria porque se trataba de un asunto inconfesable. ¡Los caciques políticos siempre someten o destruyen a sus adversarios!. De allí en adelante todos los socialistas tomaron nota de que ¡"el que se mueva, no sale en la foto"!. Y la corrupta financiación del PSOE (y de otros partidos) mediante el cobro de comisiones por concesión de obras, servicios o licencias se fue generalizando.

0000000000

Hace unos años, EXPANSIÓN celebró su vigésimo aniversario elaborando veinte artículos sobre los veinte días que conmovieron España. Uno de esos artículos se refería a la financiación irregular del PSOE, especialmente al caso Filesa. Su autor fue L. Ramírez. A continuación voy a reproducir, literalmente, la mayor parte de ese artículo que se titula *Estalla el "caso Filesa"*. Dice así:

"A finales de mayo de 1991 reventó uno de los mayores escándalos de la historia política española. Varios bancos y empresas pagaron ciento de millones de pesetas a pequeñas sociedades, relacionadas con la financiación del PSOE, a cuenta de unos estudios que jamás se realizaron.

El PSOE se vio afectado por uno de los escándalos financieros más sonados de la historia política nacional: el "caso Filesa". La noticia saltó el 29 de mayo de 1991, cuando varios medios de comunicación acusaron al PSOE de financiación irregular a través de las empresas Filesa, Malesa y Time Export.

Entre 1988 y 1990, estas sociedades cobraron cientos de millones de pesetas, en concepto de estudios de asesoramiento, a destacados bancos y empresas, informes que nunca llegaron a realizarse. Estos fondos fueron empleados, supuestamente, para financiar el coste del referéndum de la OTAN en 1996, y en la campaña electoral del PSOE en 1989.

Entre las personas implicadas en estas operaciones ilegales de obtención de fondos se encontraban el senador socialista y diputado autonómico, Josep María Sala, el diputado del PSOE por Barcelona, Carlos Navarro, y el responsable de finanzas del partido, Guillermo Galeote.

Además, fueron procesados los gestores de Filesa, Luís Oliveró y Alberto Flores, los empresarios Eugenio Marín y Francisco Molina, así como la secretaria de Finanzas del PSOE, Aida Álvarez y su marido, Miguel Molledo.

Los principales partidos políticos no pusieron el grito en el cielo por la oscuridad que siempre ha caracterizado a la búsqueda de fondos para financiar campañas electorales, circunstancia que ha provocado promesas de los políticos, cuyo cumplimiento ha sido nulo en la historia de España.

El caso llegó al Tribunal Supremo, que dictó sentencia el 28 de octubre de 1997. Ocho personas fueron condenadas por esta trama, que servía como una tapadera para ingresar dinero en las arcas del PSC y, por ende, en las cuentas del PSOE.

En el juicio tuvieron que prestar declaración el ex presidente del Gobierno Felipe González y el ex vicepresidente Alfonso Guerra.

El senador socialista Josep María Sala fue condenado, por asociación ilícita y falsedad en documento mercantil, a una pena de tres años de prisión, así como a una multa de 350.000 pesetas. Tras permanecer 25 días en la cárcel barcelonesa de Can Brians, Sala fue puesto en libertad provisional mientras se tramitaba el recurso de amparo presentado contra la sentencia.

Finalmente, se anuló la condena por falsedad en documento mercantil, y la pena total se situó en dos años de prisión. En septiembre de 2004, Sala regresó a la dirección del PSC.

Por su parte, al diputado Carlos Navarro y a los responsables de Filesa, Luís Oliveró y Alberto Flores, el supremo les condenó a pena de 11 años de prisión cada uno, aunque no llegaron a cumplirlas de forma íntegra, ya que obtuvieron en diciembre del año 2000 un indulto parcial, concedido por el Ejecutivo de José María Aznar, de tal forma que se redujeron a la mitad las condenas que hoy ya están extinguidas. En aquel momento, los tres disfrutaban del tercer grado penitenciario.

Aquel indulto se extendió a un total de 1.443 condenados y fue el de mayor peso político concedido por un Gobierno desde la Transición. El resto de procesados en el "caso Filesa" pagaron multas y cumplieron penas menores".

Hasta aquí el preciso relato de hechos que hace objetivamente L. Ramírez sobre uno de los mayores escándalos de la historia política española, que pone de relieve el comportamiento de la partitocracia. Se me ocurren dos comentarios sobre ellos: el primero se refiere a la benevolencia que se observa en la sociedad civil cuando se trata de juzgar hechos delictivos por corrupciones de los partidos políticos en su propio beneficio; el segundo, es el de subrayar cómo se ayudan unos partidos a otros, sobre todo los mayoritarios, cuando se trata de tapar sus propias corrupciones, llegando incluso a indultar a los actores de esas corrupciones, como hizo el presidente Aznar con los corruptos del PSOE por el "caso Filesa" en el año 2000. ¡Resulta enternecedor comprobar cómo el gobierno del PP fue comprensivo con las corrupciones del adversario PSOE por financiación irregular, e indultó generosamente a los corruptos!. ¿Será tal vez que "favor con favor se paga" en la partitocracia española?. Veamos, veamos…

El catedrático Leopoldo Gonzalo y González[102] ha escrito que "a todos nos suenan los nombres de Flick, Filesa, Naseiro, Malaya, Pretoria, Gürtel, Palma Arena, Palau y las acusaciones recíprocas entre CiU y PSC en el Parlamento de Cataluña, acerca de su financiación irregular a costa de los contratistas de obras y servicios

---

[102] Obra citada. Páginas 230 y 231.

públicos, es decir, de los contribuyentes, en última instancia. El profesor Gaspar Ariño ha puesto de manifiesto recientemente las consecuencias económicas y financieras de nuestro actual sistema de partidos, con arreglo al cual "el gasto se dispara…imparable…Los partidos se convierten en máquinas políticas y electorales, más que en representantes del pueblo. Las campañas [electorales] son gigantescas operaciones publicitarias, en las que los gastos alcanzan cifras enormes, como cualquier gran operación comercial. El partido es el producto que hay que vender (más que los programas y las ideas)…Hoy contemplamos una militancia [la de los partidos] mercantilizada, en busca de un sueldo o una retribución en especie (la "carrera política"). El trabajo voluntario se ha sustituido por la contratación de empleados y el uso masivo de publicidad". En definitiva, una nueva legión de liberados que, como los sindicales, se despliegan a lo largo y a lo ancho del territorio (4.000 sedes locales parece que posee el PSOE y otras tantas el PP, a las que habría que agregar las propias de los demás partidos que integran nuestro exuberante panorama partitocrático en los planos nacional y territorial). Y con ser esto grave desde el punto de vista económico, lo es aún más si lo consideramos desde el de sus efectos sobre la calidad de nuestro sistema político, pues, como señala el profesor Jiménez de Parga, con "partidos de empleados" el régimen democrático no funciona.

…Los 28 casos de corrupción respecto de los cuales había ya sentencia judicial firme a finales de 2009 suponían 4.158 millones de euros en forma de comisiones, sobreprecios, etc. Suma nada despreciable si tenemos en cuenta que el presupuesto de Barcelona, por ejemplo, asciende a 2.400 millones, o si reparamos en que el presupuesto bianual de la ONU importa 3.700 millones de euros. A este fenómeno no es insensible la opinión pública, desde luego. Una encuesta de Sigma Dos realizada en 2009, con motivo del XXX aniversario de la Constitución de 1978, muestra la siguiente secuencia del índice de sentimiento de corrupción expresado en puntos: periodo de gobierno de UCD, 1,6 puntos; primer periodo de gobierno del PSOE, 23,9 puntos; periodo correspondiente a las dos legislaturas del PP, 14,5; y periodo de gobierno del PSOE, a partir de 2004, 27,3 puntos. La tendencia creciente del índice, así como la flexión del mismo operada con respecto al periodo 1996-2004, son patentes".

C) EL GAL: TERRORISMO DE ESTADO.

Entre 1983 y 1987 los Grupos Antiterroristas de Liberación (GAL) cometieron 27 asesinatos. Los GAL fueron agrupaciones armadas parapoliciales que practicaron terrorismo de Estado mediante "guerra sucia" contra ETA y su entorno. Los GAL fueron financiadas por altos cargos del Ministerio del Interior. Sus crímenes tuvieron como víctimas a dirigentes y miembros de ETA, a gente del entorno de esa banda terrorista y también a varias personas que no tenían ninguna relación con esa banda y su entorno. Entre estos últimos destaca el secuestro del ciudadano francés Segundo Marey.

La investigación periodística sobre los GAL se inició en 1987. Las más importantes investigaciones fueron realizadas en 1989 y 1990 por el diario El Mundo. En enero de 1988 la Sala de lo Penal de la Audiencia Nacional encontró indicios delictivos en la actuación del subcomisario José Amedo, quien había sido implicado en los asesinatos del GAL en un juicio celebrado en Lisboa por unos mercenarios portugueses que aseguraban haber sido contratados por el subcomisario para atentar contra etarras en el sur de Francia. El juez de la Audiencia Nacional Baltasar Garzón se hizo cargo de las investigaciones, quien en julio de 1993 reabrió el expediente sobre el secuestro de Segundo Marey para evitar que prescribiera, e indagó en los escándalos sobre el desvío de fondos reservados.

En 1995 Damborenea, uno de los socialistas condenados, acusó a Felipe González de autorizar los GAL. El dirigente de los GAL José Amedo apuntó que José María Benegas fue quien le pagó 35 millones de pesetas para cambiar su declaración sobre los GAL, como anticipo de los 600 millones que habría pactado pagarle el Partido socialista. El diario El Mundo tiene en su poder las grabaciones de Amedo pactando con un intermediario.

Tras las investigaciones judiciales pertinentes y los correspondiente procesos fueron condenados a prisión cinco dirigentes socialistas por terrorismo de Estado: José Barrionuevo, ministro de Interior con Felipe González; Rafael Vera, secretario de Estado para la Seguridad; Ricardo García-Damborenea, secretario general del PSE-PSOE en Vizcaya; Julián Sancristóbal, gobernador civil de Vizcaya y director general de Seguridad del Estado; así como Julen Elgorriaga, gobernador civil de Guipúzcoa. De los 32 atentados de los GAL, 22 siguen sin estar aclarados judicialmente.

El PSOE ni siquiera pidió perdón por los GAL. Para ese Partido el fin justificaba los medios. El portavoz del gobierno socialista de González durante los GAL fue Alfredo Pérez Rubalcaba. Las especulaciones sobre el conocimiento y la participación del Gobierno de Felipe González en las actuaciones ilegales de los GAL fueron determinantes para que el PSOE fuese derrotado en 1996. El escándalo de los GAL está cerrado, pero subsisten muchas lagunas sin esclarecer.

D) <u>LA INTERVENCIÓN JUDICIAL DE BANESTO: ¿UNA OPERACIÓN POLÍTICA CONTRA MARIO CONDE?</u>.

Cuando el triunfador Mario Conde era un modelo para empresarios y para profesionales ambiciosos y se encontraba ya en lo más alto de la sociedad española siendo presidente de Banesto, entonces uno de los mejores Bancos españoles, se especuló insistentemente sobre su aterrizaje "desde arriba" a la arena política. Algunos, incluso, lo "veían" en el Palacio de la Moncloa, como sucesor de Felipe

González: se trataba de ignorantes que desconocían la cerrazón del sistema político español y cómo ejercen el poder los líderes de la casta política. Tales ingenuos comprobarían pronto lo que significa "¡más dura será la caída!".

Cuando Mario Conde fue presidente de Banesto, en España predominaba la "cultura del pelotazo", una especie de "fiebre del oro", que se asentaba en la especulación y en la corrupción.

Para recordar aquí, en forma resumida, las aventuras y desventuras de Mario Conde en el sistema de la partitocracia avasalladora voy a reproducir párrafos enteros entresacados de dos relatos certeros y esclarecedores que, sobre el tema, ha hecho L. Ramírez en EXPANSIÓN, en la colección de artículos titulada "Los 20 días que conmovieron España", que vio la luz con motivo del vigésimo aniversario de EXPANSIÓN. Los artículos de L. Ramírez se denominan "Banco de España interviene Banesto" y "El principio del fin de Mario Conde".

Dice L. Ramírez que "En octubre de 1987, Conde entró en Banesto y satisfizo su ambición con un puesto de vicepresidente ejecutivo. Logró finalmente ocupar el sillón del presidente en un momento difícil para la entidad: tras el lanzamiento de una OPA del Banco de Bilbao, sustituye a López de Letona.

En aquellos momentos, el banco tenía un desfase contable de 100.000 millones de pesetas. Nadie pensaba que su gestión concluiría con un agujero patrimonial seis veces mayor.

En 1989, los cerca de 300.000 accionistas de Banesto obtuvieron dividendos. En esta época su popularidad alcanzó cotas inimaginables y obtuvo todo tipo de reconocimientos, como el de la Universidad Complutense de Madrid que le nombró doctor *honoris causa*.

A pesar del reconocimiento público, el banquero provocaba desconfianza entre los responsables financieros, a los que asustaban sus efectistas resultados. Elaborar un entramado apoyado en una tela de araña de sociedades interpuestas le sirvió para desarrollar un sistema de operaciones que generó abundantes beneficios.

El "caso Argentia Trust" se gestó en 1990, cuando el banquero ordenó a su director general, Javier Abad, el pago de 600 millones de pesetas, con dinero de la sociedad instrumental Banesto Industrial Investment (BII), a la sociedad Argentia Trust por supuestos trabajos de carácter jurídico, financiero y de márketing, con objeto de estudiar la salida a bolsa de la Corporación Industrial y Financiera Banesto.

Días más tarde, Abad recibió una factura de la citada compañía, y un número de cuenta, el 225, que pertenecía al European Banking Corp. de Zurich (Suiza). Los 600 millones, en lugar de aplicarse al abono de dividendos en Banesto, entidad matriz, fueron utilizados para los pagos de la corporación, ordenados por Conde.

Los problemas surgieron en 1993, cuando ya se hablaba en los mentideros económicos de la mala situación patrimonial de la entidad financiera. El 28 de diciembre, día de los Santos Inocentes, el Banco de España intervino Banesto y le destituyó como presidente.

En abril de 1994, Conde aseguró haber pagado a dirigentes socialistas comisiones en concepto de "tráfico de influencias", disfrazadas bajo el supuesto asesoramiento sobre la salida a bolsa de la Corporación Industrial del banco. El caso

Argentia Trust sale a la luz. A partir de entonces se enfrenta a dos procesos judiciales con su ingreso en la cárcel de Alcalá Meco.

El 20 de diciembre de 1997, el banquero Mario Conde fue condenado por la Audiencia Nacional a seis años de cárcel, por delitos de apropiación indebida y falsedad en documento mercantil, en el sumario del "caso Argentia Trust".

El vicepresidente de Banesto en aquellos tiempos, Arturo Romaní, reconoció que el objetivo del pago de los 600 millones era "crear un clima político favorable" a la Corporación Banesto.

Conde implicó a dirigentes socialistas en su declaración ante el juez Miguel Moreiras. Posteriormente, afirmó que el dinero sirvió para el "tráfico de influencias". Moreiras llamó a declarar al entonces "número tres" del PSOE, José María Benegas. El dirigente socialista negó que su partido hubiera cobrado dinero de Banesto ni de Argentia Trust.

Más tarde, cuando su imagen estaba ya tocada y hundida por los casos judiciales Banesto y Argentia Trust, el banquero y abogado no quiso renunciar a una nueva profesión que sumar a su carrera.

Se apuntó a las filas del Centro Democrático y Social (CDS) y, el 3 de octubre de 1999, se convirtió oficialmente en candidato de UC-CDS a la Presidencia del Gobierno, en las elecciones generales del año 2000, al recibir el apoyo del 81 % de los compromisarios asistentes a la Asamblea Nacional del partido, tras una larga reunión donde encontró escasa oposición.

Esta candidatura fue interpretada como una maniobra para eludir la acción de la Justicia, ya que obtendría la condición de aforado si era elegido. Sin embargo, Conde quiso justificar su presencia en las listas del CDS con el argumento de que iba a impulsar la "defensa de la sociedad civil", Tras una campaña sin resonancia, con cancelaciones de actos por falta de público, el CDS consiguió el 0,1 % de los votos, con lo que se quedó muy lejos de lograr el escaño.

Tras varios años de juicios y recursos, en julio de 2002, el Tribunal Supremo condenó por apropiación indebida, estafa y falsedad documental al ex presidente de Banesto, Mario Conde, a veinte años de cárcel, mientras que el vicepresidente, Arturo Romaní, fue condenado a trece años y ocho meses de prisión".

Termina aquí la narración de hechos que escribe L. Ramírez. Tras esta historia de la ambición de Conde cabe preguntarse: ¿fue justa la intervención de Banesto?, ¿se hizo para proteger a la Entidad y a los intereses de los accionistas?; o más bien ¿se hizo para derribar a Mario Conde y neutralizar su incipiente carrera política?. Antes de encontrar respuestas a estos interrogantes, creo que es conveniente ampliar la información disponible con los siguientes datos:

Como ha puesto de manifiesto Carlos Abella[103], el panorama político de 1982 en adelante (hasta 1996) se caracterizó por "...una larga estabilidad parlamentaria, un fuerte Gobierno de centro-izquierda y una voluntad de aprovechar el tiempo en el poder para realizar importantes transformaciones en la sociedad española. Ventajas e inconvenientes de las mayorías absolutas. El PSOE vio con tranquilidad su panorama

---

[103] Obra citada. Página 583.

a izquierda y derecha, cuyos respectivos techos se mantendrían muchos años y que sólo se alterarían por los errores del gobierno socialista y por el hartazgo popular de lo que los medios de comunicación bautizaron como el "felipismo": corrupción, prepotencia, escándalos financieros, abuso de poder de altos cargos y el GAL."

Finalmente el sistema político español se cerró y se ha hecho impermeable para la sociedad civil y para los ciudadanos, a los que debería representar. Cuando un miembro destacado de la sociedad tiene aspiraciones políticas debe someterse a los aparatos de los partidos pues, si no sigue este cauce partitocrático será acosado y, si fuera preciso, aniquilado socialmente. El caso paradigmático de esta práctica fue el de Mario Conde, ex presidente de Banesto y brillante líder social que tuvo el atrevimiento de ofrecer a Adolfo Suárez, ya "amortizado" y "domesticado" por la partitocracia triunfante, su colaboración económica e institucional desde Banesto para liderar una operación política, que no era bien vista por los dos grandes partidos. Efectivamente, como ha relatado Carlos Abella[104], "en los últimos años de la década de los ochenta, Mario Conde le brindó su colaboración institucional desde Banesto y le instó repetidas veces a liderar una opción política con su respaldo. Adolfo Suárez se limitó a aconsejar al banquero y aceptar una renta por el alquiler de sus oficinas en (la calle) Antonio Maura a la Fundación Banesto. Cuando años después su nombre se vio envuelto en alguna operación dudosa de Banesto, no dudó en acudir a la Audiencia Nacional para declarar ante el juez no haber recibido las cantidades que se le atribuían".

La izquierda y la derecha, con Felipe González y José María Aznar al frente, se abalanzaron a neutralizar al osado banquero y, con el valioso concurso del Banco de España y de la Justicia, acabaron interviniendo Banesto, para privarlo de su poderío económico; sin parar de acosarlo hasta verlo encarcelado y aniquilado socialmente. ¡¡El sistema político español no admite "forasteros"!!.

Sin embargo, actualmente, cuando algunas entidades financieras españolas han estado en quiebra técnica ¿se ha procedido a intervenirlas y a exigir responsabilidades a sus directivos?. Invito a cada uno de los lectores a que reflexione sobre todo ello, porque estoy seguro de que su buen criterio le dirá, seguramente, si la intervención de Banesto y el acoso y derribo a Mario Conde fue o no una operación política. Por supuesto, yo tengo mi propia contestación, que creo que coincide con la suya, querido lector.

---

[104] Obra citada. Página 608.

2) EL AUTONOMISTA AZNAR.

Obviamente, la partitocracia no admitía, ni admite, intrusos en el sistema político. En cambio, con los que sí se llevó bien el sistema partitocrático español fue con aquellos que, como demostró Jesús Palacios, fueron los autores intelectuales de la operación-golpe del 23-F: el teniente general Javier Calderón y su ayudante José Luis Cortina. En efecto, como ha escrito el mismo J. Palacios[105], después del 23-F "Cortina pudo continuar su carrera militar. Incluso pudo ascender a general cuando su promoción de la academia general llegó a estar clasificada para el ascenso a general. Por entonces, estaba al frente del mando de personal del ejército el teniente general Calderón, quien le puso encabezando la lista. No ascendería porque el ministro Narcís Serra tachó su nombre de su propia mano. Luego, en 1991, Cortina optó por pasar a la reserva ante el escándalo que se desató al ser acusado de haber filtrado diferentes informaciones a medios de comunicación. Pero Cortina seguiría trabajando en el campo de la inteligencia, especialmente durante las dos legislaturas de Aznar.

Precisamente tras ganar las elecciones el Partido Popular en 1996, Aznar tenía previsto que su ministro de Defensa fuera Rafael Arias Salgado, pero a instancias del rey tuvo que quitarlo de la lista y ofrecer la cartera a Eduardo Serra. Quizá fuera una consecuencia de los efectos colaterales del 23-F, o más probablemente un pacto consensuado entre Felipe González y el monarca. Una garantía de que el asunto del terrorismo de Estado de los GAL (Grupos antiterroristas de Liberación) no se desvelaría. Pero, sin duda, el hecho más sorprendente sería el nombramiento del general Javier Calderón como director general del servicio de inteligencia. Y de José Luís Cortina como asesor de Presidencia. Con Calderón retornaría al CESID el espectro del 23-F. El nuevo gobierno volvía a poner la seguridad nacional en manos de quienes durante 1980 y 1981 planearon, coordinaron, activaron y ejecutaron la operación especial 23-F".

Durante los gobiernos de Aznar que comenzaron en 1996 y 2000 se intensificó la partitocracia, que ya estaba asentada firmemente en España. También se ampliaron las competencias de las comunidades autónomas, sobre todo en el cuatrienio 1996-2000, pues al no disponer el PP de la mayoría absoluta de diputados en el Parlamento tuvo que negociar con los nacionalistas catalanes o vascos, y acabó transfiriéndoles completamente las competencias de Sanidad y de Educación a sus Autonomías, con el perverso resultado disgregador de España que era previsible; aunque tal vez lo hizo con la buena, pero ingenua, intención de cerrar el proceso autonómico, colmando así las reivindicaciones nacionalistas; lo que no pudo conseguir dado que el nacionalismo es insaciable y, por mucho que se le dé, siempre pide más y más.

Ese proceso fue debilitando al Estado central y robusteciendo a las comunidades autónomas; sobre todo a aquellas en las que gobernaban unos nacionalistas que, en los últimos años, habían mostrado ya unas pretensiones

---

[105] Obra citada. Páginas 240-241.

secesionistas que se concretaron posteriormente en el Plan Ibarreche en Euskadi o en el vigente Estatuto de Cataluña cuyo texto aprobado en el Parlamento catalán tuvo que ser corregido sustancialmente por el Tribunal Constitucional.

Sobre el comportamiento de los nacionalistas, resulta esclarecedor lo que subraya Rosa Díez[106] en un artículo que escribió el 29 de octubre de 2007, titulado *La frustración de la expectativa superada*, cuyo texto es el siguiente:

"El PNV es, probablemente, el único partido político de los españoles que ha superado su ideario democrático, aquel que han planteado. No me refiero a que no tengan principios máximos –que se decía en los partidos de izquierda- no alcanzados. Pero todo aquello que se propusieron conseguir, como partido autonomista y de gobierno, lo han logrado con creces. Por eso ahora reivindican la independencia disfrazada de autodeterminación: porque no tienen nada dentro de la autonomía que reclamar a nadie…Los principios básicos que el PNV exigía en 1978, nada menos que para un plan de paz, están muy por debajo de los pactos conseguidos por el conjunto de fuerzas políticas vascas con el Estatuto de autonomía de Guernica…Esto me lleva a la conclusión que ha apuntado en algunas ocasiones Fernando Savater: no hay insatisfacción mayor que la generada por unas expectativas tan superadas que no les queda espacio para nada más. Por eso, los que antes eran autonomistas hoy terminan siendo independentistas, en Euskadi como en Cataluña…".

==========

---

[106] Obra citada. Páginas 246 a 249.

3) EL PRESIDENTE ZAPATERO: DEL AUTONOMISMO AL CONFEDERALISMO MEDIANTE UN ESTATUTO DE CATALUÑA CON ARTÍCULOS INCONSTITUCIONALES.

Posteriormente, en los gobiernos de Rodríguez Zapatero se ha puesto a España "patas arriba" porque el concepto de nación, según Zapatero, es "discutido y discutible", algo que tal vez no sabían los padres de la Constitución de 1978. Zapatero, con su visión confederal del Estado, permitió que se pusiera en cuestión el sistema político español aceptando el proyecto de Estatuto de autonomía que el parlamento de Cataluña elaboró y aprobó. Menos mal que, tras cuatro años de inactiva actividad, el Tribunal constitucional sentenció la inconstitucionalidad de algunos preceptos del Estatuto catalán.

Antes de entrar en materia voy a procurar que quede claro el concepto que tienen de España los nacionalistas. Como mi opinión sobre esa cuestión puede ser demasiado subjetiva, prefiero que sea alguien que conoce perfectamente a los nacionalistas quien nos los aclare: se trata del catalán Aleix Vidal-Quadras[107], quien afirma que "… es el de una España agregado de naciones yuxtapuestas, una España confederal bajo el vínculo tenue, simbólico y estratosférico de la Corona, una España en la que cada una de las partes que la integran exige y obtiene soberanía plena y se autodetermina por su lado, y todas ellas comparten y cogobiernan en régimen de condominio los restos del Estado común. Una España que uno de nuestros más prestigiosos expertos en Derecho Administrativo ha comparado ingeniosamente a una comunidad de propietarios de un inmueble dividido en propiedad horizontal cuyo cargo de presidente fuese hereditario".

Esta comparación no es una broma de un experto con sentido del humor. Yo soy testigo personal de que el lehendakari José Antonio Ardanza, a principio de los años noventa dijo, en un almuerzo informal al que le invitó el embajador de España en Francia -a quien acompañamos en esa comida cuatro consejeros acreditados de la Embajada española en París-, el mismo símil que ese experto en Derecho Administrativo, pues Ardanza afirmó que "Euskadi era el propietario de un piso en un edificio llamado España, por lo que podía hacer lo que quisiera en el interior de su piso, respetando siempre las normas emanadas de la asamblea de la comunidad de propietarios". Este era el concepto que tenía Ardanza de la Autonomía de Euskadi.

Pero ¿cuál era la visión que tenía en 2006 el presidente Maragall sobre Cataluña y que impregnó la reforma del Estatuto de autonomía?. También nos contesta a esta cuestión Aleix Vidal-Quadras[108] afirmando que "Maragall alimenta una ensoñación alucinada concebida tras una lectura adolescente y mitómana de la correspondencia entre su abuelo y Unamuno, que consiste en aplicar al tiempo actual un esquema de pensamiento totalmente desconectado de la realidad. España no es la de hace un siglo, la morta (¿mortecina?), caciquil, latifundista, atrasada, oligárquica, de la que una Cataluña industrial, avanzada, dinámica y regeneradora ha de

---

[107] Obra citada. Página 197.
[108] Obra citada. Páginas 27 y 28.

desprenderse para volar sin trabas hacia un destino grandioso. España en el año 2006 es un país desarrollado, pujante, democrático, innovador y miembro de la Unión Europea, que le proporciona a esa parte de su territorio que es Cataluña un capital humano valiosísimo, un mercado determinante, una matriz de afectos impagable, un marco jurídico-político imprescindible y una inserción europea irrenunciable. Hasta tal punto es así, que la independencia ya no es un buen negocio y ha sido sustituida en el plan nacionalista por una versión más rentable: el parasitismo depredador".

Con estos antecedentes creo que podemos adentrarnos en la diagnosis del Estatuto de autonomía de Cataluña de 2006. Lo primero que podemos preguntarnos es ¿cómo se origina el Estatuto?. Tras la victoria electoral del PSOE en 2004 y el consiguiente nombramiento de Rodríguez Zapatero como presidente del gobierno español, a Zapatero no se le ocurre otra cosa mejor que agradecer al Partido Socialista de Cataluña, gobernante de Cataluña, su aportación de votos a la victoria socialista prometiéndole que las Cortes aceptarían cualquier reforma del Estatuto que aprobara el Parlament catalán. ¡Dicho y hecho!. El Parlament aprobó un proyecto de Estatuto que quería convertir a Cataluña en una nación soberana, confederada a una nueva España, distinta de la contemplada en la Constitución de 1978 que, por esta vía estatutaria, subrepticia y antidemocráticamente, iba a ser modificada.

La opinión que merece este proyecto estatutario a Aleix Vidal-Quadras[109] es tan contundente como esclarecedora: "el proyecto de reforma del Estatuto de autonomía de Cataluña no es una reforma ni estructura una economía. Se trata de liquidar el Estatuto vigente para alumbrar un texto aberrante que hace desaparecer el Estado español de esta comunidad, abre el camino a la secesión, rompe con el espíritu de la Transición, destruye la cohesión nacional, vulnera el acuerdo que hace un cuarto de siglo permitió la recuperación de la democracia e invocando una concepción federal transforma España en una confederación de supuestas naciones inconexas entre sí. Y para mayor escarnio, los autores de semejante disparate pretenden que se ajusta a la Constitución…

…El Estado español desaparece de Cataluña, pero la Generalitat está presente en todos los órganos relevantes del Estado; al Estado le corresponde la política exterior, si bien sometida a la voluntad soberana del Parlamento catalán, las relaciones entre la Generalitat y el Estado son bilaterales y el resto de España asiste como mero espectador, la Generalitat se queda con todos los impuestos recaudados en Cataluña, generados por cierto mayoritariamente por la actividad económica de los catalanes en el resto de España, y aporta lo que le da la gana a los gastos comunes, pero los contribuyentes españoles le garantizan un lugar en el *ranking* de comunidades por renta per cápita, un funcionario no catalano-hablante de los cuerpos estatales no puede ocupar una plaza en Cataluña en virtud de la barrera lingüística, pero cualquier funcionario catalán de esos cuerpos se puede mover sin trabas a lo largo y ancho de la geografía nacional…

…El proyecto de nuevo Estatuto de Cataluña demuestra que el trayecto iniciado en la Transición de sucesivos apaños para apaciguar a los nacionalistas ha

---

[109] Obra citada. Páginas 28, 34, 35 y 38.

llegado a su término. La radical anticonstitucionalidad del proyecto, la absoluta desconfianza hacia el Estado español que rezuma cada uno de sus artículos, el odio a España, a la que no se nombra ni una sola vez en todo el documento, que recurre a toda suerte de elipsis y vericuetos verbales con tal de no pronunciar el vocablo nefando, el vaciado de competencias al que somete a las instancias centrales del gobierno, el desprecio al resto de los españoles, a los que se quiere impedir la libre circulación por el territorio nacional, la repugnante voluntad depredadora de un sistema de financiación que no solo acaba con la solidaridad, sino que obliga a los contribuyentes del resto de España a pagar la eventual ineficacia de la Generalitat o la posible pérdida de competitividad de las empresas catalanas, erigen un monumento al egoísmo, al rencor y a la anacronía, de tal envergadura que cuesta creer que un Parlamento en el que se sienta una mayoría abrumadora de representantes de los dos grandes partidos nacionales no haya hecho una pelota de semejante afrenta para enviarla a continuación de un puntapié a la plaza de Sant Jaume".

A pesar de todas estas certeras y rotundas críticas de Vidal-Quadras, el Gobierno del Estado, con su presidente a la cabeza, aceptó el proyecto de Estatuto de Cataluña que el Parlament trasladó a las Cortes de Madrid, tras negociar Zapatero en secreto con el líder de la oposición catalana Artur Mas en el palacio de La Moncloa, modificando elementos esenciales de la propuesta que salió del Parlament. Entonces el presidente socialista dejó claro que su visión de España era también confederal, como si fuera un militante más del Partido Socialista de Cataluña, partidario del nacionalismo catalán.

El pacto entre Zapatero y Mas, además de desautorizar a Maragall como forjador del texto estatutario, hizo que ERC, uno de los integrantes del tripartito, se opusiera al texto pactado, porque había sido podado de contenidos independentistas que parecieron excesivos a los líderes de CiU y del PSOE.

0000000000

Aprobado el proyecto de Estatuto de Cataluña en las Cortes del Estado fue sometido a referéndum de los catalanes. Los resultados del mismo demostraron que en Cataluña no había suficiente demanda popular de reforma estatutaria, y que ésta era una aspiración cupulocrática de los partidos catalanistas, incluso el PSC o, al menos, de sus dirigentes conversos al nacionalismo. En el referéndum solo participaron el 49,41 % de los electores, por lo que en cualquier democracia verdadera este dato hubiera invalidado la consulta popular, por no alcanzar la mitad del censo electoral. Además, de ese 49,41 % de electores solamente el 73,9 % votaron afirmativamente el referéndum de la reforma del Estatuto de autonomía; lo que significa que aprobaron el Estatuto reformado únicamente el 36,51 % del censo, poco más de la tercera parte de los catalanes electores.

Dado que, presuntamente, el nuevo Estatuto de Cataluña tenía artículos que parecían inconstitucionales, el Partido Popular, algunas comunidades autónomas e, incluso, el Defensor del Pueblo interpusieron recurso de inconstitucionalidad ante el Tribunal Constitucional.

A pesar de estar impugnado el Estatuto ante el Tribunal Constitucional la Generalitat catalana, sin esperar al fallo del TC, puso en vigor todas las disposiciones del mismo, controvertidas o no, dictando la normativa pertinente para desarrollarlo.

Se abrió entonces un largo periodo de enfrentamientos políticos en torno a la constitucionalidad o no de las disposiciones estatutarias recurridas...Dada la trascendencia de la previsible sentencia, ésta se hizo esperar cuatro años. Por fin, en junio de 2010 fue aprobado el borrador de sentencia elaborado por la presidenta del TC María Emilia Casas por seis votos a favor y cuatro en contra, que avalaba la mayor parte del Estatuto de Cataluña.

El 29 de junio de 2010 la periodista María Peral escribía en el diario El Mundo sobre la Sentencia del Estatut "que el acuerdo ha sido posible gracias a que la presidenta del TC se ha avenido a la exigencia del magistrado Manuel Aragón de llevar al fallo que carece de eficacia jurídica el concepto de nación utilizado en el Preámbulo del Estatut para permitir que esta tesis se sometiera a votación. Esta posición ha salido adelante con los votos de Aragón y los cinco magistrados propuestos por el PP.

En total, declaran inconstitucionales los 13 preceptos que ya figuraban en la ponencia de María Emilia Casas más el 218, de Autonomía y Competencia financieras, y como interpretación conforme el 34, referido a los Derechos lingüísticos de los consumidores y usuarios. Ambos puntos figuraban en la ponencia de Pérez Vera y ahora se vuelven a incorporar.

Los diez miembros del TC han fallado una parte por bloques, algunos de los cuales han alcanzado la unanimidad. Se trata de un sistema que ha elegido la propia Casas para poner de manifiesto una menor división del Tribunal que podría deducirse de que las partes más delicadas del Estatut han provocado la fractura entre los magistrados.

Fuentes judiciales aseguran que habrá votos particulares discrepantes de los magistrados Vicente Conde, Javier Delgado, Jorge Rodríguez Zapata y Ramón Rodríguez Arribas.

Entre los preceptos que se expulsan del ordenamiento jurídico figuran el carácter preferente del catalán como lengua propia de Cataluña, el Sindic de Greuges (defensor del pueblo catalán) o el Consejo de Justicia de Cataluña.

Sin embargo, la sentencia avala la bilateralidad Cataluña-Estado, la participación de Cataluña en el ejercicio de competencias exclusivas de la Administración central o la declaración de que los poderes de la Generalitat "emanan del pueblo catalán".

Desde luego, como han dicho Francisco Sosa Wagner y Mercedes Fuertes[110] "...con la Sentencia 31/2010 (del TC sobre el Estatuto de Cataluña), la comunidad

---

[110] Obra citada. Página 17.

Autónoma de Cataluña, si bien ha visto fracasado su intento de constituirse en un poder equiparado al del Estado –incluidos sus pujos nacionales-, ha triunfado en su designio de arrinconar un poco más al Estado y convertirlo en un simple "coordinador" de las Comunidades autónomas (en la misma andadura están Andalucía y Aragón)".

Por su parte, Tomás de la Cuadra Salcedo, ex ministro de Felipe González, ha escrito en el año 2006 en la revista *Claves* que "el nuevo Estatuto (de Cataluña) se basa en lo que se ha llamado el discurso de las esencias…La nueva fase se debe a ese nuevo espíritu que parece animar el actual momento y la emulación que va a producir en otras comunidades. Se debe también a una idea implícita en el nuevo Estatuto: está claro en el Estatuto cómo se construye y defiende el interés autonómico; pero no está tan claro cómo se construye y defiende el interés estatal. La idea autonómica del Estado que parece reflejar el Estatuto es la de la construcción desde las autonomías; parece que son éstas –en todo caso, la catalana- las que participan en la construcción de las políticas del Estado, incluso en el ámbito de las competencias exclusivas de éste, en lo que afectan a las competencias autonómicas. Pero si eso fuera así, sería tanto como decir que el interés del Estado se construye desde las comunidades autónomas, incluso en el supuesto de las competencias exclusivas de aquél, pues es difícil atisbar una política del Estado que no incida o afecte a las comunidades autónomas y en esa medida les da derecho a intervenir en las competencias exclusivas del Estado".

==========

4) LA RUPTURA DEL PACTO ENTRE NACIONALISTAS Y "MADRID": LA CONSTITUCIÓN MODIFICADA POR IMPERATIVO DE LA EUROPA DEL EURO.

La representatividad popular del sistema político español no se ha modificado sustancialmente ni mejorado en la etapa de gobierno de Zapatero, aunque la partitocracia gobernante se ha hecho más autoritaria y corrupta. Un ejemplo expresivo de la concentración del poder en la cupulocracia de los dos partidos mayoritarios lo ofrece la propuesta del "virrey" Zapatero –acordada con el otro "virrey": Mariano Rajoy-, que ha sido rectificada para descafeinarla por el candidato a "virrey", Rubalcaba, y que conlleva una reforma del artículo 135 de la Constitución española, sobre el establecimiento de una disciplina de equilibrio presupuestario. Al mismo tiempo, esos "virreyes" de España han pactado un documento marco para una futura ley orgánica, que fijará en un 0,4 % el déficit estructural global máximo del conjunto de las administraciones, a partir de 2020.

Esa modificación constitucional exige, como mínimo, que sea aprobada en ambas Cámaras (Congreso y Senado) por una mayoría cualificada de tres quintas partes de sus miembros, sin necesidad de ser aprobada en referéndum popular, salvo petición nominal de diputados o senadores que sumen el diez por ciento de su Cámara. Esta trascendental iniciativa del presidente del Gobierno, consensuada con el líder del Partido Popular, ha sido comentada desfavorablemente por la mayoría de los ciudadanos, que han comprobado así, una vez más, la cupulocracia caciquil que caracteriza a nuestro sistema político, cada vez menos democrático. A continuación voy a reproducir, aunque sea incompletamente, algunas de las quejas de esos ciudadanos.

Comenzaré exponiendo lo principal de lo que ha dicho el catedrático de Derecho Constitucional y rector de la Universidad Juan Carlos I, Pedro González Trevijano[111]: "La propuesta de reforma constitucional auspiciada por el presidente del Gobierno, y consensuada finalmente con el principal partido de la oposición, no parece, a pesar de compartir su conveniencia, afortunada en su tramitación. De entrada, porque la revisión constitucional es una decisión institucional que afecta a nuestra Carta Magna de 1978…Sorprende una modificación tan atropellada: instada por el procedimiento de lectura única, durante el mes de agosto y con una legislatura agotada y con fecha de caducidad: las elecciones del 20 de noviembre. Una propuesta que ha preterido al resto de fuerzas parlamentarias y que desconoce que en el Estado de las Autonomías, las Comunidades Autónomas disfrutan de autonomía financiera. Pero ni se ha convocada al Consejo de Política Fiscal, ni se conoce tampoco el parecer de la Federación de Municipios. En suma, una reforma carente de serenidad y rigurosidad…"

---

[111] Artículo titulado "Sí con el fondo, no con la forma", publicado en ABC el 27 de agosto de 2011, en la página 23.

A su vez, José Antonio Zarzalejos[112] comenta negativamente la iniciativa de reforma constitucional en los siguientes términos:"…El presidente (del Gobierno) ha urdido un acuerdo que satisface al PP –es lógico, porque le evita afrontar este tema después del 20 N y le da la razón a Rajoy que venía reclamando esta medida-, pero que encrespa a su partido porque políticamente no tiene un pase. La reforma no va a ser fruto de un gran debate nacional (partidos, sindicatos, empresarios, sociedad civil); no logrará la adhesión de los nacionalistas porque la limitación del déficit incide en su autogobierno, y quiebra del PSOE que, como todo socialismo, quiere jugar con el margen del déficit para vestir sus tan traídas y llevadas "políticas sociales"…Esta es una política despótica que consiste en "todo para el pueblo pero sin el pueblo"; esta es una política opaca y mentirosa porque no reconoce que se practica por imposición de los mercados y del directorio de la Unión Europea; esta es una política descaradamente autocrática porque se aborda sin el más mínimo debate y por sorpresa; esta es una política tardía porque, aunque el techo de gasto debió haberse establecido hace tiempo en la Constitución y/o en leyes *ad hoc*, se practica ahora para aplacar las fortísimas corrientes europeas de profunda desconfianza hacia la economía española que han mostrado su faz en agosto pero que volverán a hacerlo en septiembre y, en fin, esta política es propia de un hombre y de un Gobierno sin capacidad de previsión, sin criterio y sin convicciones…

…Aunque jurídicamente aceptable, el PP debiera tener en cuenta que su aquiescencia a la manera en que Zapatero le ha propuesto la reforma de la Constitución, supone una bofetada al derecho de los ciudadanos a participar en los asuntos políticos. Más aún cuando se trata de la norma de máximo rango legal…La democracia no está para vapulearla: consiste en procedimientos pautados de participación y referencias éticas que en estos años se han deteriorado hasta límites insospechados".

Por último, Manuel Muela[113] critica también profundamente el acuerdo a que han llegado PSOE y PP para reformar la Constitución y salvar a un sistema político que ha secuestrado la democracia en España. Dice así: "Si alguien tenía la esperanza de que la democracia se recuperase en España de la mano de estos políticos y de estos partidos habrá quedado chasqueado: la reforma constitucional anunciada por los dos partidos dominantes es una operación de imagen, probablemente baldía, para defender ante propios y extraños la capacidad de un sistema político, carcomido por la partitocracia, que desprecia a los ciudadanos y que utiliza sus tribulaciones para venderles elixires curalotodo. Por eso, no es extraño el desapego y la irritación creciente de parte de la sociedad ante tal estafa. Quienes proponen esta reforma constitucional, cuyo contenido no es más que un breve recordatorio de algunos principios de buen gobierno, saben de su inutilidad, si no se hacen los cambios constitucionales necesarios para ordenar seriamente el Estado y para vigorizar el poder público. Es como trazar una raya en el agua de la tormenta económica…".

---

[112] Artículo titulado "¡No lo hagan así!", publicado en El Confidencial del 27 de agosto de 2011.
[113] Artículo titulado "El secuestro de la democracia en España", publicado en El Confidencial del 28 de agosto de 2011.

Ante este panorama político, Carmen Iglesias[114] ha concluido que padecemos "unas clases políticas que han perdido casi totalmente el sentido de la realidad y de la medida y se consideran no nuestros representantes democráticos, sino, en la mejor tradición autoritaria, dirigentes que juegan a "transformar la sociedad desde el Gobierno", como manifiestan sin pudor alguno. Los grados de intervencionismo en la sociedad civil y en los ciudadanos concretos están llegando continuamente a cotas difícilmente compatibles con una democracia real".

Por ello actualmente todos estamos más o menos indignados, aunque no salgamos a la calle, como los del 15-M, a concentrarnos, a acampar y a gritar, lo más cerca posible de las sedes de la soberanía popular: ¡que no!, ¡que no!, ¡que no nos representan!, o ¡sin el pueblo, no sois nada!; porque el problema "no es la crisis, es el Sistema". Desde luego hay que ocuparse de los asuntos económicos y solucionar el paro, como hará el Partido Popular; pero también es urgente mejorar la representatividad ciudadana mediante un cambio de la Ley electoral que instaure en España una auténtica democracia.

==========

---

[114] Artículo ya citado publicado en El Mundo el 21 de febrero de 2011.

V) LA ARRUINADA ESPAÑA AUTONÓMICA DE LAS TAIFAS: UN ESTADO DE LOS RECORTES, SIN TERRITORIO, RESIDUAL EN COMPETENCIAS, SIN VERDADERO MERCADO ÚNICO INTERIOR Y CON INSUFICIENCIA DE RECURSOS ECONÓMICOS.

En el capítulo III se ha hecho un balance detallado de la situación y de las consecuencias del Estado de las Autonomías o de las Taifas. **En el presente capítulo vamos a ver cuál es el saldo de ese balance autonómico** que, como he ido demostrando a lo largo de los siete apartados integrantes de ese capítulo III, es un arruinado Estado de los recortes, sin territorio y sin un verdadero mercado único interior; un Estado residual en competencias y con insuficiencia de recursos para su financiación, porque se anteponen los intereses de las Comunidades Autónomas a los del Estado.

España se ha convertido ya en un conjunto de taifas....¡superendeudadas!, y también el Gobierno estatal ha superado todos los límites razonables de adquisición de Deuda pública.

Según las últimas cifras facilitadas el 16 de septiembre de 2011 por el Banco de España, **en términos del Pacto de Estabilidad y Crecimiento (PEC), la deuda de las Administraciones Públicas creció el 16,51 % en el segundo trimestre de 2011 respecto al segundo trimestre de 2010, hasta los 702.806 millones de euros, lo que equivale al 65,2 % del PIB**, más de cinco puntos por encima del límite fijado por el Pacto de Estabilidad de la Unión Europea (60 %).

Al finalizar junio de 2010 la deuda española equivalía al 57,2 % del PIB, con lo que en un año ha aumentado 8 puntos porcentuales.

Por niveles de gobierno hubo un aumento de la deuda en todas las administraciones respecto al segundo trimestre de 2010, sobre todo en las comunidades autónomas (23,56 %), seguidas de la administración central (15,93 %) y de los ayuntamientos (3,06 %).

En volumen total, el endeudamiento de la administración central fue de 531.994 millones (el 49,4 % del PIB), el de las comunidades autónomas, 133.172 millones (el 12,4 % del PIB), y el de las corporaciones locales 37.640 millones (el 3,5 % del PIB), de los que 29.503 millones corresponden a los ayuntamientos.

El Gobierno español prevé para finales de 2011 una deuda del 67,2 % del PIB y quiere mantenerla por debajo del 70 % hasta 2014.

Sin embargo, hay que tener muy en cuenta que unos datos anteriores del Banco de España mostraron que la deuda pública hasta el tercer trimestre de 2010 –pasivos en circulación- ascendía ya a 787.055 millones de euros, pero que a esta cantidad había que sumarle otros 27.000 millones emitidos en el último trimestre en términos de Eurostat. En total, **algo más de 814.000 millones de euros, lo que equivale a 17.319 euros per cápita, y a un 75 % del PIB**. O sea, que cada español, sea viejo, joven o recién nacido, estaba ya hipotecado en octubre de 2010 por 17.319 euros que iba a tener que pagar con impuestos.

Estos datos del Banco de España incorporaban no solo la deuda pública media en términos de Protocolo de Déficit Excesivo (criterio de Maastricht), sino que también contabilizaban las emisiones de activos financieros, el principal instrumento de los gobiernos para camuflar déficit, metodología que en todo caso está avalada por Eurostat. Esos activos financieros –destinados en principio a financiar inversión pero no gasto corriente- no contabilizan a efectos del Protocolo de Déficit Excesivo, el antiguo criterio de Maastricht.

En términos del Pacto de Estabilidad y Crecimiento (PEC), de hecho, el endeudamiento público al finalizar el año 2010 ascendía ya a 638.787 millones de euros, el 60,1 % del PIB. Pero la realidad, sin embargo, es que entonces el sector público debía 175.213 millones más de lo que recogen las comunicaciones que dos veces al año envía el Ministerio de Economía a Bruselas.

Para hacerse una idea de lo que ha crecido el endeudamiento público hay que tener en cuenta que en 1995 –al final de la última recesión- apenas superaba los 400.072 millones de euros, la mitad que ahora. Cerca de las tres cuartas partes de la deuda (el 73 %) corresponde a la administración central y el resto a la periférica. Pero con un comportamiento muy desigual entre ayuntamientos y regiones. Mientras que en el primer caso la deuda ha crecido un 19 % desde 2007 –al comienzo de la crisis- las comunidades autónomas la han elevado un 57 %. Las regiones deben hoy 134.400 millones, de los que 26.000 millones no computan a efectos de Protocolo de Déficit Excesivo.

Al acabar el año 2007, el endeudamiento de todas las administraciones: Estado, CC.AA. y corporaciones locales, se situaba en 502.000 millones de euros. ¿Qué significa esto en comparación con los 814.000 millones de 2010?. Pues que la factura de tres años de crisis y recesión asciende ya a más de 300.000 millones de euros.

La heterodoxa financiación a través del endeudamiento acarrea ciertos efectos perversos, como ha puesto de manifiesto Carlos Sánchez[115], quien escribe lo siguiente: "…el déficit público en España es de naturaleza eminentemente estructural. Se debe, sobre todo, a una pérdida permanente de ingresos como consecuencia del redimensionamiento del sector inmobiliario y a la existencia de altos niveles de desempleo, incluso en periodos de expansión. Algo que explica, por ejemplo, que un país en bancarrota como Grecia ingrese más que España.

¿Y por qué España no recauda?. Básicamente por la existencia de un sistema tributario ineficiente que hace descansar la presión fiscal en los asalariados. Pero, al contrario de lo que cabe suponer, lo que han hecho las distintas administraciones no ha sido reformar la fiscalidad para ensanchar las bases imponibles o hacer reformas económicas de calado para actuar sobre la oferta y no solo sobre la demanda; sino que, por el contrario, han hecho lo más fácil. Subir los impuestos por la puerta de atrás (o sea, endeudarse) sin que nadie se entere. Al menos la presente generación, porque las que vienen detrás tendrán que pagar el *marrón,* como se dice ahora.

---

[115] Artículo titulado "El suicidio de la izquierda: a propósito de la reforma constitucional", publicado en El Confidencial del 26 de agosto de 2011.

¿Y cómo se hace esto?. Pues pidiendo dinero a los célebres mercados financieros o, incluso, acudiendo al banco más cercano para que les presten *pasta* (mejor si es una caja de ahorros amiga). Dicho en otras palabras, como no se atreven a subir la fiscalidad (subiendo impuestos para financiar el nivel de prestaciones públicas que disfrutan los ciudadanos) lo que se hace es pedir dinero por la ventanilla de última instancia (los mercados). Sujetos a quienes nadie ve y que no piden nada. Claro está, salvo altas rentabilidades, en última instancia el origen de la actual crisis de deuda soberana.

Ni que decir tiene que se trata del camino equivocado. Y no solo por la falta de transparencia que suscita esta heterodoxa forma de financiar las necesidades del sector público. También de esta forma se produce un fenómeno perverso. Son las administraciones públicas (efecto *crowding out*) quienes se endeudan y evitan que los agentes económicos privados se financien, lo que alimenta la crisis. Pero es que, además, niveles elevados de déficit y ritmos crecientes de deuda pública (escenario previsible hasta 2018-20) suponen necesariamente un encarecimiento de los tipos de interés, sobre todo cuando los mercados se encuentran en estado de alerta frente a la posibilidad de que se produzcan crisis fiscales en algunos Estados.

El equilibrio presupuestario, por lo tanto, es algo más que una necesidad económica. Es el instrumento necesario para hacer una política auténticamente social, como bien han demostrado los países escandinavos desde la crisis de los años 80. La existencia de elevados déficits, por el contrario, solo ayuda a aumentar el tamaño de los mercados financieros y para nada aumenta la cohesión social. Al contrario. El gasto público hay que volver a financiarlo con impuestos, que son la columna vertebral de cualquier sistema democrático. Reivindicar lo contrario es el mejor camino para la autodestrucción (de la izquierda), como de hecho explica que el 95 % de los gobiernos europeos sean de centro derecha".

0000000000

Si malo era que toda la soberanía la tuviera el Estado centralista, peor puede ser que la soberanía efectiva pase a residir en los mercados financieros, que actúan racionalmente en función del grado de solvencia que conceden las agencias de calificación crediticia a los Estados y a las CC.AA. o regiones deudoras. Por ello, es una pésima noticia que la agencia Fitch haya rebajado el *rating* de España en dos escalones, a AA-, con perspectiva negativa. Y lo malo son los motivos: "por el impacto de la "intensificación" de la crisis de la eurozona y los riesgos derivados de la ejecución presupuestaria de algunos gobiernos regionales". Fitch precisa que el recorte de la calificación soberana de España se explica por la situación presupuestaria de ciertas CC.AA., que "representa un riesgo para la consolidación fiscal", y recuerda que ya en el pasado mes de septiembre rebajó la nota de cinco CC.AA. españolas.

Peor aún ha sido que el 10 de octubre la agencia Fitch también haya rebajado el *rating* a otras tres CC.AA. y a cuatro ayuntamientos, concretamente a las comunidades de Asturias, Cantabria y Madrid, con perspectiva negativa. En cuanto a los ayuntamientos ha rebajado el de Vigo y La Coruña de AA a AA-; y el de la ciudad de Barcelona de AA+ a AA-, y con perspectiva negativa. Asimismo Fitch ha decidido mantener la calificación crediticia a Pamplona y a la ciudad de Madrid, aunque en ambos casos ha situado su perspectiva en negativa, en línea con el resto del país.

A su vez, la agencia Standard&Poors ha rebajado asimismo la calificación de España un escalón dejándola en AA-, con panorama negativo, debido a un débil crecimiento, las ajustadas condiciones fiscales y la alta deuda del sector privado. Dice que se espera un continuo deterioro en la calidad de los activos del sistema financiero, mientras que la reforma laboral estatal incompleta contribuirá a un alto desempleo estructural que pesará en la recuperación económica. La rebaja de la calificación de solvencia de España afectará asimismo –según S&P- a la Comunidad de Madrid, a la de Aragón, al ayuntamiento de Barcelona, el Instituto de Crédito Oficial (ICO), la Sociedad Estatal de Participaciones Industriales (SEPI), la Corporación de Reservas Estratégicas de Productos Petrolíferos, el fondo de Reestructuración Ordenada Bancaria (FROB) y el Fondo de Amortización del Déficit Eléctrico.

Por su parte, **la agencia Moody's rebajó también la calificación crediticia de España.** En efecto el 18 de octubre, según informan Javier Gallego y María Ramírez[116], lo hizo "**por la falta de crecimiento, la lentitud política en la zona euro y la presión de las endeudadas comunidades autónomas.** Sus análisis (de la Agencia) advierten que la volverán a reducir si el próximo Gobierno no cumple con las "expectativas". Moody's disminuye la calificación de la deuda pública española de "Aa2" a "A1", una rebaja equivalente a la de Standard & Poors hace menos de una semana…También señala que "la perspectiva de un crecimiento moderado ha aumentado por el empeoramiento de la economía global y las dificultades de financiación del sector bancario, que tendrá un impacto significativo en la economía".

Para 2012 la agencia espera que España crezca un 1 %, frente al 1,8 % de sus anteriores estimaciones. Para los próximos años, el crecimiento medio anual de España se situará en un raquítico 1,5 %, según sus cálculos. Otro de los factores es que este bajo crecimiento "dificulta la consecución de los objetivos para este año y el siguiente". En concreto, la agencia expresa su preocupación por la capacidad de los gobiernos autonómicos para financiarse y reducir sus déficits presupuestarios…

…La agencia no cree que con tan poca expansión del PIB, el Gobierno sea capaz de reducir el déficit público como esperaba ni este año ni el siguiente. E insiste en que las comunidades autónomas necesitan más mano dura. "En

---

[116] Artículo titulado "Moody's rebaja la nota a España por su debilidad ante los mercados", publicado en El Mundo el 19 de octubre de 2011.

particular, Moody's sigue estando muy preocupado por la financiación de los gobiernos regionales y su capacidad de reducir los déficits presupuestarios de acuerdo con los objetivos", asegura la agencia, que como la comisión europea, ve poco progreso y cree que las Comunidades (autónomas) se desviarán este año un punto respecto a la reducción de déficit prevista del 1,3 % del PIB".

El diario ABC ha informado el día 20 de octubre de que la agencia Moody's ha rebajado mucho la calidad de la deuda de diez comunidades autónomas españolas. La peor parada ha sido Castilla-La Mancha, con una drástica bajada de cinco escalones hasta el nivel del "bono basura" (Ba2). También ha bajado la calificación de la deuda de las comunidades autónomas de Cataluña, País Vasco, Extremadura, Galicia, Madrid, Andalucía, Castilla-León, Murcia y Comunidad Valenciana, en todos los casos con perspectiva negativa por "presiones crecientes" en materia de liquidez y "persistentes" desequilibrios en sus presupuestos…Dicha agencia rebajó, además, la nota a cinco grandes entidades financieras españolas: Santander, BBVA, CaixaBank, La Caixa y la Confederación Española de Cajas de Ahorro.

La situación de las cuentas públicas de Castilla-La Mancha después de la salida del gobierno socialista es crítica. El déficit oculto con el que se encontró el nuevo gobierno popular y la situación de las cuentas públicas de esa comunidad autónoma, que obligaron a emitir deuda en varias ocasiones en los dos últimos años, ha llevado a Moody's a rebajar la nota de la deuda castellano-manchega en cinco escalones hasta un nivel de Ba2, el mismo que tenía Grecia a finales del año pasado y que significa que esa deuda tiene "seguridad reducida". Se considera "bono basura".

Moody's justifica la bajada de la deuda de Castilla-La Mancha en su debilidad para financiarse y denuncia que la "mala contabilidad" y los controles "inadecuados" han acrecentado las "deficiencias" existentes dentro del funcionamiento de la administración. La situación de esta comunidad hará que, para cumplir sus compromisos con los inversores, tenga que endeudarse más aún o solicitar apoyo financiero del Estado. Sin embargo, Moody's admite que el nuevo gobierno de María Dolores de Cospedal ha emprendido unas "ambiciosas" medidas de ahorro, pero que será en la próxima revisión cuando analice su "viabilidad".

En las restantes Autonomías rebajadas, las peor paradas han sido Cataluña y la comunidad Valenciana, que han situado su *rating* en Baa2, según Moody's. Este nivel no llega a ser "bono basura", pues su deuda tiene "capacidad satisfactoria, aunque podría fallar".

La Región de Murcia ha caído de A2 a Baa1; Andalucía y Castilla-León de Aa3 a A2; Extremadura, Galicia y la comunidad de Madrid de Aa2 a A1; y el País Vasco de Aa3 a Aa1. En el caso del País Vasco, en concreto, las rebajas han sido para las diputaciones forales de Guipúzcoa y de Vizcaya, desde Aa1 a Aa3.

El sobreendeudamiento de las CC.AA. está afectando ya negativamente a la propia solvencia de las entidades financieras españolas. En efecto, los jefes de Estado y de gobierno de los países miembros de la Unión Europea han acordado recientemente que las entidades financieras españolas deben quitar en sus activos un tres por ciento al volumen de la deuda pública que tienen en su cartera, para que reflejen en sus cuentas el verdadero valor de mercado de esa deuda.

Un significativo ejemplo de la excesiva deuda que tienen las CC.AA. con las entidades financieras es lo que debe Cataluña al BBVA. Eduardo Segovia[117] ha escrito que "el BBVA…tiene como principal deudor –es decir, como el cliente que le debe más dinero- a la Generalitat de Cataluña, con una exposición que roza los 3.500 millones, según fuentes conocedoras de la situación. Un portavoz del banco declinó hacer comentarios sobre esta información, excusándose en que "no podemos hablar de clientes"… La Generalitat es el principal deudor del BBVA, pero el BBVA no es el principal acreedor de la Generalitat; es decir, el Gobierno autónomo le debe más dinero todavía a otra entidad. Se trata de la Caixa…La deuda total de Cataluña con las entidades financieras asciende a 16.933 millones según el Banco de España, la mayor de todas las autonomías…

…Esta elevada exposición de BBVA provocó que, hace un año, rechazara entrar en un nuevo sindicado para no incrementar aún más el riesgo. El banco presidido por Emilio Botín tampoco entró –aunque en 2010 concedió un crédito bilateral de 400 millones, ya con Mas en el poder después de habérselo negado a Montilla-, y la ausencia de los dos grandes hizo que los pequeños tampoco entraran. Esto dejó al entonces *president* Montilla a los pies de los caballos, y le forzó a lanzar la primera emisión de "bonos patrióticos".

0000000000

Nuestro modelo autonómico está agotado y es insostenible e inaceptable por su desenfrenado y creciente endeudamiento que lo ha convertido ya en inviable, por ser un lujo político y administrativo imposible de financiar y mantener. La interminable crisis económica que padecemos, con la insoportable carga de cinco millones de parados, han convertido al superendeudado Estado autonómico en una delirante quimera que los españoles no podemos mantener porque no hay pan para tantos políticos y enchufados. Lo comprobaremos seguidamente repasando diversos testimonios de expertas personalidades, para corroborar mis conclusiones sobre **el Estado de las Autonomías que se ha convertido ya en el Estado de los Recortes sociales.**

Francisco Sosa Wagner y Mercedes Fuertes[118] han subrayado que "la crisis económica que configura ya un paisaje surcado de arrugas, ha intentado ser combatida por los diecisiete gobiernos (autonómicos) con medidas tan descoordinadas que no han faltado voces pidiendo en España la celebración de un G-17 donde alguien coja la batuta para poner orden en el desconcierto de ayudas a la vivienda, al empleo, a los vehículos, al hogar…A su vez, se elaboran presupuestos

---

[117] Artículo titulado "La Generalitat es el cliente que más dinero debe a BBVA: 3.500 millones", publicado el 28 de octubre de 2011 en El Confidencial.
[118] Obra citada. Páginas 26 y 27.

regionales sin lazo alguno con el nacional cuando incluso en Europa se quiere que Bruselas intervenga de alguna forma en la elaboración de los presupuestos de los Estados".

En todo caso, las dificultades financieras están creando graves insuficiencias económicas en la sanidad, en la enseñanza y en la prestación de servicios sociales esenciales, pues las Comunidades Autónomas dan preferencia a los gastos en temas identitarios y a las subvenciones clientelares. El Estado dispone de escasos recursos para costear las Autonomías y su demencial endeudamiento; pues resulta cada vez más difícil y más caro encontrar préstamos asequibles. Durante muchos años -¡demasiados!- las Comunidades Autónomas no han querido enterarse de que las "vacas flacas" habían llegado a su territorio y han seguido endeudándose imprudentemente, sin control estatal, hasta que han puesto en peligro su justificación vital, llevando a las Autonomías al borde del suicidio.

En una web denominada www.estosololoarreglamosinlasautonomias su Manifiesto dice que "el Estado de las Autonomías es el inmenso error que nos está conduciendo a la ruina, a la división entre los españoles y a la desintegración de la unidad patria. El Estado de las Autonomías, en su concepción actual, impide la recuperación y el desarrollo económico de nuestra nación y contribuye de forma probablemente irreversible a la destrucción de la igualdad, la cohesión y la solidaridad que son fundamentales para el sostenimiento de la integridad de la nación española".

Por su parte, ya el 24 de octubre de 2010, la redacción de Periodista Digital escribió lo siguiente:

"La crisis económica ha puesto al descubierto la insostenibilidad de la organización autonómica del Estado español, al menos en las condiciones actuales.

No será posible una reducción del déficit público, ni una renovación de las bases del crecimiento económico si las administraciones regionales siguen considerándose exentas, en todo o en parte, del compromiso de austeridad que requiere la situación.

También es cierto que no se puede poner a todos los gobiernos autonómicos al mismo nivel, porque los hay que están consiguiendo mantener la economía y el empleo en tasas mejores que la media.

Otros siguen anclados en el discurso victimista de hace treinta años para justificar su inoperancia. Pero el derroche autonómico es efecto y no causa de los vicios del sistema.

La autonomía nunca debió ser entendida como un drenaje del Estado central para satisfacer pruritos localistas. Debía ser, según su fundamentación constitucional, una forma de descentralizar competencias que hasta entonces residían en las instituciones nacionales, con precisiones singulares de la Constitución a los derechos históricos de los territorios forales.

Sin embargo, entre el abuso del "hecho diferencial" y la excitación del folclore regionalista, el principio de organización autonómica ha degenerado en un Estado central residual, contra el que compiten entidades que, desde su interior, han asumido el papel de microestados.

Es indudable el beneficio de la descentralización de las administraciones para el ciudadano, pero para obtenerlo no había que transformar la autonomía en coartada para el derroche de medios públicos, la duplicación de competencias o el tejido de redes clientelares.

En muchos aspectos del Estado autonómico se ha ido más lejos del modelo federal que, por serlo, dota a las instituciones centrales de poderes de armonización y legislación básica más fuertes que los que tienen a su disposición el gobierno y Parlamento españoles…

…Desde luego, nada ha sucedido por un decurso fatal de los acontecimientos, sino por políticas muy concretas que han tratado el poder autonómico como una mercancía de reparto, engordándolo hasta poner al Estado al borde de su inviabilidad, como se ha visto en la sentencia del Tribunal Constitucional sobre el Estatuto catalán".

Efectivamente, es evidente que los políticos – de todos los colores, pero especialmente los nacionalistas- han abusado de las Autonomías, con la consiguiente repercusión en nuestros impuestos y en el desenfrenado endeudamiento de las CC.AA. Las cosas han llegado ya a tal punto que algunas personas bien cualificadas como Jorge de Esteban[119], catedrático de Derecho Constitucional y presidente del Consejo Editorial de El Mundo, ha escrito, entre otras cosas, lo siguiente:

"…Este modelo (autonómico), desarrollado desde 1979 hasta el 2004, fue funcionando con mayor o menor eficacia, pero con gastos cada vez mayores para el Estado. Probablemente satisfizo a las regiones menos favorecidas tanto como dejó insatisfechas a las tres regiones con mayor vocación de autogobierno, que siempre aspiran a diferenciarse de las demás.

En cualquier caso, era un Estado para un país rico, porque debería pagar a muchos cargos políticos y cada vez a más funcionarios, pero que, en todo caso, nos lo podíamos permitir en ese momento. Éramos la octava potencia económica del mundo y estábamos dentro de la Unión europea y en la zona del euro.

Sin embargo, todo cambió a partir del año 2006. En efecto, el Estado de las Autonomías se comenzó a convertir en el Estado de las Fantasías a causa de dos tsunamis inesperados que se llevaban al traste ese Estado para ricos. Primero fue el nuevo "Estatut" de Cataluña que había ido tan lejos en su contenido, que se acabó descubriendo que era un intento de reescribir la Constitución, porque la letra y la coherencia jurídica del texto original de ésta no permite un Estatut que nace con vocación de convertirse en la Constitución de Cataluña…

…Hay una segunda…que pende también sobre el modelo de Estado vigente hasta ahora. Me refiero a la crisis económica que desde hace dos años hace estragos en casi todos los países del mundo y, especialmente, en Europa. Todos los países se han encontrado con que los gastos del Estado se han disparado, y que hay que detener el déficit si se quiere que no llegue la bancarrota…

---

[119] Artículo titulado ¿Sobrevivirá el Estado de las Autonomías", publicado en el diario El Mundo por el Consejo Editorial de El Mundo el 22 de mayo de 2010.

...La idea de descentralizar territorialmente el Poder es muy loable, pero con dos condiciones: que se haga bien y que haya dinero suficiente. En estos momentos, no se da ni una cosa ni la otra en España. Por eso, como ha dicho el Ministro de Fomento "ya nada será como antes".

0000000000

Pero ¿el Gobierno sabe cómo hacer, para arreglar un modelo autonómico que parece que ya no sirve?". Veamos la opinión de los expertos y de los políticos.

Carmen Iglesias[120] concluye que tenemos "un Estado de las Autonomías en el que ha faltado la claridad de competencias y la armonización –federal o regionalista de otros países occidentales de estructura similar- para evitar la ruptura de un espacio jurídico unitario, por el que durante tantos siglos el Estado moderno se fue configurando como el espacio impersonal de Derecho, que iba extendiendo la igualdad ante la ley para todos frente al poder personal y directo de los señores feudales. Un espacio jurídico unitario –también económico y rompedor de castas sociales basadas en el criterio de nacimiento- que fue desarrollándose a lo largo de siglos sobre un **territorio** también unificado".

Por su parte, Francisco Sosa Wagner y Mercedes Fuertes[121] subrayan que "el Estado (español), como consecuencia de la existencia de unos poderes locales cada vez más fuertes, se está quedando sin territorio en el que poder ejercer sus funciones. Es decir, se está quedando sin una de las claves que lo han definido tradicionalmente...Históricamente sabemos que la emergencia del Estado se basó en la eliminación de las trabas feudales para poder dominar un territorio que se hallaba en manos de los señores –laicos o eclesiásticos- con unos poderes extendidos a vidas y a haciendas. La culminación de este proceso de asentamiento del Estado en un espacio determinado costará varios siglos siendo el XIX el que puede apuntarse en su haber el triunfo formal definitivo. A lo largo del mismo se instaura la modernidad y queda arrumbado entre los objetos apolillados de la historia el mundo del Antiguo Régimen...

...De manera que sostenemos que es un hecho anómalo pero cierto que en España el Estado ha dejado en buena medida de disponer de territorio. Ahora bien, el Estado sí tiene territorio –lo recupera- cuando de repartir fondos, prebendas, rentas, canonjías o subvenciones se trata. Entonces se alza de pronto como un aparecido y todos los remilgos frente a ese Estado desaparecen como las sombras de un mal sueño...

...En primer lugar se impone componer el concepto de territorio tal como ha sido formulado en la teoría jurídico-política porque la referencia a un espacio y la

---

[120] Prólogo de "El Estado sin territorio". Francisco Sosa Wagner y Mercedes Fuertes. Marcial Pons Ediciones. Madrid. 2011.
[121] Obra citada. Página 14, 17, 18 y 19.

efectividad de actuar sobre él han sido dos caracteres fundamentales –como hemos adelantado- para definir al Estado, cuyos tres poderes –el legislativo, el ejecutivo y el judicial- se han concebido tan sólo vinculados a un concreto territorio. Junto a la población y al poder político, éste forma parte de la triada de elementos configuradores de ese ente abstracto llamado Estado que no se compone hoy de partes o enclaves aislados sino de un espacio unido, articulado y completo…El principio territorial es un paso decisivo en la modernización de las estructuras políticas que impulsa la revolución liberal en el siglo XIX…Para el Estado su "territorio" es: a) objeto y fundamento de una supremacía que justifica el principio de primacía del Derecho estatal; b) ámbito de ejercicio de sus competencias y atribuciones o, si se prefiere parámetro para medir la validez de su propio derecho; c) en fin, elemento esencial para su existencia porque un Estado sin territorio sería sencillamente un fantasma".

Por si algún lector no se ha convencido todavía de que la España autonómica se ha convertido ya en un **Estado residual**, arruinado por la voracidad insaciable de las CC.AA., que se está transformando en un Estado de recortes sociales, incapaz de mantener el Estado del Bienestar, voy a aportar en este apartado algunos testimonios cualificados de la miserable situación de nuestro decrépito Estado de las Autonomías.

El mismo día que entró en vigor el vigente Estatuto de Cataluña el presidente de la Generalitat Pasqual Maragall dijo que el Estado había quedado desmantelado con el texto estatutario. Afirmó solemnemente que "El Estado aquí queda prácticamente residual. Eso que quede claro…Cataluña puede hacer lo que quiera a partir de este momento…Y lo haremos".

¡Bien!. Ya está: ya lo ha hecho. La parte (Comunidad Autónoma de Cataluña) convierte al todo (el Estado) en algo residual. Y lo ha hecho con la complicidad de Zapatero y de su Gobierno central y de su partido político.

¡Es comprensible que muchos ciudadanos se indignen ante estas cosas!.

Para demostrar que estamos en un Estado residual, Alvaro Anchuelo[122] ha analizado las cuentas públicas en clave territorial. En su artículo dice, entre otras cosas que "es un ejercicio poco habitual, pero clarificador, leer las cuentas públicas en clave territorial. En ellas queda plasmado cada año numéricamente el proceso de centrifugación del Estado que padecemos…

…La conclusión general sigue siendo la misma. La capacidad de actuación que la dimensión de los Presupuestos Generales parece proporcionar al Estado resulta engañosa. Detrás de esas macromagnitudes subyace un Estado residual, que ha ido entregando toda capacidad de articular unas políticas comunes en España. Lo que subsiste es un mero "Estado de transferencias", cuya función básica es hacer de intermediario entre los ingresos públicos que recauda y otros destinatarios últimos, que son quienes realmente los gastan. Esto apenas le deja ninguna capacidad de

---

[122] Artículo titulado "El Estado residual en 2011" que ha publicado El Confidencial el 27 de octubre de 2010.

actuación discrecional. Casi todos sus recursos se van en esas transferencias obligatorias, previamente comprometidas...

...El proceso de debilitación de la Administración Central no se ha detenido, ni se está corrigiendo. Todo lo contrario, se acentúa progresivamente. A él han contribuido los nuevos Estatutos y la reforma de la financiación autonómica. Incluso la aprobación de cada Presupuesto requiere jirones adicionales del Estado, como los extraídos por el PNV recientemente. A esto se suma la cuantía cada vez mayor de las prestaciones por desempleo...y los pagos por intereses de la deuda (reflejo de los insostenibles déficits públicos de los últimos años)...

Incluso la principal partida activa de cierta influencia que quedaba dentro del gasto del Estado, el gasto en infraestructuras, está siendo preasignada en los nuevos Estatutos (con unos porcentajes que nada garantiza que acaben sumando 100). La inversión pública territorializada refleja esto, unido al tratamiento preferencial que otorga el Gobierno a las Comunidades políticamente afines. Un año más, Andalucía (con el 17,8 %) y Cataluña (con el 15,2 %) reciben la tercera parte del total. Cataluña, al quedar por debajo del límite del 18,6 % fijado unilateralmente en su nuevo Estatuto, recibe además "proyectos pendientes de determinar" hasta alcanzar dicho límite. Frente a ellas, a la Comunidad de Madrid se le asigna un 10,6 %, por ejemplo".

A su vez, Mikel Buesa[123] ha subrayado certeramente que "los problemas de la economía española no se configuraban al margen del sistema institucional que caracteriza al país. Éste, desde hace ya más de una década, y de una forma muy especial durante el último quinquenio, se ha resentido por una crisis política que debe mencionarse aquí por su incidencia en la conducción económica. La crisis económica se desencadenó justo en el momento en el que la gobernación de España se resentía por la fragmentación que, en su sistema institucional, habían provocado el proceso de descentralización, por una parte, y la deslealtad institucional de los nacionalismos, por otra...

...Digámoslo de una forma clara: el Estado en España, en virtud de una descentralización inacabada, se ha visto constreñido de tal manera que se ha quedado casi sin margen para la aplicación de políticas discrecionales. Y si a esta carencia de capacidad financiera se le añade la consideración de que, debido al temor que a todos los Gobiernos nacionales, sean de la izquierda o de la derecha, les ha suscitado la colisión con los intereses autonómicos, en la práctica el Estado ha dejado de ejercer sus competencias residuales para disciplinar el gasto o el ímpetu regulador de las demás administraciones, la consecuencia no ha sido otra que su parálisis y su incapacidad para afrontar los graves problemas que, en la coyuntura actual, suscita la economía...".

Lo peor de todo es que, actualmente las CC.AA. intentan salir al mercado para endeudarse, pero no pueden pagar los intereses que les exigen. Así lo afirma

---

[123] "Lo que hay que hacer con urgencia". Juan Velarde y otros. Artículo titulado "Una política económica para la crisis española" por Mikel Buesa. Páginas 83 a 85. Editorial ACTAS. 2011.

María Benito[124] en los términos siguientes: "Las comunidades autónomas están desesperadas por conseguir financiación pero lo tienen difícil. Los inversores institucionales demandan por la deuda de las autonomías un precio de hasta 500 puntos básicos por encima del Euribor en emisiones a un plazo máximo de tres años, según fuentes bancarias, lo que hace impensable que salgan, por ahora, a buscar financiación al mercado.

La situación ahora es muy tensa, el momento es delicado y el mercado está cerrado. Las comunidades tendrían que emitir, pero ofrecen unos intereses demasiado bajos y no están dispuestas a pagar lo que se les está pidiendo. El inversor institucional ahora mismo quiere que se le pague más", explican desde un banco de inversión. Las comunidades autónomas cerraron el primer semestre del año con un déficit de 13.066 millones de euros, lo que representa el 1,2 % del PIB, según anunció ayer la vicepresidenta Elena Salgado. La CC.AA. están desesperadas y el gobierno está presionándolas para que reduzcan tanto el déficit como la deuda, en un contexto de creciente malestar con los gobiernos regionales por el incumplimiento de los pagos, por ejemplo, con el sector farmacéutico. Por tanto, los gobiernos autonómicos están sufriendo para recortar el gasto y para conseguir financiación. Las últimas emisiones que han realizado se han dirigido a inversores minoristas ante los elevados intereses que les imponen los institucionales".

El eurodiputado Aleix Vidal-Quadras ha escrito en su blog personal que "ya nadie discute, ni siquiera los nacionalistas cuyo proyecto es liquidarlo, que el Estado de las Autonomías es un gigantesco sumidero de recursos que nos arruina, un galimatías normativo que nos paraliza y una fuente permanente de prácticas corruptas que nos avergüenza. Se ha dicho, y la descripción es exacta, que hemos construido un Estado políticamente inmanejable y financieramente insostenible. [...] Es imprescindible una reforma profunda del Estado devolviendo competencias a las instancias centrales y embridando unas Comunidades [Autonómas] despilfarradoras y únicamente atentas a sí mismas".

En definitiva, **el Estado residual español que las Comunidades Autónomas nos han dejado, tras sucesivas oleadas de transferencia de competencias en sus modificaciones estatutarias, se encuentra ya inerme y resulta incapaz de llevar a cabo una política económica que saque a España de la crisis. Pero, si no salimos de la crisis y recuperamos la senda del crecimiento económico no se podrá financiar suficientemente el Estado de las Autonomías, y tanto el Estado como las CC.AA. tendrán que recurrir cada vez más a crecientes endeudamientos que acabarán arruinándonos. Entonces, nuestro suicidio económico será la antesala del suicidio político de un insostenible Estado autonómico.**

==========

---

[124] Artículo titulado "Las autonomías intentan salir al mercado pero no pueden pagar los intereses" publicado en El confidencial el 9 de septiembre de 2011.

VI) VIABILIDAD O INCOMPATIBILIDAD DEL ENDEUDADO ESTADO AUTONÓMICO ESPAÑOL CON LA EUROPA DEL EURO Y LA DICTADURA DE LOS MERCADOS FINANCIEROS.

La crisis económica ha puesto de manifiesto el alto coste de las Autonomías españolas que no se justifica por las ventajas y beneficios que proporciona una autonomía que adolece de problemas estructurales y que se desangra por sus insuficiencias, sus despilfarros y su inmenso endeudamiento. Por ello los ciudadanos se dan cuenta de que nuestro costosísimo sistema autonómico impone una pesada carga económica y perjudica a la unidad de mercado y a la competitividad de los bienes y productos españoles en Europa y en el comercio internacional, lo que conduce al suicidio económico de España. Ante esa realidad muchos cuestionan el actual Estado de las Autonomías porque, además de impedir la recuperación y el desarrollo económico de nuestra nación, también contribuye de forma probablemente irreversible a la destrucción de la igualdad, la cohesión y la solidaridad, que son fundamentales para el mantenimiento de la integridad de la nación española.

Últimamente los presupuestos del Estado y todos los de las Comunidades Autónomas se cierran con déficit. Ello ha llevado al catedrático de Hacienda Pública y Sistema Fiscal Leopoldo Gonzalo y González[125] a cuestionarse si es posible reducir el actual déficit público en España. En su estudio dice lo siguiente:

"...El déficit español –solo superado por el de Grecia, Irlanda y Reino Unido, dentro de la UE- no debe imputarse en exclusiva a la grave flexión cíclica que padecemos, sino también, y sobre todo, a un rasgo característico de nuestro sector público, cual es su configuración abocada a generar déficit de naturaleza predominantemente estructural. El núcleo duro de este déficit es, en efecto, consecuencia de las malformaciones institucionales de nuestra democracia, de una forma de organización política que impulsa el gasto público hacia arriba al margen de cualquier criterio de eficiencia e incluso de necesidad. Me refiero al déficit estructural entendido como diferencia entre el saldo presupuestario total y el saldo cíclico, esto es, el ocasionado por el funcionamiento de los estabilizadores automáticos en las oscilaciones de la coyuntura...Pero ¿de quién ese déficit?, ¿a qué o a quién cabe atribuir la responsabilidad de su nociva permanencia?...

...Un sector público sobredimensionado y omnipresente en la vida social y económica añade a las disfunciones propias de los sistemas de elección colectiva y a la influencia de las burocracias un plus de gasto difícil de sostener y, en cualquier caso, cargado de distorsiones e ineficiencias. A ello contribuyen conjuntamente la necesidad de contar con mayorías suficientes para la aprobación de los programas presupuestarios, confiriendo a las minorías un peso o representatividad de la que carecen; una subestimación de la carga fiscal necesaria para la financiación de unos

---

[125] "Lo que hay que hacer con urgencia" por Juan Velarde y otros. Artículo titulado "¿Es posible reducir el déficit público? de Leopoldo Gonzalo y González. Editorial ACTAS. Madrid. 2011. Páginas 221 a 223.

gastos públicos cuyos beneficios se sobreestiman merced al *marketing* con el que suelen envolverse las políticas públicas; una infravaloración del coste de las actividades financieras mediante el recurso al déficit; la ilusión financiera derivada de la inflación, que hace posible el discreto avance de la presión tributaria gracias al fenómeno de la progresividad "en frío"; y, en fin, la influencia de la burocracia sobre la oferta de servicios públicos como consecuencia de su connatural inclinación a mantener y aumentar su cuota de poder a través del trueque de políticas públicas por votos".

La sobredimensión del sector público -con sus disparatadas extralimitaciones- se ha ido produciendo en España con el Estado autonómico. Desde luego, **con las Autonomías no hay futuro económico –ni político- para una España famélica y endeudada**. Con unas Autonomías despilfarradoras y endeudadas excesivamente estamos abocados a seguir la misma senda de la quiebra financiera que afecta ya a Grecia, y terminaremos en bancarrota. Pero ¿es tan mala nuestra situación económico-financiera para que tengamos que elegir entre el mantenimiento de nuestras Comunidades Autónomas o la pertenencia de España al selecto club de la Europa del euro?. Ya lo creo que sí, es malísima. Y lo peor está por venir: una segunda recesión.

Así lo ha reconocido Pilar García de la Granja[126] quien ha escrito lo siguiente:

"Tres años largos han pasado desde que Manuel Pizarro se convirtiera en el líder de los "antipatriotas oficiales" y tres años después estamos donde él dijo que estaríamos, frente a una recesión interna y otra externa que nos coloca en un escenario de doble recesión. El adelanto lo ha hecho la directora gerente del FMI, quien ha decidido soltarse la melena y amedrentar a los políticos del viejo continente, tan acostumbrados a la mentira generalizada.

Y he aquí la doble recesión. Esta segunda es de carácter puramente político porque tal fue la decisión de nuestros políticos de inundar los mercados y las economías de dinero para salvar las entidades financieras de un supuesto "efecto dominó bancario". Ahora tenemos un "efecto dominó de países". Los bancos eran fundamentales para la estabilidad de los mercados. ¿Y qué hacen los bancos sin países y sin monedas?. La recesión que se nos viene encima tiene que ver con el pago de la deuda contraída para salvar al sistema financiero, manteniendo el mismo nivel de gasto social que se tenía antes de salvar a los bancos y con el pequeño detalle de que se han desplomado los ingresos. ¿Nadie lo pensó antes?. El endeudamiento indefinido sin ingresos que lo mantengan es sencillamente una quimera. Y aquí nos encontramos: una país endeudado que no genera ingresos suficientes para pagar sus compromisos sociales y económicos, con cinco millones de parados y subiendo, y con un gobierno caótico y terminal".

Algunos pensarán que este panorama español tiene solución, dada nuestra pertenencia a la Unión Europea y al euro. Pues se equivocan. La situación económico-financiera de Europa es pésima y las perspectivas de recuperación

---

[126] Artículo titulado "Manuel Pizarro y la doble recesión" publicado en El Confidencial el 6 de septiembre de 2011.

económica en todo Occidente son cada vez más problemáticas. ¡Europa no podrá ayudarnos!. Es toda Europa la que está al borde del precipicio.

En efecto, Ignacio J. Domingo[127] ha explicado certeramente la dramática situación en que se encuentra Europa con una sola frase: "Contracción económica y crisis financiera sistémica". (En efecto) "tres años después de la quiebra de Lehman Brothers, el 15 de septiembre de 2008, el doble fantasma de la recesión y el *creditcrunch* reaparece de nuevo en los mercados. Sólo que esta vez, su irrupción no coge de sorpresa...

...El informe del Fondo (Monetario Internacional), preparado expresamente para la cita del Ecofin (en Wroclaw, Polonia), hablaba de la entrada de Europa en "un círculo vicioso" surgido de "su (elevado) nivel de endeudamiento, sus (indefinidos) rescates bancarios y su (retorno) a un crecimiento débil". La cruda realidad descrita por el FMI fue asumida tras la reunión polaca del Ecofin...eso sí, sin reconocer el cheque de 200.000 millones de euros de coste de este saneamiento que calculó la directora gerente del FMI, Christine Lagarde...En paralelo, desde la Casa Blanca se asumía que la primera potencia mundial pierde fuelle y coquetea peligrosamente con una segunda contracción. Temor que ya se ha constatado en Japón...

...La tragedia griega sigue sin cerrar el telón más de un año después del primer salvavidas financiero. Mientras el eje franco-alemán mantiene sin resolver el dilema de si avanzar hacia un Tesoro común –el viejo anhelo de los europeístas en Maastrich, que fue fulminantemente enterrado por Margaret Tatcher, a pesar de su declaración rechazo a la divisa europea-, que defienden ahora figuras como George Soros, con eurobonos y políticas armonizadoras en materia fiscal, laboral y comercial, por un lado. O dejar que Grecia salga de la zona monetaria o, en su defecto, diseñar una reestructuración ordenada de su deuda, por otro...

...Más preocupante, si cabe, es el mensaje con el que acude Lagarde a la cumbre de otoño del FMI. Su directora gerente ha confesado recientemente en actos académicos, que el tórrido verano en las bolsas "ha hecho florecer la idea de que atravesamos una crisis del capitalismo en toda regla, de que nuestro modelo económico y político no es capaz de producir crecimiento sostenible, ni una adecuada generación de rentas y riqueza, ni crear empleo o facilitar créditos".

0000000000

El ex presidente José María Aznar ha dicho ya que el Estado de las Autonomías, tal y como se ha configurado, no es viable a nivel político y financiero. Efectivamente, el 31 de enero de 2011 se presentó un Informe que la Fundación para el Análisis y los Estudios Sociales (FAES) había elaborado y que se titula *Por un*

---

[127] Artículo titulado "Recesión + "credit crunch": la tormenta perfecto ya está aquí", publicado en El Confidencial el 24 de septiembre de 2011.

Estado autonómico racional y viable, del que son autores Mario Garcés, Julio Gómez Pomar y Gabriel Elorriaga, que puso de manifiesto las disfuncionalidades económicas y administrativas del modelo territorial, aunque apenas trata de los problemas de orden político y cultural, que son indisociables de los aspectos económicos y administrativos.

En esa presentación Aznar afirmó que "las comunidades autónomas no son un problema" sino que "tienen problemas que necesitan resolverse". En este sentido, mencionó tres razones que hacen "inaplazable" las reformas en el funcionamiento de nuestro Estado autonómico: son necesarias, a su juicio, para "seguir siendo protagonistas del proyecto europeo"; para "asegurar el futuro de nuestra sociedad de bienestar"; y para "hacer plenamente vigente la Constitución de 1978 y preservar el derecho de la Nación española a decidir su propio destino libremente, a trabajar por su prosperidad y a permanecer unida". Además, "debemos resolver los problemas de nuestro Estado autonómico; de lo contrario tendremos dificultades para seguir anclados en el euro", porque "la atención de las instituciones económicas está puesta en cómo pensamos resolver los problemas de nuestra organización territorial". En todo caso, "necesitamos un Estado capaz de impulsar las reformas necesarias, que pueda defender de manera creíble nuestros intereses en el exterior".

Ante la actitud reformista de las Autonomías mostrada por Aznar, Pedro Carlos González Cuevas[128] ha subrayado que "no deja de ser chocante que esta denuncia venga de la mano de un hombre como José María Aznar, que…transfirió durante su mandato a las comunidades autónomas la sanidad y la educación…De todas formas, Mariano Rajoy pronto se encargó de suavizar las opiniones de Aznar con unas declaraciones en las que daba fe de su adhesión al sistema autonómico: "Yo creo en el Estado de las autonomías. Ha sido muy útil. Ha funcionado bien. Nosotros lo apoyamos. A partir de ahí hay que hacer reformas, sobre todo recuperar la ley de estabilidad presupuestaria también para las autonomías y garantizar la unidad de mercado"(*El País,* 19-1-2011). Como puede verse, es difícil que el Partido Popular pueda elaborar una alternativa al Estado autonómico, dado que ha participado tanto en su construcción como en su gestión y disfruta de los privilegios que genera el sistema. Lo mismo podemos decir del PSOE, para quien el Estado autonómico es intocable; y en ese sentido su ejecutiva ha dejado muy claro que tan solo admitirá "retoques" al actual modelo territorial" (*La Gaceta,* 25-1-2011).

0000000000

Si España quiere superar la crisis económica que soporta, tendrá que curarse su talón de Aquiles: la competitividad de una gran parte de nuestros bienes y servicios es escasa para competir en el mercado único de la Unión Europea y en el resto del mundo, en gran parte debido a las divisiones y obstáculos que tiene nuestro

---

[128] Artículo citado. Página 4.

mercado interior, consecuencia de los diecisiete "mercadillos" correspondientes a las 17 comunidades autónomas y sus diferentes normativas. Por ello y en todo caso, con reforma o no de nuestro Estado de las Autonomías, España tendrá que adoptar unas medidas adecuadas para mejorar la competitividad de nuestros productos y servicios, de acuerdo con un auténtico programa de política económica. Son las que Juan Velarde[129] ha especificado en un excelente estudio. Resumidas brevísimamente, son las que se relacionan seguidamente:

1. Liquidar el rigidísimo mercado de trabajo.

2. Alterar radicalmente la actual política energética.

3. El sistema de reparto para financiar las pensiones es un factor de encarecimiento.

4. Sin abundancia de capital humano adecuado es imposible que tenga lugar un proceso de desarrollo económico importante.

5. No es posible ignorar, ni un segundo más, el problema institucional español. Dice J. Velarde que "Carlos Sebastián, en su espléndido ensayo *La mejora de la productividad de la economía española: las reformas necesarias* (Fundación Cajamar, diciembre 2009), expone que "históricamente los grupos que detentan el poder político *de facto* han bloqueado las reformas institucionales cuando han percibido que esas reformas podían suponer una merma efectiva de su poder" Por ello concluye que en España "resultará escasa la probabilidad de que se produzcan las reformas que generan eficacia, transparencia e independencia en la regulación económica y en la provisión de bienes públicos, y reformas que vayan en contra de los intereses de los afines o que mermen la capacidad de ejercer el clientelismo desde los distintos niveles de la Administración".

6. Es urgente no descuidar la situación del sistema crediticio español.

7. Nuestra realidad demográfica exige tener actualizada una política inmigratoria.

8. Es urgente la remodelación del sistema impositivo y del haz de medidas cubiertas por el gasto público, junto con un replanteamiento del estado del bienestar.

9. La cuestión que plantean las políticas de intervención en la actividad económica por parte de las autonomías es urgente alterarlas cuando levanten obstáculos a la unidad del mercado español.

10. La economía de mercado ha probado una y mil veces su eficacia, muy superior a la economía intervenida".

También Juan E. Iranzo[130] propugna la adopción en España de una eficaz política económica para conseguir la competitividad de nuestros productos y servicios.

Por último, Antonio Casado[131] ha concluido que la gigantesca deuda de las Comunidades Autónomas pone en cuestión la viabilidad de un Estado autonómico

---

[129] "Lo que hay que hacer con urgencia". Juan Velarde y otros. Editorial ACTAS. Madrid. 2011. Páginas 507 a 516.

[130] "Lo que hay que hacer con urgencia". Juan Velarde y otros. Artículo titulado "Una política económica para la competitividad" de Juan E. Iranzo. Editorial ACTAS. Madrid. 2011. Página 244.

"pensado con parámetros políticos, insostenible con parámetros económicos en tiempos de vacas flacas. Vale para la Unión europea y vale para nuestro Estado de las Autonomías. A la luz del mismo imperativo político: cargar con los pecados de otros, o encubrirlos, para salvar el conjunto. El paradigma económico también ha venido siendo el mismo durante la forja del llamado Estado del Bienestar: endeudamiento como herramienta política. E idéntica la tensión entre el deudor y el acreedor, que transfiere a los mercados el papel clásico de las democracias representativas: el de control-limitación del poder".

Estas certeras conclusiones se basan en un conocimiento exacto de la realidad económico-financiera nacional e internacional, pues las "vacas" están tan flacas que no hay financiación suficiente para mantener un Estado de las Autonomías que está siendo el mayor obstáculo para que España recobre la senda del crecimiento económico. Y sin incremento del PIB no hay posibilidad de pagar nuestras deudas, en un horizonte relativamente cercano, ni financiar las costosas Autonomías, ni reducir el insoportable paro que padecemos.

Carlos Sánchez[132] ha escrito que "la bola de nieve en que se ha convertido el endeudamiento –público y privado (o sea, Estado, CC.AA., corporaciones locales, empresas y hogares)- amenaza a las economías, como se encargan de recordar cada día los mercados. Pero a unos países más que a otros. Y en el pelotón de cabeza está España que, según los últimos datos procedentes del BIS (Banco de Pagos Internacionales, por sus siglas en inglés), ocupa ya la cuarta plaza como país más endeudado del mundo. Solo Japón (456 % del PIB), Portugal (366 %) y Bélgica (356 %) tenían a finales de 2010 un mayor nivel de deuda que España en relación a su PIB nominal, un 355 %.

Por detrás de esos niveles se encuentran países a los que históricamente se les ha considerado como de elevado endeudamiento, como EEUU (268 % del PIB), Reino Unido (322 %) o incluso la atribulada Grecia, cuya deuda (tanto pública como privada) equivale a un 262 % de su PIB, lo que supone 93 puntos de PIB menos que España.

Y a la conclusión a que llegan es que elevados niveles de deuda son malos para el crecimiento económico. Y lo demuestran con datos. Según sus cálculos, por cada diez puntos que aumenta la deuda pública por encima del 85 % del PIB, la actividad económica se contrae en un 10 % por cada punto porcentual de crecimiento. En el caso de la deuda corporativa (de empresas), el umbral de peligro se sitúa a partir del 90 %, y su impacto es la mitad de grande que en el caso de la deuda pública. Mientras que para la deuda de las familias la luz roja se enciende a partir del 85 %, y aunque el impacto es "impreciso", se considera que es importante. En el caso español, tanto la deuda de las empresas como la de los hogares se sitúa claramente por encima de esos niveles, mientras que la deuda pública se acerca,

---

[131] Artículo titulado "La deuda pone en cuestión el Estado de las Comunidades Autónomas" publicado en El Confidencial del 27 de julio de 2011.
[132] Artículo titulado "España es ya la cuarta economía más endeudada del mundo desarrollado" publicado en El Confidencial del 15 de septiembre de 2011.

aunque todavía con amplio margen de maniobra (2011 finalizará, según las previsiones del Gobierno, con alrededor del 68 % del PIB)".

0000000000

Una pesimista conclusión se confirma diariamente: nuestro Estado de las Autonomías se está convirtiendo en el Estado de los Recortes. Para comprobarlo, basta leer el artículo que ha escrito recientemente Ana I. Gracia[133] que dice, entre otras cosas, lo siguiente:

""No tenemos un puto duro". La declaración, captada a principios de verano por un micrófono abierto a la presidenta de la Comunidad de Madrid, ya podría atribuirse a otros homólogos de Esperanza Aguirre. El piloto de emergencia lo ha activado el anuncio casi simultáneo de varias regiones que recortarán en servicios tan básicos como la educación o la sanidad, intocables hace unos meses para todas. Ante el desbordamiento de sus deudas, hay comunidades que han pedido al Estado retrasar las cuotas a la Seguridad social de sus trabajadores; otras, una bajada de sueldos para los médicos y la suspensión de consultas y operaciones en el puente de la Constitución, por ser días de menor actividad. Alguna pagará con 30 días más de retraso a las farmacéuticas, aunque para éstas supongan siete millones de euros adicionales en gastos de demora. Hay comunidades, incluso, que empiezan el nuevo curso escolar con 2.500 profesores interinos menos que el curso anterior. Las comunidades autónomas se muestran incapaces de controlar el crecimiento de su gasto corriente y ya recortan en servicios de primera necesidad para intentar cuadrar, sea como sea, su balance de situación final…

Cataluña tampoco es capaz de cuadrar sus cuentas. La situación es tan extrema, que el Departamento de Salud de la Generalitat pedirá a los médicos una nueva rebaja salarial para este año y propone recortar en unos 77 millones más este ejercicio en gastos en los CAP y los hospitales públicos catalanes, que ya han anunciado que durante el puente de la Constitución suspenderán las consultas y operaciones para poder ahorrar. La región tuvo que tomar a principios de año otras medidas coyunturales para intentar salvar la situación presupuestaria del 2011, como alargar las listas de espera, disminuir la actividad quirúrgica y vender edificios…

Baleares y Madrid han preferido apretar el cinturón en el área de Educación. El Consejo de Gobierno balear aprobó ayer diferentes acuerdos mediante los cuales suspendía el nombramiento de interinos, la contratación del personal laboral al servicio de la administración autonómica y la interrupción de las retribuciones por complementos de productividad y horas extras a los trabajadores públicos de la Comunidad…

---

[133] Artículo titulado "La ruina autonómica y municipal se deja sentir ya en los servicios básicos del ciudadano" publicado en El Confidencial el 24 de septiembre de 2011.

...Días de huelga de los profesores de Secundaria es parte de las consecuencias que Esperanza Aguirre está sufriendo en la Comunidad de Madrid tras anunciar que, para cuadrar los 231 millones de euros menos que este año va a invertir en Educación, prescindirá de 2.500 profesores interinos más para este nuevo curso (solo en Secundaria)".

¿Estamos ya, o no estamos, en el Estado de los Recortes sociales?.

Lo que parece indudable es que si queremos salir de la crisis económica y recuperar la senda del crecimiento -lo que es indispensable para reducir el inmenso paro que aqueja a España y que cada vez es más difícil de sostener por la escasez de recursos presupuestarios que tenemos-, habrá que renunciar al lujo imposible de las despilfarradoras autonomías territoriales. Hay que elegir ya entre la salida de la crisis o el Estado de las Autonomías. Con la actual organización territorial autonómica no se puede salir de la crisis y, entonces, el rescate financiero de España por Europa se hará inevitable. En tal caso, España tendrá que convertirse –como ya lo es Grecia- en un Estado de los Recortes, que imponga duros sacrificios a los ciudadanos.

Efectivamente, en Grecia, se tienen que reducir las pensiones hasta un 20 %; los sueldos de los funcionarios hasta un 15 %, aunque se estudia la posibilidad de que bajen hasta un 40 %. También van a recortar el número de estos empleados públicos en una cuarta parte; de ellos, 30.000 funcionarios inmediatamente. Además se han aumentado numerosos impuestos, y se han establecido otros nuevos, como el que gravará la propiedad. Se ha rebajado también el umbral de ingresos para el pago de ciertos impuestos. Todo esto repercutirá muy negativamente en la calidad de la prestación de servicios sociales, como la sanidad o la educación.

¿Queremos los españoles que, como en Grecia, nuestros sueldos y pensiones sean rebajados, nuestros impuestos aumentados enormemente, y que nuestros servicios sociales se degraden perjudicialmente?. Para evitarlo, para que no sea necesario rescatar a España, no tenemos más remedio que eliminar enseguida el costosísimo Estado de las Autonomías, caiga quien caiga, y quiéranlo o no los políticos.

En definitiva, que el tema más preocupante que hay en España es, en mi opinión, que las autonomías políticas territoriales resultan inviables en la Europa del euro, pues los recursos disponibles por las CC.AA. serán cada vez más escasos, hasta llegar a ser insuficientes, porque todavía las autonomías territoriales se sostienen, sobre todo, por la financiación procedente de un Estado residual. Todavía no han asumido que, como la autonomía es muy cara, debe ser financiada mayormente por los habitantes de los territorios autónomos, porque "la vaca" del Estado no puede dar más leche de la que tiene, que cada día es menor....por el excesivo endeudamiento. ¡En España no queda pan para tanta autonomía territorial!. Y Europa no quiere ni puede rescatar a países de la dimensión de Italia o de España. El Estado de las Autonomías es incompatible con los compromisos que exige la Europa del euro.

==========

VII) LA REGENERACIÓN DEL SISTEMA POLÍTICO ESPAÑOL EN EL OCASO DE LOS NACIONALISMOS: HACIA UNA SEGUNDA TRANSICIÓN.

La ausencia de democracia real en España es reconocida por todos, menos por los políticos de los grandes partidos, y de los nacionalistas, que son los que se benefician de esa ausencia. Para regenerar el sistema político hay que instaurar una verdadera democracia, porque el pueblo español tiene ya madurez suficiente y no necesita ser tutelado por los partidos que han secuestrado la democracia.

Voy a relacionar seguidamente los principales requisitos que debe tener un sistema político para que pueda ser calificado de democrático. Entre los requisitos básicos característicos de una democracia destacan los siguientes:

- La soberanía reside en el pueblo (o sea, en el conjunto de ciudadanos), por lo que el sistema debe permitir y garantizar la libre elección de los representantes de la ciudadanía.
- Es indispensable que haya verdadera separación de los poderes del Estado: Legislativo, Ejecutivo y Judicial.
- Ha de existir una Legislación que configure un auténtico Estado de Derecho.
- Tiene que haber equilibrio entre las esferas pública y privada, sin que haya politización ni avasallamiento de la sociedad civil.
- Es preciso que los medios de comunicación sean independientes y libres, sin sujeción a los partidos políticos ni a los poderes fácticos.

Al examinar el panorama político español con el fin de comprobar si tiene en cuenta estos requisitos nos quedamos desolados al comprobar que nuestro sistema político no cumple casi ninguno de esos criterios. La decepcionante conclusión es que la partitocracia que nos domina ha secuestrado la verdadera democracia y nos ha reducido a los ciudadanos a la indigna condición de súbditos inermes.

La degradación democrática generalizada existente se manifiesta en lo siguiente:

- Una proliferación de normas y de burocracias innecesarias y superfluas.
- Deficiencias en la debida transparencia de la gestión pública.
- Clientelismo caciquil.
- Corrupción pública creciente, y
- Una Administración de Justicia lenta y politizada porque los partidos la han colonizado y el Gobierno no la dota con medios suficientes.

Ante esta situación política española, conviene reflexionar sobre lo que nos dicen Francisco Sosa Wagner y Mercedes Fuertes[134] que es, literalmente, lo siguiente:

"Porque es verdad que tenemos elecciones de vez en cuando y tenemos votos y tenemos urnas, pero ¿qué hay detrás de esa fachada?.

---
[134] Obra citada. Página 31.

En las elecciones creemos como en los reyes magos hasta que nos damos cuenta de que los diputados que elegimos son *los padres*. La democracia tiene mucho de gran trampantojo, de papel pintado de la voluntad popular, de esas calcomanías que repiten imágenes con desesperante rutina y falta de estro. Es más o menos así en todos los países europeos –aunque con diferencias sensibles- pero uno lamenta que en el nuestro la democracia haya perdido con tantas prisas su lozanía. Porque todo parece indicar que hemos sido demasiado aplicados en el empeño de quitarle la careta y el resultado es que la tenemos, joven aún, pero ajada y deslucida.

A pesar de los polvos cosméticos de nuestra mirada piadosa de recién llegados, la democracia española no enseña más que arrugas y una piel sin irrigar.

Ahora bien, justo porque no hay alternativa al sistema democrático, es por lo que resulta necesario denunciarlo y someter a nuestra mirada crítica cada uno de sus ingredientes porque nosotros no podemos vivir la ensoñación que vivieron nuestros abuelos cuando se dejaron arrullar por los cantos de la sirena totalitaria, ya fuera la comunista o la fascista (¡ay todos aquellos intelectuales que cantaron a Hitler o a Stalin…!). Esas experiencias, terribles, han convertido a la tal sirena en un escualo, del que procede huir resueltamente.

A todo ciudadano consciente deberían preocuparle las patologías de la *res pública* aun sabiendo que extirparlas no es tarea fácil pues se cuenta con obstáculos poderosos: de un lado, la animadversión de una buena parte de la clase política que, por ser muy conservadora, rechaza hablar de enfermedades y de medicinas; de otro, la indiferencia de una población que se limita a contemplar el tiovivo –entre carnavalesco y religioso- de los procesos electorales y a descalificar sin matices a sus protagonistas…

Partiendo de estas realidades, se impone constatar que el vicio de mayor bulto de nuestro sistema viene representado por los partidos políticos con mando y su desesperante comportamiento".

Efectivamente, como dice Irene Lozano[135] "desde que los políticos se han convertido en el tercer problema del país, estamos atrapados en un peligroso bucle. Criticarlos de forma genérica, como estamento o incluso casta, se ha convertido en un dañino pasatiempo para solaz tanto de los parroquianos en los bares como de los finos analistas de tertulia que, lejos de buscar una salida del bucle, nos sumen cada día más en él…

…La historia demuestra que las diatribas contra un grupo social fomentan el odio. Además, dirigidas contra los políticos, encierran un peligro adicional, porque la idea de la democracia representativa es una abstracción que cobra cuerpo en sus representantes. Con toda certeza, hay gente capaz de distinguir entre el sistema y sus cargos, pero mucha otra acabará convencida de que la definición de democracia viene a ser algo así como "el sistema en el que dos partidos igualmente corruptos, mentirosos e inútiles se alternan en el poder, estimulando en sus militantes la obediencia y el sometimiento".

---

[135] "Es lo que hay". Rosa Díez. Debate Ediciones. Barcelona. 2011. Páginas 9 y 10.

También Irene Lozano, en un reciente artículo[136] afirma que "además de llevarse los empleos y los ahorros, la crisis está arramplando con la legitimidad de muchas instituciones, como los partidos políticos...

...Los partidos se comportan como si su originario marchamo democrático les otorgara un plus de indulgencia ciudadana respecto a sus arbitrariedades. Cuentan con la indiscutible legitimidad del voto, pero temo que no se hayan dado cuenta de que, si bien las urnas otorgan la representatividad, en estos momentos no bastan para re-legitimar a los partidos como un todo, como sistema...

...Los grandes partidos, instalados en el despótico "después de mí el diluvio", se contentan con invocar el fantasma del fascismo para acallar a sus críticos. Se consideran tan imprescindibles que han olvidado la necesidad de todo poder de buscar su legitimación, es decir, de "obtener obediencia sin recurrir a la coacción", por emplear las palabras de Max Weber. La legitimación automática ya no funciona y si insisten en el célebre "Yo o el caos", puede llegar el momento en que la gente conteste: el caos. Lo malo es que si eso ocurriera, no rodarían sus cabezas, sino las nuestras. Mientras las cúpulas se lo piensan, urge que los ciudadanos ocupen pacíficamente los partidos y los conviertan en verdaderos "cauces de participación democrática", como manda la Constitución. No se me ocurre otra forma de devolverles la legitimidad perdida".

0000000000

Desde luego, hay que hacer una mención especial de la profundidad de la corrupción en el sistema político español; pero no me refiero a la corrupción de las personas que delinquen, porque para luchar contra ella ya está el Código Penal y la Justicia. La corrupción más preocupante de España es la institucional, pues los partidos políticos creen que están por encima de la ley y, frecuentemente, la bordean o, incluso, se la saltan o ignoran despreciativamente algunas sentencias judiciales. Por supuesto, la peor de las corrupciones es la inexistencia de separación de los poderes del Estado, pues la partitocracia se ha cargado la independencia judicial. Pero hay otra formas de corrupción que son legales y admisibles, como que el partido gobernante de una administración: central, autonómica o local, puede nombrar muchos cargos y infinidad de asesores, y a la vez tejer una red de Agencias y Fundaciones, o empresas públicas, con plena discrecionalidad en cuestiones de personal o, también, de endeudamiento, al margen de cualquier disciplina presupuestaria. Desde luego, lo más chocante en nuestra partitocracia es la impunidad de que se han revestido los políticos en la gestión y resultados de los asuntos públicos.

---

[136] Artículo titulado "El reino de los partidos y los partidos del reino", publicado en El Confidencial el 5 de enero de 2012.

Ante esta situación el periodista Federico Quevedo[137] ha expresado su indignación en los siguientes términos: "Tengo un buen amigo, más bien tirando a la izquierda que a derecha, pero que más allá de ideologías razona con mucho sentido común, moderación y sensatez, que dice que si Mariano Rajoy se atreviera a meter en la cárcel a unos cuantos banqueros nada más llegar al Gobierno, la prima de riesgo de España bajaría por lo menos cien puntos. Yo añado a eso que, si además metiéramos también en la cárcel a unos cuantos políticos de estos que nos han dejado en la ruina, la prima de riesgo bajaría otros cien puntos más, y ya estaríamos seguramente en un nivel respecto del bono alemán bastante aceptable.

¿Por qué digo esto? Pues, francamente, porque estoy hasta las narices, por no decir otro lugar de la anatomía masculina, del punto de sinvergonzonería al que hemos llegado en este país para escarnio de una sociedad civil que está aguantando lo inaguantable, viviendo dramas brutales, soportando una crisis durísima a la qe nadie ve fin y siendo víctimas de un ajuste que, como siempre, pagan los mismos: los más pobres, las rentas del trabajo, las familias...Y de las que se libran también los de siempre: los más ricos, los funcionarios, los liberados sindicales y la clase política que nos ha conducido a esta situación y que lejos de asumir responsabilidad alguna se empeñan encima en seguirnos vendiendo su demagogia barata y sus mentiras interesadas y cuyo único objetivo es que la gente les vote para seguir estando en el machito...

...Que no nos mientan más. Pero, sobre todo, que empiecen a hacer algo para que la ciudadanía deje de tener la sensación de que el coste de esta crisis solo recae sobre ella. ¿Cómo es posible que haya pasado lo que ha pasado en la Caja de Ahorros del Mediterráneo sin que eso no tenga de inmediato consecuencias penales? Y no solo para los administradores de la caja, sino también para quienes sabiendo lo que ocurría miraron para otro lado. Pero, ¿en qué puñetero país vivimos? ¿Por qué esa gente se va siempre de rositas y con unos cuantos millones en cuentas corrientes en paraísos fiscales? ¿Por qué tenemos que pagar ahora de nuestro bolsillo, del dinero de nuestros impuestos, los desastres de su mala gestión, mientras ellos nos siguen apretando las tuercas y ahogándonos cada día un poco más?...

...Se trata de que los responsables de lo que ha pasado paguen de verdad, y la situación a la que nos han llevado no se paga con dinero, se paga con Justicia, y Justicia con mayúsculas. Si tanta prisa se dan a veces para meter en la cárcel a un alcalde por presuntos delitos de corrupción, aunque a veces luego sean falsos, ¿por qué no se dan la misma prisa para meter en la cárcel a quienes han provocado auténticos desfalcos en las entidades financieras y en las cuentas públicas?. Empecemos por ahí, y habremos empezado, de verdad, a regenerar la vida y la convivencia de este país que se desangra y se desespera por sus cuatro costados".

El partido Ciudadanos ha propuesto que los partidos asuman la responsabilidad civil subsidiaria por la corrupción de sus cargos públicos. En efecto, Víctor Domingo, candidato de Ciudadanos a la Comunidad de Madrid en las pasadas

---

[137] Artículo titulado "Malos banqueros y políticos nefastos, ¿todos a la cárcel?, publicado en El Confidencial el 1 de octubre de 2011.

elecciones autonómicas anunció que su partido iba a promover las reformas legislativas necesarias para que los partidos tengan que asumir la responsabilidad civil subsidiaria por los casos de corrupción de sus formaciones, pues declaró que "no puede ser que haya políticos que hagan suyo el "me lo llevo" y los partidos políticos no asuman la responsabilidad por ello. ¿Quién los puso en la lista?. La cúpula de los partidos, la *cupulocracia*. Pues que apechuguen con ello y se les quite de la subvención electoral la parte que sus cargos corruptos hayan quitado a la ciudadanía".

Desde luego, yo creo que no basta con la acostumbrada "suspensión de militancia", de los corruptos. En todo caso, la regeneración pública debe iniciarse con la instauración de una verdadera democracia, lo que exige una segunda transición política para refundar España mediante una profunda reforma constitucional, porque el actual modelo de Estado no es sostenible.

En todo caso, y **para que sea operativa, la regeneración democrática de España debe especificarse en propuestas concretas.** El Foro de la Sociedad Civil, que preside Ignacio Camuñas Solís, ha propuesto en el pasado mes de octubre un Decálogo de Medidas Urgentes, con un preámbulo en el que se dice que "la combinación de una crisis política –con un Estado autonómico que viene generando más problemas que los que su implantación ha tratado de resolver- y de una crisis económica aguda, produce un resultado altamente peligroso que es menester afrontar con urgencia, para enderezar el rumbo de nuestro país y poder alcanzar la necesaria paz social, amenazada hoy de manera alarmante". Entre las medidas urgentes propuestas en su Decálogo destacan las siguientes:

- "Aprobar una nueva Ley Electoral que asegure una más auténtica representación del electorado y acabe definitivamente con las listas cerradas y bloqueadas confeccionadas por los aparatos de los partidos, como ocurre en la actualidad.
- Corregir las disfuncionalidades que la regulación y la actuación de las Comunidades Autónomas vienen acreditando desde hace ya demasiado tiempo…Será conveniente revisar la estructura territorial del Estado suprimiendo la duplicidad de competencias y simplificando las tramitaciones administrativas y empresariales para fortalecer la unidad del Estado que garantice la igualdad entre los ciudadanos.
- Reforzar la organización y funcionamiento de la Justicia para lograr una justicia independiente, despolitizada, pronta y eficaz.
- Establecer un control riguroso del gasto público; el saneamiento de nuestro sistema financiero; la reforma del sistema de relaciones laborales; la consecución de una política energética que garantice nuestras necesidades de forma estable y duradera; y por último fomentar una política exportadora que necesariamente deberá basarse en el progreso de la innovación y competitividad de nuestro sistema productivo."

A su vez, el magistrado jubilado del Tribunal Supremo Benigno Varela Autrán[138] ha expuesto en un excelente artículo los objetivos de una segunda Transición a la democracia donde, entre otras cosas, dice lo siguiente:

"La realidad del momento actual en España evidencia la imperiosa necesidad de un nuevo pacto suprapartidario que reconfigure nuestro sistema democrático, haciendo, si es preciso –y parece que puede serlo- los retoques constitucionales que se estimen adecuados y oportunos…Hay que alejar todo atisbo de configuración piramidal de los partidos políticos y eliminar de los mismos todo signo de autoritarismo que vaya más allá de la disciplina indispensable en toda agrupación humana llamada a prestar un servicio público.

Claro es que resulta mucho más cómodo el sistema de listas cerradas que garantiza la promoción de candidaturas que a la dirección del partido le interesa o le viene bien, como también es más expeditivo el nombramiento de cargos en el seno del propio partido por el régimen de designación discrecional. Pero, indudablemente, en uno y otro caso, se violentan los principios de la libertad de elección democrática, tanto externa como internamente. También, cómo no, habría que pensar en remodelar el sistema electoral a fin de conseguir una más ajustada proporcionalidad representativa, procurando, asimismo, que la fuerza política más votada fuese la que asumiera el gobierno sin dar ocasión a que partidos minoritarios lleguen a adquirir un protagonismo no concordante con el verdadero resultado electoral.

En otro orden de temas, uno que se halla precisado de un imprescindible y ya no retardable afrontamiento es el referido a la definitiva organización territorial de España, que exige un replanteamiento a fondo que sitúe a las comunidades autónomas en el lugar que constitucionalmente les corresponde…

…Se ha sido muy tolerante hasta ahora con las comunidades autónomas, pero parece llegado el momento de poner coto a los innegables excesos que, en buena parte de ellas, se han producido…; pero no hay otro remedio que poner manos a la obra en la reconfiguración de la organización territorial de España, y es misión y responsabilidad que incumbe a los dos partidos políticos mayoritarios que, dejando de lado sus normales e inevitables rivalidades, han de asumir, como verdadera cuestión de Estado, la nueva y definitiva estructuración territorial de la única nación española…Las inadmisibles demoras en la renovación del Consejo del Poder Judicial o del Tribunal Constitucional y la ya descarada politización de estos órganos constitucionales tendrían que hacer pensar a los responsables políticos que la garantía máxima de un Estado de Derecho se halla precisamente en el imperio de la Ley por encima de todo, de tal forma que la misma se convierta en el verdadero "Poder de los Poderes".

Si queremos evitar que la Europa del euro nos imponga un "salvador" de España, tecnocrático por supuesto, hemos de hacer los deberes no sólo con recortes sociales y con limitaciones del techo del gasto de las Administraciones, también hemos de recuperar el crecimiento económico para reducir sustancialmente el paro,

---

[138] Artículo titulado "La necesaria segunda Transición", publicado en ABC el 28 de enero de 2011.

democratizar los partidos, regenerar la democracia y establecer un nuevo orden en la vida nacional.

El diario Periodista Digital ha entrevistado el pasado 23 de noviembre a Juan Eslava Galán, autor de *La década que nos dejó sin aliento*. En esa entrevista Galán destaca que de aquella época, a pesar de las cosas positivas que se hicieron, estamos pagando grandes errores, porque "creemos que la Constitución de 1978 es sagrada y la verdad es que se hizo de forma chapucera para salir del paso y ahora ya no sirve. No se puede sostener tantas Autonomías ni tantas televisiones" y, además, "la Ley Electoral es el otro gran defecto de cómo se hicieron las cosas entonces. No se puede admitir en una democracia que un voto no valga lo mismo en un sitio que en otro".

Por su parte, Luis María Ansón[139] le ha recordado al presidente Rajoy cuál es "…la tarea de fondo que te espera si no quieres que las mieles de hoy se te conviertan en hieles, los polvos en lodos, los laureles en hojas secas. Para llevar a cabo la reforma constitucional deberás sellar un pacto de Estado con el PSOE y agilizar el apoyo del mayor número de los partidos minoritarios. Eso te llevará un tiempo. El artículo 168 de la Constitución exige la aprobación de la reforma por dos tercios de los diputados y por dos tercios de los senadores. A continuación deberás disolver ambas Cámaras y convocar nuevas elecciones generales. La Constitución te exige que el nuevo congreso y el nuevo Senado ratifiquen los acuerdos de reforma constitucional por dos tercios. Y finalmente tendrás que convocar referéndum nacional para que el pueblo español apruebe o no la reforma de la Constitución propuesta por tu Gobierno.

¿Y en qué consiste esa reforma constitucional que contribuirá a regenerar el sistema, a autentificar la democracia, a afianzar el papel de los partidos políticos pero evitando la partitocracia?. La cosa no puede estar más clara. El punto sustancial del pacto de Estado entre el PP y el PSOE, al margen de varias cuestiones de envergadura a las que no voy a referirme hoy, consiste en embridar el Estado de las Autonomías, modificando el articulado del Título VIII de la Constitución. No se trata de destruir las Autonomías sino de afianzarlas, cerrando el juego de las transferencias que se han convertido en un chantaje permanente para la aprobación de los Presupuestos Generales y las sesiones de investidura, recuperando para la Administración central todas las competencias en materia de educación. En la Constitución reformada deberá especificarse claramente también el techo del gasto público y la responsabilidad penal de los despilfarradores.

Además de la profunda reforma constitucional sobre las Autonomías, la regeneración de la vida española exige la democratización interna de los partidos, de los sindicatos y de las organizaciones empresariales, y que todos ellos no puedan gastar un euro más de lo que ingresen a través de las cuotas de sus afiliados. Es un escándalo mayúsculo, querido presidente, que el 90 % de lo que derrochan los partidos y los sindicatos provenga de subvenciones directas o indirectas del Estado,

---

[139] Segunda parte de la carta abierta dirigida al presidente Rajoy por el Sr. Ansón, publicada en El Mundo el 13 de noviembre de 2011, en su página 27.

subvenciones que, con el mayor descaro y el cinismo elevado al cubo, se conceden a sí mismas, las clases gobernantes".

También el diario digital República.com, de Pablo Sebastián, en un artículo firmado por Rafael Halcón[140] ha hecho público un decálogo de propuestas para la reforma democrática, en el que se dice que es necesaria "…una reforma del modelo político español para culminar el paso de la "Transición" a la "Democracia" plena…"

0000000000

Entre las numerosas propuestas de regeneración política, social y económica de España que se han hecho ciertos, destacan tres de ellas que son un denominador común, por ser coincidentes:
- La refundación del modelo de Estado para reformar las Autonomías.
- La reforma de la Ley electoral para que el sistema político sea más representativo mediante listas abiertas y para que el voto de un ciudadano valga lo mismo en cualquier parte del territorio español.
- Separación de poderes y recuperación de la independencia del Poder judicial.

Además son dignas de mención ahora otras propuestas, aunque no hayan alcanzado unanimidad, porque también son importantes:
- Lucha contra la corrupción en todos los niveles, exigiendo corresponsabilidad a los partidos políticos por sus cargos electos que delincan, si fueron en listas cerradas y bloqueadas.
- Garantizar sistemas comunes de educación, sanidad y servicios sociales en todo el territorio nacional para hacer efectiva la igualdad de todos los españoles.
- Reforma constitucional para definir un nuevo modelo de Estado y para corregir otros asuntos deficientes, como la supresión del Tribunal Constitucional creando una Sala de lo Constitucional en el Tribunal Supremo.
- Restaurar la unidad del mercado interior en España.
- Reforma del sistema financiero para que las entidades bancarias y las cajas de ahorro cumplan su función de dar crédito prioritariamente a las empresas y a los particulares, estableciendo porcentajes de obligatoria concesión.

De todas estas propuestas, ¿cuáles asumirá el Partido Popular si llega a gobernar tras las elecciones del 20-N?. Para averiguarlo tendremos en cuenta lo que dijo Rajoy el 25 de septiembre de 2011 en Zaragoza en la clausura del Foro Popular "Reforma del sector público" que, según el diario La Razón, es lo siguiente:

"Mariano Rajoy ha explicado…algunas propuestas de su programa de gobierno en materia de Administración Pública (subrayando que) en los primeros

---

[140] Artículo titulado "República.com" propone 10 puntos para la Reforma Democrática", publicado en República.com el 16 de mayo de 2011.

cien días de gobierno, si resulta elegido presidente, desarrollará la ley de estabilidad presupuestaria y propondrá un pacto territorial, en consenso con las administraciones, para evitar las duplicidades entre instituciones.

En España "hay muchos problemas y cosas por hacer", pero "tenemos un objetivo prioritario y fundamental: crear empleo y generar crecimiento económico". Para lograr ese reto, se deberá reducir el déficit público, no aumentar la deuda, reestructurar el sistema financiero y reformar las administraciones públicas, y ha incidido en que la reforma de las administraciones "es un instrumento esencial para conseguir ese gran objetivo nacional".

El candidato popular ha abogado por impulsar una "estrategia de regeneración institucional", una reforma de las administraciones para conseguir que sean más austeras, eficaces y transparentes, y ha advertido de que todas deberán de "apretarse el cinturón" para reducir el gasto y generar ingresos, de manera que se reactive la economía y se cree empleo, porque este es "un objetivo prioritario para España.

Tras finalizar el foro, la cuenta de Mariano Rajoy en Twitter ha desgranado las propuestas y, a continuación el Partido Popular ha hecho público un documento en el que se detalla cada una de ellas".

Tras repasar estas propuestas, y a pesar de que ha hablado de la necesidad que tiene España de una "regeneración democrática", he comprobado que no menciona apenas las tres principales que demandan los españoles, que son las que he especificado anteriormente en este mismo capítulo.

Por tanto, si el PP no incluye esas tres propuestas fundamentales, resultará insuficiente su programa y su ejecución para solucionar los problemas de fondo que aquejan a España en cuanto a su regeneración democrática. Lo malo es que tampoco el PSOE las incluirá en su programa electoral, pues ambos partidos mayoritarios son los mayores beneficiarios, con los nacionalistas, del sistema político "cerrado y bloqueado" que tenemos y del insostenible por inviable Estado de las Autonomías que ya está degenerando en un Estado de Recortes económicos y sociales.

0000000000

En dos temas coinciden todos los que reclaman una regeneración democrática: la reforma de la Ley electoral y la reforma del Estado de las Autonomías. Como a este último asunto voy a dedicarle el siguiente capítulo, voy a tratar ahora de la reforma de la Ley electoral, de por qué es necesaria y de su alcance.

Sobre la reforma de la Ley Electoral voy a citar en primer lugar a Pablo Sebastián[141] quien afirma que "la Ley Electoral hay que reformarla en general y sobre todo de cara al Congreso de los Diputados y al Senado –sobre todo si esta Cámara llega a tener algún día contenido y capacidad de decisión-, para que de una

---

[141] Artículo titulado "La reforma de la Ley Electoral" publicado en Estrella Digital el 16 de julio de 2007.

vez se cumpla el principio de representatividad política, con un sistema abierto, por circunscripciones y a dos vueltas, como en Francia, para obtener los siguientes resultados: en primer lugar, para que lleguen al poder legislativo representantes de la ciudadanía con altos niveles de preparación. También para que los ciudadanos escojan, entre sus vecinos más próximos a sus representantes y les puedan exigir responsabilidades directas, o no volver a votarlos en caso de sentirse defraudados. Y, en tercer lugar y sobre todo, para conseguir mayorías estables de gobierno e impedir que las minorías de los nacionalistas chantajeen o impongan su criterio al Estado, mientras se impide que el Estado intervenga en la autonomía bajo su control.

Naturalmente, para una reforma electoral de semejante calado hace falta el concurso de los dos grandes partidos nacionales, y ese caso no se da. Y lo que es peor, ni el PP ni el PSOE quieren darlo porque ello supondría poner fin a la partitocracia de pequeños funcionarios que ahora inundan el poder legislativo, al servicio del Gobierno de turno y sin exigirle su control".

En Cataluña, "Acción por la Democracia" ha elaborado un "Manifiesto al servicio de los ciudadanos y de la dignidad" en el que se reclama "una nueva ley electoral que:

1)   Permita la elección directa de cada diputado y regidor, respetando la proporcionalidad constitucionalmente preceptiva.

2)   Regule la comunicación entre electores y elegidos.

3)   Regule la obligación del diputado a informar a los electores de las leyes en trámite y las razones de su intención de voto".

Recientemente, Mario Conde ha puesto en marcha un movimiento que exige, entre otras cosas, sustituir el actual sistema electoral. Lo ha reseñado José L. Lobo[142], quien dice que Mario Conde afirma que "hay que evitar que los partidos tengan el monopolio del debate y de la representación política. La democracia no puede reducirse a depositar un voto cada cuatro años, otorgando un cheque en blanco a los políticos elegidos".

Los partidos políticos de ámbito nacional están divididos respecto a la necesidad de modificar en profundidad la ley electoral para que sistema político sea verdaderamente representativo y democrático. PSOE y PP no quieren ni oír hablar del tema. Rubalcaba solo promete desbloquear las listas de candidatos, pero no las abrirá. El PP no va a modificar la actual ley electoral para que las listas sean abiertas, aunque el sistema actual beneficia a los nacionalistas. Izquierda Unida y UPyD sí que reclaman la aplicación de **una reforma de la Ley electoral que garantice la igualdad de los españoles en cuanto al valor de su voto, independientemente del lugar en que residan**, pues afirman, con toda la razón, que el sistema electoral beneficia excesivamente a los partidos nacionalistas y a los dos grandes partidos mayoritarios. UPyD ha hecho, además, de la reforma de la Ley electoral vigente un pilar básico de su programa electoral.

---

[142] Artículo titulado "La derecha del PP también se "indigna": Mario Conde lidera un nuevo movimiento de protesta" cuyo autor es José L. Lobo, que ha sido publicado en El Confidencial el 15 de septiembre de 2011.

De la degeneración democrática existente en España son culpables los partidos o, mejor dicho, las cúpulas de esos partidos; pero, en menor medida también son culpables los militantes de tales partidos y, en fin, todos los españoles; porque nos hemos sometido dócilmente a la dictadura democrática de las cúpulas de los partidos mayoritarios, que han sido, por turnos, los que nos han gobernado. Para que haya una verdadera democracia, tiene que haber auténticos demócratas. ¿Hemos sido y somos buenos demócratas los españoles?. Si no lo somos suficientemente, no es de extrañar que nuestros partidos políticos…tampoco lo sean.

Desde luego, como ha escrito Ana Samboal[143] "solo una previa y profunda regeneración de nuestra democracia que ponga a cada uno en su sitio, que expulse a los partidos políticos de los ámbitos de decisión en los que no les corresponde estar porque provocan más daño que beneficio, conseguirán librarnos de las trabas y ataduras que nos impiden seguir adelante. Son ellos los que deben dar el primer paso y, dado que puede dañar seriamente sus propios intereses y la generosidad de hace tres décadas parece haberse evaporado, solo una severísima crisis que afecte no solo a la economía, sino a todos los ámbitos de la vida social –es posible que hoy estemos en los primeros estadios-, y un más alto nivel de exigencia de la opinión pública, algo para lo que la educación es imprescindible -¿será esa la explicación de su baja calidad?-, podrán desencadenar un proceso vital para asegurar la prosperidad del futuro. Tenemos que adelantarnos. Nadie ha dicho que fuera sencillo...

…Necesitamos construir un sistema sólido desde los cimientos en el que prime la estabilidad y la seguridad jurídica, que obligue a las Administraciones a cumplir la ley con el mismo nivel de exigencia o superior que el que demanda de los ciudadanos. Debemos garantizar la existencia de un marco institucional creíble y fiable en el que la Justicia y los organismos supervisores y garantes del cumplimiento de las normas sean de verdad independientes. Estamos obligados a reformar una ley electoral que libere del pesado yugo de las hipotecas nacionalistas y tentaciones centrífugas a las distintas formaciones que se suceden al frente del gobierno, un sistema de listas abiertas que otorgue más libertad al ciudadano y refuerce la responsabilidad de los que le gobiernan…

…La tarea pendiente es ardua…Para liderarla, necesitamos de hombres y mujeres fuertes y capaces, dispuestos a llegar a acuerdos, a tomar decisiones que puedan resultar impopulares, a renunciar, por el bien de todos, a la tentación de satisfacer sus intereses privados. Necesitamos a hombres y mujeres generosos, con vocación de servir a su país, a sus conciudadanos. Necesitamos estadistas…¿Hay alguno por ahí?".

---

[143] Obra citada. Páginas 274 y 275.

En la misma línea de interiorizar personalmente cada uno su responsabilidad en la ausencia de una verdadera democracia en España, ha escrito Irene Lozano[144] lo que sigue:

"…Sin duda los políticos han hecho enormes esfuerzos para lograr el desprestigio profundo que han alcanzado. Por ello están justificadas todas las críticas que se dirijan contra su tolerancia con la corrupción, la impunidad con la mentira, la ocultación a los ciudadanos, la dinámica antidemocrática de los partidos, el estrangulamiento de la discrepancia, la incapacidad de autocrítica. Han olvidado que son un instrumento al servicio de la democracia y están a punto de convertirse en un fin en sí mismos. Todo esto es cierto. Pero la disyuntiva no estriba en si los políticos son inocentes o culpables de los que se les acusa, la cuestión es que una sociedad que haya interiorizado la democracia ha de tener claro que los partidos no son diabólicos *per se,* sino que llegan a ser lo que sus dirigentes y militantes hacen de ellos. La degeneración no es un destino fatal, sino una opción. Existen otras y, por tanto, hay otras salidas del bucle, además de la italiana. Como, en última instancia, toda democracia se sustenta en la idea de que la política concierne a los ciudadanos y está en sus manos gestionarla, ante una crisis política aguda como la que vive España, la pregunta que hemos de hacernos como ciudadanos no es "¿qué va a pasar?", sino "¿qué voy a hacer yo?"."

En definitiva, a mí me parece conveniente que, ahora, reflexionemos todos también un poco sobre nuestra participación –o la ausencia de ella- en la vida política española, porque nuestra actividad política o nuestra abstención de ella, puede explicar un poco la situación crítica en la que se encuentra la democracia en España. Si queremos que nuestra nación se regenere democráticamente, cada uno de nosotros –si se considera efectivamente demócrata- debería participar dinámicamente en la vida política, aunque no sea necesariamente dentro de unos partidos desacreditados por su falta de democracia interna y externa. ¿O es que somos tan ingenuos –o perezosos- para esperar que los mismos políticos "cerrados y bloqueados" que nos gobiernan, o que nos han gobernado desde la Transición hasta hoy, quieran y puedan regenerar un sistema político que tanto les ha favorecido a costa nuestra? ¡No!, no es posible que ellos se autoinmolen en el altar de la democracia. La regeneración democrática la traerá a España una nueva, sana, capacitada y democrática generación de políticos…jóvenes y honrados. Los viejos y maleados políticos que tenemos no son capaces de regenerar el sistema político…¡aunque quisieran hacerlo!.

Menos mal que ¡por fin! la sociedad civil española está despertando de su letargo y se ha dado cuenta ya de que los políticos –mientras se lo permitamos- seguirán a lo suyo, porque ellos solo sirven a su empresa: sus partidos políticos, que son los que los han elegido. Para ellos, los ciudadanos contamos lo mínimo posible.

El 30 de septiembre se ha celebrado en Madrid el primer Congreso de la Sociedad Civil que, como ha informado el diario La Gaceta, abordó, ante más de 1.500 participantes, la necesaria regeneración democrática desde un perspectiva instruida y popular. El evento, liderado por el abogado del Estado y empresario

---

[144] Obra citada. Página 10.

Mario Conde, se erigió en "el punto de partida de un amplio movimiento ciudadano decidido a participar en la vida pública nacional, autonómica y local de España", según su coordinador, Daniel Movilla, al presentar y debatir más de 300 enmiendas.

Mario Conde, a quien todos esperaban, fue el último en intervenir…Reclamó "una ley electoral sin privilegios por razón de ubicación electoral", porque "¿qué tiene que ver la identidad cultural –que él "comparte" como gallego-, con un hecho de exclusión política?". "Tú eres igual que yo y ambos pertenecemos a España", agrego, en referencia a los desbocados nacionalismos. Del mismo modo reconoció la necesidad de "recuperar una justicia independiente", y reivindicó el papel de los empresarios y de los medios de comunicación, "que pueden tener ideología, pero no mentir", por lo que apeló a "la libertad como valor primario…pero también a la responsabilidad".

Sin embargo, yo creo que muy poco va a poder hacer la débil sociedad civil frente a la partitocracia imperante que nos avasalla. Muchas personas opinan que los políticos son un mal menor. Yo no quiero entrar en si son buenos o malos, porque lo importante es que seamos conscientes de que van a ser cada vez menos necesarios como representantes nuestros, sobre todo si obstaculizan la regeneración de nuestra democracia indirecta y escasamente representativa, porque esa democracia indirecta se va a transformar, poco a poco, en democracia participativa. Veamos por qué y cómo.

Efectivamente, *Spartaco*[145] ha escrito lo siguiente:

"Vivimos momentos de incertidumbre (y crisis). Una vez más, la humanidad ha superado una etapa evolutiva y ha alcanzado los límites de crecimiento que nuestro modelo económico y social es capaz de gestionar de manera eficiente y estable. Nuestras instituciones políticas y las legislaciones que emanan de ellas se han visto superadas por el avance tecnológico y por las consecuencias imprevisibles de los procesos económicos y sociales derivados de esas tecnologías. Se han quedado obsoletas. La inteligencia resultante del sistema decisorio es manifiestamente insuficiente para solucionar los problemas, ni siquiera los que ellos mismos crean. Por ello, este sistema parece tener sus días contados…

…El sistema (político) actual se basa en la soberanía del pueblo, en una constitución que limita y regula el poder del Estado, en la separación de poderes y sistemas de contrapesos, y en sistemas de cesión de soberanía en representantes elegidos por votación cada cierto tiempo. Es una democracia representativa, indirecta.…La democracia representativa hace bastante tiempo que da claros síntomas de descomposición y desbordamiento…La tecnología actual, que permite que ustedes lean estas letras (y yo sus respuestas), hace posible una alternativa, un sistema mucho más democrático, en el que el ciudadano decida directamente qué poder quiere dar al Estado, qué leyes quiere que defiendan sus derechos, o en qué debe emplearse el dinero público. Internet, un medio de transmisión y coordinación de ideas bidireccional y en red, de muchos a muchos, está logrando que se empiece a

---

[145] Este seudónimo corresponde a un economista de 35 años que vive en Estados Unidos, quien ha escrito un esclarecedor artículo titulado "El emperador desnudo", que ha sido publicado en El Confidencial el 1 de octubre de 2011.

ver que el Emperador vuelve a estar desnudo. La clase política y sus instituciones no proporcionan soluciones porque son el problema.

Cuando esta crisis termine y el polvo se asiente, podremos ver un terreno despejado en el que todas sus instituciones innecesarias habrán desaparecido. De los escombros saldrá un sistema nuevo…Es probable que el sistema de democracia representativa sea reformado o eliminado, avanzándose gradualmente hacia el verdadero ideal democrático de la Declaración de Independencia, o de las ideas ilustradas de la Revolución Francesa: democracia directa, la soberanía popular en manos del individuo, sin representantes. Este viejo sueño es ahora posible…

…En un futuro, toda la población votaría "sí" o "no" a las iniciativas legislativas. A su vez, las nuevas tecnologías permiten que las leyes sean redactadas de forma colectiva por cientos o miles de ciudadanos elegidos para ello por un tiempo reducido, con controles de capacitación profesional, para elaborar leyes tocantes a sus áreas de experiencia, desde sus casas, a través de internet, de una manera similar (pero organizada) a como se elabora la Wikipedia.

Estos ciudadanos serían únicamente recompensados por su tiempo, pero sin adquirir ningún privilegio, y seguirían con su vida y sus carreras profesionales. No habría cargos electos a los que comprar, ni partidos políticos con estructuras corruptas. Los escasos cargos electos del Ejecutivo serían designados para funciones concretas, y por supuesto, estarían sometidos a una posible iniciativa popular para revocarles el cargo en cualquier momento. La política como profesión sería una reliquia de funesto recuerdo".

Este artículo de *Spartaco*, que he reproducido en gran parte porque nos descubre la democracia que habrá en un futuro no lejano, es certero y convincente. Desde luego, la abundante y accesible información así como la tecnología actual nos permiten a los ciudadanos convertirnos en protagonistas de la política prescindiendo de representantes; ya que es factible un nuevo sistema de democracia participativa por existir eficaces y permanentes cauces de expresión popular *on line*. Cada vez son menos necesarios los políticos representantes de los ciudadanos y los partidos políticos para conocer la voluntad popular, porque ahora tenemos ya avances tecnológicos que han abierto la posibilidad de manifestar directamente nuestras opiniones y preferencias sobre temas legislativos y la organización política del Estado. En efecto, en la democracia que predominará a mediados del siglo XXI el representante político, el diputado o senador, ya no será necesario porque ya existen instrumentos técnicos que nos permiten manifestar nuestra voluntad instantáneamente, en una especie de referéndum continuo. Por supuesto, me refiero a Internet, a las redes sociales, al correo electrónico, al DNI electrónico, etc.

En un futuro no lejano se convertirán en innecesarios los partidos políticos y los representantes políticos. Además, entonces tampoco tendrá sentido seguir hablando de dos polos ideológicos enfrentados: la derecha y la izquierda; porque cada individuo tendrá sus preferencias políticas o personales, ideológicas o no, en uso de su recobrada libertad. Así quedará superada la democracia indirecta que ahora únicamente nos da derecho a votar a una lista cerrada y bloqueada de un partido, pero no a elegir a nuestros representantes, y solo ¡una vez cada cuatro años!.

Cuando hablo de esta democracia participativa que va a llegar próximamente, no me refiero a una quimera o a una ficción. Se trata de una realidad, que ya comienza a vislumbrarse en la actuación de algunos movimientos incipientes como el de los indignados del 15-M o del Partido Pirata, que tienen gran capacidad de convocatoria inmediata a manifestaciones callejeras en las que desdeñan a los políticos coreando enfáticamente "¡que no!, ¡que no!, ¡que no nos representan!".

La indignación contra la corrupta democracia representativa ha llegado ya a Estados Unidos. Antonio Casado[146] dice que "en Nueva York también hay una Puerta del Sol. Los *indignados* tuvieron que ocupar el Puente de Brooklyn para hacerse visibles y ahora será muy difícil pararlos…Un ataque de lucidez afecta a los cachorros del bienestar en la parte "civilizada" del mundo…Estados Unidos es una caja de resonancia en todo el mundo. De ahí la importancia de lo ocurrido…en Nueva York y otras ciudades…Al fin y al cabo…reclaman la aplicación de un real principio democrático: que se aplique la voluntad del 99 % de los ciudadanos, no la del 1 %, que se sigue enriqueciendo a costa de los demás".

A su vez, Javier Ruiz Portela[147] ha escrito lo siguiente:

"Un innegable malestar ante la "gobernanza" general del mundo comienza a brotar en el seno de nuestras sociedades. Y este malestar, en los términos con que hoy aparece, es algo que nunca se había visto…Consideremos, por ejemplo, una experiencia como la de AVAAZ, esta plataforma digital publicada en catorce idiomas y que se dedica a denunciar y combatir diversas maldades del sistema que domina el mundo (denuncias hechas sobre todo en materia de medio ambiente, pero también contra temas como la codicia de los bancos)….O tomemos ese otro hecho, propiamente sorprendente, que apareció en la prensa hace unos días. El Partido Pirata (sic) acaba de conseguir en Alemania una asombrosa victoria en las elecciones locales celebradas en Berlín, donde, con un 8,9 % de los votos, ha obtenido incluso más escaños (16) que candidatos presentados (15). ¿Qué pretenden sabotear estos jóvenes "piratas" que, esparcidos en diversos países, rompen simplemente con la dicotomía "derecha-izquierda", esta vetustez polvorienta en la que van a hundirse nuestra miserias politiqueras? Predican la defensa de los derechos y libertades de los ciudadanos a través de una democracia directa, ejercida especialmente por medio de Internet, al mismo tiempo que defienden el libre acceso al conocimiento y a la cultura, así como la lucha contra el sistema de monopolios".

El movimiento y las protestas de los indignados antisistema se han generalizado globalmente, pues colectivos de indignados de todo el mundo convocan a los ciudadanos a "reapropiarse de la política", que ha sido secuestrada por los políticos que dicen representarnos. El 15 de octubre de 2011 hubo una protesta planetaria en, al menos, 951 ciudades de 82 países, con la participación de cientos de miles de indignados. Solamente en Roma había unas 200.000 personas, pero allí unas decenas de encapuchados quemaron coches y atacaron sedes de bancos.

---

[146] Artículo titulado "Saludable ataque de lucidez de la juventud norteamericana", publicado en El Confidencial el 4 de octubre de 2011.

[147] Artículo titulado "Las cosas empiezan a cambiar", publicado en El Manifiiesto.com el 6 de octubre de 2011.

El diario El País de 16 de octubre publicó un editorial titulado "Malestar global" en el que, entre otras cosas, decía a los gobernantes lo siguiente: "…Desde que en el pasado mes de mayo las marchas de protesta se multiplicasen por la práctica totalidad de las grandes capitales españolas, movimientos similares se han reproducido en otros países y han sido particularmente llamativos en Bruselas y Nueva York, símbolos ambos núcleos de las decisiones políticas y financieras que están en el origen del malestar ciudadano. Guerra de cifras aparte, el gran logro del Movimiento 15-O, heredero de aquellas movilizaciones españolas de mayo, fue el de movilizar a decenas de miles de ciudadanos de los cinco continentes bajo los mismos lemas en favor de un cambio global y en contra de los recortes sociales y de las élites políticas y financieras. Esta dimensión global de la protesta es lo que otorga al 15-O un sello distintivo sin precedentes…

…Las reivindicaciones del Movimiento 15-O cuentan con las simpatías de la mayor parte de la opinión pública en un difícil momento histórico en el que el reparto de las cargas y los sacrificios se percibe como injusto y desigual…La salud de nuestras democracias depende en gran parte de ello. Limitarse a hacer guiños a los manifestantes en los estrados en busca de votos es un burdo recurso con el que algunos políticos se equivocan estrepitosamente".

Si el 15-M nació en España fue porque el descontento social contra los políticos era mayor que en el resto de las democracias occidentales porque, tras una dictadura de cuarenta años, los españoles llevamos treinta y cinco años más de un régimen generado por el pacto de la Transición entre franquistas conversos y nuevos demócratas, todos ellos educados en el totalitarismo, que dieron a luz una democracia tutelada por las cúpulas caciquiles de una partitocracia avasalladora, con dos partidos mayoritarios que se alternan en el poder. El colmo de la insoportable situación social y económica de España, con cinco millones de parados, es el servilismo de un Gobierno presidido por un déspota democrático llamado Zapatero, que decía ser socialista y de izquierdas, a los intereses de los líderes liberales franco-alemanes, que no han dudado en someter a los españoles a dolorosos recortes sociales, con la excusa de que no se hunda nuestra superendeudada economía nacional, arruinada por unas comunidades autónomas despilfarradoras, en beneficio de sus políticos gobernantes. No puede extrañar que, ¡eso sí!, el Gobierno en funciones de Zapatero indultase al banquero Alfredo Sáenz, consejero delegado del Banco de Santander, mano derecha de Emilio Botín.

El 15-M, en una generalizada crisis económico-financiera, se ha extendido rápidamente por todo el mundo, porque los ciudadanos tenemos la evidencia de que de esa crisis los únicos que saldrán bien parados, a nuestra costa, serán los políticos y los banqueros, precisamente los responsables principales de la crítica situación. Es decir que, como afirman los indignados estadounidenses que se autodenominan "el 99 %", solo para el 1 % restante, integrada por los políticos y los banqueros, la crisis será beneficiosa.

En España, los indignados han superado ya el tiempo de las "acampadas" y están entrando, tras el 15-O, en tiempo de "propuestas". Una importante iniciativa se llama "Referéndum 15 de Octubre" que, según dicen en su propia web, son

"…como el propio movimiento 15M, un grupo de personas heterogéneo: algunos salimos a la calle el día 15 de mayo para protestar por la situación actual y continuamos participando en acampadas, comisiones y grupos de trabajo, y otros nos hemos ido incorporando de diversas formas. Hemos estado todos activos de diferentes maneras, en comisiones y grupos de trabajo de asambleas, en foros de Internet…

Muy pronto comprendimos la necesidad de concretar las inquietudes que nos habían movido a todos…Había una serie de reivindicaciones, de temas comunes, lo que muchos llamaron un "Consenso de mínimos"…

En torno a estos puntos en común fuimos coincidiendo muchas personas, que decidimos reunirnos y trabajar sobre esos temas para buscar la manera de hacerlos llegar al resto de la sociedad. De ese trabajo ha surgido la iniciativa del referéndum: se convoca para que la ciudadanía pueda expresarse libremente sobre estos aspectos de nuestra sociedad que creemos mejorables. Queremos comunicarnos con nuestros gobernantes pacíficamente, con propuestas y siempre apelando al bien común…

…Plasmamos la esencia de nuestras propuestas en cinco puntos básicos que creemos sintetizan los cambios necesarios. Sometemos las propuestas a consulta popular para valorar debidamente si, como pensamos, son cambios deseados por una mayoría…Son las siguientes:

1. Reforma del sistema electoral: Proporcionalidad y equidad en el voto, desbloqueo de las listas electorales.

2. Ley de transparencia. Mecanismos de control y lucha contra la corrupción, Ley de acceso a la información del sector público, independencia de los órganos reguladores, endurecimiento de la incompatibilidad de cargos electos con cargos privados.

3. Separación efectiva de los Poderes. Reformas de ley que garanticen su independencia, el equilibrio y la separación entre los tres Poderes del Estado. Despolitización del Tribunal Constitucional y el Tribunal de Cuentas.

4. Democracia más participativa. Potenciación de referéndums, Iniciativas Legislativas Populares y presupuestos participativos.

5. Economía responsable. Control del fraude, sanciones a la mala praxis bancaria, regulación del sistema de incentivos. Lucha contra los paraísos fiscales y las prácticas abusivas. Fiscalidad justa y progresiva".

Para el 15-O, la más importante de estas propuestas dicen que es "la reforma para la democracia participativa, (que) es el *quiz* de todo este asunto. Poder participar de las decisiones más relevantes de la sociedad, mediante referendos vinculantes, es el medio que permitiría a la ciudadanía ejercer efectivamente su soberanía y no ser, simplemente, espectadores del circo político habitual. Esa sería la opción a destacar en primer término".

También dicen que "los resultados se publicarán en la página web "Referéndum 15 de octubre". En función de la respuesta obtenida podremos valorar si este es un buen comienzo para planear otras acciones encaminadas a motivar un cambio o si, por el contrario, debemos cambiar de objetivos".

A pesar de todo, en España y en el resto del mundo los indignados antisistema no han concretado suficientemente su propuesta política con un programa de acción y una estrategia electoral. También carecen los indignados de organización y liderazgo. De momento solo han realizado manifestaciones callejeras más o menos concurridas.

La gran cuestión que ahora se plantean muchos ciudadanos es la siguiente: ¿A quién beneficia el movimiento de los 'indignados'?. Precisamente Jorge Moruno y Raimundo Viejo[148] han escrito recientemente un artículo con este mismo título donde, entre otras cosas, dicen que "En vano, las organizaciones de izquierda intentan de manera oportunista hacerse con un 'capital político' sin darse cuenta de que en el 15-M no hay tal capital político: hay un común.

La concepción liberal-autoritaria de la política democrática nos tiene acostumbrados a interpretar la participación como un acto puntual, fugaz, casi como de un favor se tratase. Y es que la participación en la *res publica* se limita, para una inmensa mayoría, al voto cada cuatro años; si es que se vota, claro...

...De lo que se trata con el 15-M, sin embargo, es de otra forma de hacer política, otra lógica propia de otra agencia; una agencia alejada por completo de las formas con que funcionan las organizaciones de masas (partidos, sindicatos, etc.). El 15-M significa, ante todo, una transformación sobre el conjunto de supuestos que hasta ahora gobiernan la vida y cuestiona la definición liberal de democracia. En un tiempo en el que **esta variante de democracia entra en una profunda crisis al verificarse que la soberanía ya no reside en los votos (ni en los votantes), sino en los mercados y en las agencias de *rating*,** la contestación no se limita a una mímesis de las lógicas organizativas que han guiado los procesos históricos conocidos (la serie eclosión, organización, elitización, cooptación, disolución del movimiento)...

...Lo que practican los 'indignados' se puede definir como política de movimiento y, a diferencia de las políticas de notable y partido que en las últimas décadas han desdemocratizado las democracias liberales (demostrando las propias limitaciones democráticas de éstas), es una agencia política. Una agencia de democratización que no teme romper el actual estado de cosas por medio de la desobediencia civil para proyectarse más allá de éste, en un horizonte constituyente que realice el gobierno de la democracia absoluta. El 15-M, el 15-O, los momentos de ruptura que sin duda seguirán, no son simples demostraciones de masas en las calles; no son el primer paso de la secuencia apuntada...

...Si se quiere comprender la relación entre el movimiento y las elecciones del gobierno representativo, se debería adoptar una perspectiva diferente que

---

[148] Artículo titulado ¿A quién beneficia el movimiento de los 'indignados'?, publicado en El Confidencial el 27 de octubre de 2011.

comprendiese antes la profunda crisis en que se encuentran las segundas, para sí poder entender cómo opera el primero.

Y es que, como ha demostrado el 15M a partir del 23M, y como seguramente demostrará el 15O después del 20N, las elecciones son contingentes (¿indiferentes?) al movimiento y no al revés. Adelantar la lectura de los resultados del 20N como fracaso de la movilización de la izquierda y triunfo apabullante de la derecha es sólo algo que adquiere sentido en el marco interpretativo de la gramática política en la que se inscribe la democracia liberal. Esa misma democracia cuyo principal mecanismo institucional (el gobierno representativo) la ciudadanía (el supuesto soberano, ¿recuerdan?) dice que ya no opera ("No nos representan") y que es preciso abolir ("Este sistema, lo vamos a cambiar")...

...Mientras haya crisis y el mando no cambie de estrategia, tras el 20N la crisis del régimen será aún mayor y el horizonte del movimiento seguirá abierto".

En definitiva, que ni la derecha ni la izquierda política han entendido lo que efectivamente es el movimiento 15-M. Por ello, la derecha "desprecia lo que ignora" y descalifica al 15-M por ser "antisistema" y de extrema izquierda; mientras que la izquierda política, estérilmente, intenta apropiarse de un "capital político", de manera oportunista, sin darse cuenta de que el 15-M es incompatible tanto con la izquierda, como con la derecha política, por ser ambas las partes referentes de un sistema caduco, el de la democracia liberal, representativa solo de los propios partidos políticos, que se han convertido en serviles agentes de unos mercados financieros globales que han arrebatado la soberanía política al pueblo, a los ciudadanos.

Además, la rebelión ciudadana contra los mercados y los políticos, dio un salto cualitativo ascendente cuando Grecia, cuna de la democracia -convertida en un paupérrimo Estado de los recortes sociales-, a través de su presidente Papandreu, decidió enfrentarse a la tiranía de los líderes de la Europa del euro –que rescatan a la arruinada Grecia sometiéndola a insoportables recortes sociales, para salvar así los créditos de los Bancos de Francia, Alemania y Bélgica- y, marginando a la democracia representativa, invocó la democracia directa, pues Papandreu quería que todos los griegos decidieran en referéndum popular si aceptaban o no el rescate de Europa y los recortes sociales que conlleva. Por supuesto, los líderes de la Europa del euro, el Banco Central Europeo, el FMI, ¡todos!, boicotearon la iniciativa de Papandreu amenazando con dejar de financiar a Grecia para que entrara en bancarrota si seguía adelante la realización del referéndum. Finalmente, Papandreu tuvo que retirar su iniciativa y dimitir para que un tecnócrata, ex vicepresidente del BCE, Lucas Papademos, fuese elegido nuevo presidente de un Gobierno de Grecia "de unidad nacional".

En todo caso, la sociedad civil española va a tener que luchar duramente contra la partitocracia dominante y sus agentes políticos, que no quieren dejar de ejercer el avasallador dominio que ejercen sobre los ciudadanos españoles, y que harán todo lo posible para que no se instaure una democracia participativa. Sin duda, los políticos van a defender encarnizadamente sus privilegios y sus puestos de trabajo, que están en peligro de extinción.

Si quieren regenerar la democracia, los políticos tendrán que hacer profundas reformas que los conviertan en verdaderos representantes de los ciudadanos. Y tendrán que hacerlo pronto, antes de que sea demasiado tarde; o sea, antes de que la democracia participativa los elimine. Por supuesto, ahora resulta ya insuficiente que ofrezcan solamente tímidas medidas para reformar el sistema político y "regenerarlo", como la promesa de Rubalcaba de que, si vencía el PSOE en las elecciones generales, haría que las listas de candidatos fuesen desbloqueadas. Por su parte, el Partido Popular ni siquiera eso, porque en su programa electoral cuando prometía una regeneración política solo decía que "promoveremos, con sincera actitud de diálogo, todas las acciones y acuerdos políticos que favorezcan el entendimiento y la concordia entre todos los españoles en torno a los valores constitucionales".

En fin, la verdadera solución a los males de la actual situación española es, a largo plazo, la de transformar el sistema político instituyendo una auténtica democracia… ¡participativa!. Actualmente, la partitocracia y los políticos son, paradójicamente, el obstáculo principal que impide la verdadera regeneración democrática de España porque subordinan el bienestar y la voluntad popular a sus propios intereses y privilegios.

==========

VIII) DEL ESTADO DE LAS AUTONOMÍAS AL ESTADO DE LOS RECORTES SOCIALES: ¿CÓMO SALIR DE ESTE LABERINTO SUICIDA SIN QUE EUROPA NOS IMPONGA UN GOBIERNO TECNOCRÁTICO ACEPTABLE PARA LOS MERCADOS?

Antes de especificar cuáles son las medidas adecuadas para escapar del laberinto de las Autonomías, que es un problema político de gran envergadura que incluye lo técnico, creo que debo poner de relieve algo que parece una obviedad: para salir del laberinto, lo primero que hay que tener es la actitud de querer salir del laberinto de las Autonomías.

Pero las cúpulas de los grandes partidos nacionales ¿quieren que salgamos del laberinto?. Obviamente no, porque esos políticos, "barones" o no, han hallado en el Estado de las Autonomías un paraíso donde caciquear, donde ningunear a los ciudadanos y avasallarlos, viviendo a costa de ellos; así como favorecer a sus partidarios y a sus enchufados, creando entidades públicas y redes clientelares. ¡Obviamente no, no querrán!.

Por ello, para reformar profundamente o desmantelar el Estado de las Autonomías, es indispensable que los políticos españoles sean verdaderos representantes de los ciudadanos, no de los partidos que los nombran actualmente mediante las listas cerradas y bloqueadas. Para conseguir una auténtica representación popular, es preciso que en España se instaure una democracia real al servicio de los ciudadanos, una democracia participativa. Para ello, es necesario que haya una reforma de la Ley electoral vigente, a fin de que elijamos directamente a quienes nos representen. Sin esa nueva Ley electoral será muy difícil salir del laberinto de las Autonomías, porque a las cúpulas de los partidos gobernantes, y sobre todo a los nacionalistas, les interesa mantener su chollo de las Autonomías, aunque ello perjudique seriamente los intereses de la mayoría de los españoles.

Los inconvenientes que tiene nuestro modelo de Estado autonómico se agravan cuando existe una crisis económica como la actual, que exige adoptar una política económica eficiente y coordinada entre el Estado y las CC.AA., dadas las tensiones existentes entre unas Administraciones públicas excesivamente adeudadas y un mercado financiero global cada vez más exigente con los Estados menos solventes.

Mikel Buesa[149] lo ha explicado certeramente, subrayando que "la conducción de la política económica carece de coordinación entre las diferentes administraciones públicas y la dirección del Gobierno brilla las más de las veces por su ausencia. Y lo más relevante ahora es que la organización territorial del Estado dificulta la formulación de una política para la salida de la crisis, pues el Estado dispone de muy escasos recursos y se ve impelido con demasiada frecuencia a malgastarlos para satisfacer intereses espurios de los gobiernos regionales. Por todo ello, creo que es necesaria una revisión a fondo del marco competencial de las diferentes administraciones para favorecer su coordinación, acabar con los derroches de recursos y resolver los principales problemas económicos. Como ha ocurrido en otras ocasiones, una tarea de revisión institucional como ésta deberá emprenderse a la vez que se desarrolla una política económica para afrontar la crisis. Ello complica

---

[149] Obra citada. Página 85.

indudablemente mucho las cosas, pues deja al Gobierno un margen muy estrecho, pero resulta impostergable si queremos salir del laberinto en el que estamos metidos".

Efectivamente la crisis económica de España tiene un añadido institucional que la agrava malignamente, que es su modelo de Estado autonómico, porque éste hace muchísimo más difícil hallar una salida de ella, a diferencia de otros países europeos. En la web www.estosololoarreglamosinlasautonomias se puede leer en su Manifiesto lo siguiente:

"El Estado de las Autonomías y su altísimo e injustificado coste es el problema nuclear de la actual crisis. La atomización de leyes dispares, la existencia de políticas económicas, sociales, sanitarias, fiscales y sobre todo en materia de educación diferentes, restan fuerzas al Estado y por lo tanto lastra nuestras posibilidades de salir rápidamente de la actual crisis, a diferencia de otros Estados europeos. El Estado autonómico, justificado tanto por los partidos nacionales (PSOE y PP) como por los nacionalistas, constituye el gasto más importante, con diferencia, de nuestro presupuesto y la razón fundamental de nuestro déficit público; es por lo tanto la partida que precisa de un ajuste inmediato, cuando no de su eliminación".

Francisco Rubiales[150] es muy tajante en su conclusión sobre la insostenibilidad del Estado autonómico, pues dice que "las autonomías españolas están arruinadas y en algunos casos, como en Cataluña, al borde de la quiebra. El Estado de las Autonomías está en entredicho y tarde o temprano tendrá que desaparecer, no tanto porque alimenta la disgregación sino porque es económicamente insostenible.

Aunque, según las encuestas, cada día es más elevado el número de españoles que rechazan el "Estado de las Autonomías" por considerarlo ruinosos, injusto y escasamente operativo, los reyezuelos regionales y sus enormes cortes de acólitos, paniaguados y mantenidos se oponen con toda su fuerza a la reforma de un sistema elefantiásico que les permite ordeñar a la nación y que duplica, triplica y hasta cuadruplica competencias y tareas…

…La conveniencia de restar competencias a las autonomías, convertidas en auténticas taifas, y devolverlas al gobierno central crece en la opinión pública española y está siendo ya aireada por algunos políticos con osadía y conciencia. Es una evidencia incuestionable que los españoles son cada día más críticos con el Estado autonómico y que nada menos que el 70 por ciento de la población reclama iguales servicios y prestaciones en todas las regiones, mientras que casi el 30 por ciento considera ya negativa la existencia de las autonomías. Una cuarta parte de los que rechazan el desarrollo autonómico cree que ha sido negativo fundamentalmente porque ha contribuido al aumento del gasto público; un 16,3 por ciento percibe que ha fomentado los separatismos; y el 13,3 por ciento que ha aumentado las diferencias entre comunidades autónomas".

En fin, yo estoy convencido de que el Estado de las Autonomías es un engendro inviable, pues resulta políticamente inmanejable y financieramente

---

[150] Artículo titulado "España no puede soportar más tiempo el actual Estado de las Autonomías", publicado en Periodista Digital el 28 de septiembre de 2011.

insostenible, sobre todo cuando hay una crisis económica como la actual de la que no se divisa la salida. El cuantioso volumen de la deuda pública de todas las Administraciones públicas, especialmente el de las CC.AA., pone de manifiesto que se está usando el endeudamiento como herramienta política. Pero el Estado y las CC.AA. han querido ignorar hasta ahora que la clásica tensión entre deudor y acreedor transfiere a los mercados financieros un papel esencial de las democracias representativas: el de control-limitación del poder. Sin embargo ello tiene un efecto perverso: los mercados financieros ejercen su dictadura sobre el Estado y demás Administraciones públicas sin importarles que España se arruine o no, mientras que anteriormente el control-limitación de los poderes estatales se ejercía democráticamente y procurando el bienestar de España para favorecer a los ciudadanos.

Las incautas CC.AA., para escapar al control-limitación del Estado, están cayendo en las garras inmisericordes de los anónimos mercados financieros globales que han devorado a los pequeños países como Grecia, Irlanda o Portugal, a pesar de sus insuficientes, temporales y aparentes rescates por la Unión Europea. Frente a la creciente amenaza de los mercados, los líderes europeos y el Banco Central Europeo, para salvar a Grecia y a Italia de la ruina financiera y de los consiguientes recortes sociales interminables, han forzado la dimisión fulminante de los presidentes de sus Gobiernos, Papandreu y el "incombustible" Berlusconi.

Ciertamente Papandreu, con su imprudente y fallido anuncio de referéndum, y Berlusconi, con sus frívolas e inconcretas medidas de recortes sociales, han facilitado su sustitución al frente de sus respectivos Gobiernos; pero la forma antidemocrática en que se han realizado los descabezamientos de esos presidentes de Gobierno legítimamente elegidos por sus naciones, han despertado fundados temores en el Gobierno de España que, por si acaso, se ha puesto a hacer los deberes inmediatamente, pues el triunfador PP de Rajoy no quiere verse despojado por los mercados y la Europa del euro de un poder político al que le ha costado llegar muchos años de esfuerzo.

0000000000

Ante las sustanciales rebajas que han hecho las agencias de calificación crediticia de la deuda de la mayoría de las CC.AA. españolas, hay que concluir que están mirando con lupa la situación y las perspectivas financieras de la Autonomías, porque están lastrando decisivamente la solvencia de España. **Si no se corrige el sobreendeudamiento que tienen las CC.AA. los mercados financieros pueden llegar a hundir financieramente a las CC.AA., lo que conllevaría el desmoronamiento de la solvencia de España.**

Entonces, el BCE y la Europa del euro, encabezada por Merkel y Sarkozy, obligarían a España –para seguir en el euro- a elegir entre la renuncia al mantenimiento del Estado de las Autonomías o a aceptar la dimisión del Gobierno español democráticamente elegido; pues caso contrario, ni siquiera podríamos acogernos a un rescate traumático, como el de Grecia, con insoportables recortes sociales. Ninguna de estas dos alternativas sería buena ni aceptable para España.

El Gobierno popular de España no podrá ayudar financieramente a Castilla-La Mancha a amortizar su deuda porque, en tal caso, también Cataluña, Valencia y las restantes Comunidades que se acercan a la bancarrota, querrían ser ayudadas por un Estado que ahora tiene muchas dificultades para conseguir el nivel de déficit presupuestario que le exige la Europa del euro, y no dispone de recursos para ayudar financieramente a las CC.AA.

A España la puede rescatar Europa, pero a las CC.AA. que entrasen en quiebra (previsiblemente Castilla-La Mancha, Cataluña, Comunidad Valenciana…) no podrá rescatarlas el Estado porque, si no adopta con éxito las medidas radicales precisas para retornar a la senda de un crecimiento económico capaz de generar empleo, será la propia España la que necesitará ser rescatada.

Los recortes sociales comenzaron en España en mayo de 2010 por imposición de Europa, para seguir en el euro; pero actualmente se han intensificado esos recortes ante la necesidad de las CC.AA. de reducir sus déficits presupuestarios en 2011.

Carlos Otto[151] ha escrito que "desde que María Dolores de Cospedal se proclamó presidenta de Castilla-La Mancha, todos los ojos están puestos en esa región. No sólo los de los castellano-manchegos, sino los de toda España, ya que, como el propio PP ha reconocido en varias ocasiones, las medidas de Cospedal en C-LM vienen a ser un avance y un ensayo de cara a las medidas que Mariano Rajoy tomará a nivel nacional.

En este sentido, cada medida llevada a cabo por los dos grandes planes…de Cospedal, que pretenden ahorrar algo más de 2.000 millones de euros es mirada con lupa debido a su carácter extrapolable. Así pues, ¿por qué derroteros irán los nuevos planes de recortes que Rajoy implantará en toda España?. He aquí un (breve) resumen:
- Sanidad: gestión público-privada de hospitales.
- Funcionarios: menos sueldo y más horas de trabajo.
- Supresión de interinos y personal eventual.
- Cerrojazo al empleo público.
- Adiós a los liberados sindicales.
- Educación: fomento de lo concertado y no a la gratuidad de libros.
- Universidad: 53,5 millones menos.
- Obras públicas y VPO paralizadas.
- Reducción de altos cargos y retribuciones.
- Privatización de los medios de comunicación públicos.
- Ventas de inmuebles y automóviles.
- Servicios sociales: reducción de gastos en los centros sociales.
- Adiós a la cooperación internacional.

---

[151] Artículo titulado "Cospedal desvela en Castilla-La Mancha el próximo plan de choque de Rajoy", publicado en El Confidencial el 3 de diciembre de 2011.

- Subvenciones al sector agrícola: reducción drástica.

Puestos a hacer recortes en las Autonomías, en vez de hacerlo en servicios sociales, habría que recortar en las estructuras políticas y administrativas de los 17 mini-Estados en que se han convertido nuestras derrochonas CC.AA.; así como reducir gasto en esas cuestiones identitarias tan queridas por los nacionalistas: normalización lingüística, embajadas y representaciones en el exterior, subvenciones, etc. y, por supuesto, en la eliminación de las innecesarias entidades autonómicas que han sido creadas para colocar a personas afines al partido gobernante y para enmascarar el cuantioso volumen de la deuda autonómica: empresas públicas, organismos autónomos, agencias, fundaciones, patronatos, gabinetes de asesoramiento,….

Las Comunidades autónomas nacionalistas son costosísimas, por sus gastos "identitarios". Por ello, si las Autonomías son caras, las administraciones nacionalistas son aún más insostenibles por excesivamente costosas y porque están superendeudadas, lo que ha llevado al empobrecimiento de los habitantes de los territorios gobernados por los nacionalistas, quienes ahora están sometidos a terribles recortes sociales. Cataluña, con una inmensa deuda pública que hipoteca toda aspiración a su independencia, es un buen ejemplo de ello.

Pablo Sebastián[152] se ha referido a las propuestas de recortes que ha hecho el gobierno de Artur Mas en los siguientes términos: "…al "President" se le ha ocurrido la idea de proponer que los médicos y enfermeros catalanes renuncien a media paga de Navidad y se ha quedado tan ancho. Como cuando propone recortes a las residencias de la tercera edad, mientras esboza un impuesto progresivo a las grandes fortunas que está por concretar.

Una proposición políticamente indecente por parte de un gobierno y de una clase política que no ha renunciado previamente a sus propias pagas de Navidad, y que sigue montada en el derroche de la propaganda nacionalista y en toda clase de festejos, gastos suntuosos y no digamos lo relativo a las "embajadas catalanas" en el mundo, o a la promoción de la lengua y persecución del castellano a pesar de que aseguran que no hay problemas lingüísticos en Cataluña. Entonces, ¿a qué viene lo de gastar más de 160 millones de euros en ese capítulo, donde acaban de incrementar el gasto en traducir películas de Hollywood?

Cuidado con los recortes que afectan a las familias y a los ciudadanos de a pie, por parte de los ciudadanos que van…en coche oficial, porque esas no son maneras y mucho antes hay que eliminar lo superfluo y en este caso lo extra nacionalista en primer lugar antes de tocar lo que es más sagrado, que es el derecho al trabajo, a un sueldo justo y digno, y a la estabilidad del entorno personal o familiar. Y menos aún en un sector socialmente tan delicado y esencial para todos como es el de la medicina".

Además, recientemente el gobierno de Cataluña ha recortado también las subvenciones para los geriátricos (primero dijeron "durante dos meses", ahora parece

---

[152] Artículo titulado "Una proposición indecente", publicado en el diario digital República.com el 28 de septiembre de 2011.

que solo "durante quince días"), lo que tras los enormes recortes en sanidad, han acabado por indignar a los sufridos súbditos del gobierno nacionalista de Convergencia i Unió, dando lugar a manifestaciones callejeras y a huelgas por esos insoportables recortes sociales porque, en cambio, los gastos derivados de políticas identitarias no se han recortado. Algunos creen ver en esta torpe política de recortes sociales de la Generalitat una perversa intención oculta: generar malestar social para echarle la culpa al Gobierno estatal de que Cataluña está explotada por "Madrid", que no concede suficientes recursos para atender los derechos sociales básicos. Entonces, ante esta imaginaria discriminación "españolista", Artur Mas clama y reclama un pacto fiscal con el Estado, que habría de concretarse en un privilegiado concierto económico similar al que poseen el País Vasco y Navarra.

Sin embargo, la escasez de recursos económicos que ahora padece Cataluña se debe al inmenso despilfarro de gasto público llevado a cabo por el anterior gobierno de la Generalitat, el denominado Tripartito, que ha dejado a Cataluña arruinada y superendeudada. A pesar de todo, los recortes sociales podrían ser menores en sanidad y otros servicios sociales si el gobierno que preside Artur Mas también hubiera hecho recortes en los gastos relacionados con la autopropagandista TV3 o con las políticas identitarias que, en esta crítica situación financiera catalana, han permanecido inalterables, sin recorte alguno.

Las competencias transferidas de sanidad y educación son financiadas por el Estado; pero, en uso de la autonomía financiera de la Comunidad autónoma, la Generalitat dispone parcialmente de las consignaciones destinadas a servicios sanitarios o educativos y las emplea en la financiación de gastos identitarios. Y entonces, claro, como no queda suficiente dinero para sanidad y educación hay que recortar en estos servicios esenciales. Se trata, por tanto, de que los nacionalistas gobernantes de la Generalitat dan prioridad al gasto en asuntos identitarios sobre la necesaria financiación de servicios sanitarios o educativos, distintos de la inmersión lingüística.

Alex Gubern[153] ha escrito que "mientras la Generalitat de Cataluña desarma a base de recortes el Estado del Bienestar, otros capítulos presupuestarios, muchos relacionados con políticas identitarias, permanecen inamovibles ejercicio tras ejercicio", y ha relacionado los diez símbolos del despilfarro que no sufren recortes en Cataluña que, según Gubern, son los siguientes:

"1.- Política lingüística.

2.- Consejo de Garantías Estatutarias.

3.- Síndic de Greuges y otros organismos.

4.- Consejos Comarcales.

5.- Medios públicos de comunicación.

6.- "Embajadas" y política exterior.

7.- Selección catalana de dardos.

8.- La "Diada" no se toca.

---

[153] Artículo titulado "10 símbolos del despilfarro que no sufren recortes en Cataluña", publicado en ABC el 28 de septiembre de 2011.

9.- Informes de escándalo.

10.- Consejero del CAC, un destino dorado".

A su vez, Periodista Digital del 7 de octubre de 2011 informa en un artículo titulado "El dinero de la sanidad se invierte en TV3: 1.900 millones en tres años" de que "no hay dinero para la sanidad pública en Cataluña, según CiU, que controla la Generalitat. Eso sí, para el adoctrinamiento nacionalista, vía medios de comunicación, no falta. La Consejería de Salud tiene este año 900 millones de euros para los gastos del departamento. Esta Consejería ha visto recortado su presupuesto en un 10 %. Pero, ¿no hay otras partidas presupuestarias que son menos prioritarias que la salud de los ciudadanos?. Entre 2007 y 2009, Televisió de Catalunya (TVC) costó a la Generalitat, es decir, a todos los ciudadanos, 1.878,16 millones de euros.

En la Comisión de la Sindicatura de Cuentas del Parlament se ha conocido este 4 de octubre de 2011 que la Generalidad ha subvencionado y mantenido TVC-TV3, Canal 33, 3/24, Catalunya Radio, entre otros canales, con 1.878,16 millones de euros entre los ejercicios 2007 y 2009, últimos fiscalizados por la Sindicatura. La TVC depende directamente de la Corporaión Catalana de Medios Audiovisuales (CCMA) y ésta, del Parlament.

En concreto, en 2007, TV3 y el resto de los medios públicos de la CCMA recibieron 239,73 millones d euros de la Generalidad; en 2008, 271,01 millones de euros; y en 2009, 320,7 millones de euros. Sin embargo, a estas cantidades hay que añadir la deuda que en 2007 arrastraba TVC, 1.046,72 millones de euros, que la Generalidad decidió liquidar en 2007. Borrón y cuenta nueva. Total de la operación: 1.878,16 millones de euros.

La Sindicatura, además, ha detectado irregularidades a la hora de contratar empresas externas, tras estudiar pormenorizadamente el 32,5 % de los contratos de la TVC. Entre los casos que más ha sorprendido está el de la renovación del diseño del segundo canal de TVC, Canal 33, que en 2009 se contrató sin concurso –pese a que era necesario- a una empresa externa por 158.655 euros…Frente a estas cifras, la sanidad catalana tiene que recortar el presupuesto destinado a hospitales, centros de atención primaria, salarios de médicos y el resto de partidas de la Consejería de Salud. Según los propios médicos, los hospitales públicos en Cataluña han tenido que cerrar el 30 % de las camas y el 40 % de los quirófanos. Con lo invertido en TVC por parte de la Administración autonómica se podría mantener dos años la sanidad catalana y, sobre todo, sin hacer un solo recorte social".

Los recortes en sanidad se han llevado hasta el disparate: en Tarragona los hospitales públicos no atienden urgencias después de las 17 horas. Por ello, quien tenga allí un infarto después de las cinco de la tarde, deberá desplazarse hasta Barcelona si quiere ser atendido por la sanidad pública. Por supuesto, si se muere por el camino, la culpa será suya y no de los directores sanitarios de la Generalitat, que han establecido esos inhumanos horarios de atención a los enfermos, incluso en casos gravísimos, como el citado de los infartados.

Desde luego, si se analiza la relación de gastos inamovibles, que se han blindado ante la escasez de recursos financieros, se comprenderá bien la indignación ciudadana en Cataluña ante los recortes en servicios básicos esenciales que deberían ser prioritarios y estar exentos de recortes porque los tijeretazos presupuestarios se pueden hacer en otros conceptos menos perjudiciales para los ciudadanos.

Para los nacionalistas catalanes la culpa de sus penurias financieras no está en sus despilfarros y en el excesivo endeudamiento de su Comunidad Autónoma, pues el culpable es –como siempre- eso que llaman "Madrid", pues se inventan el cuento de que *"España explota a Cataluña"* haciéndose así las víctimas de los recortes sociales y exculpándose de la crítica situación económico-financiera de su Comunidad autónoma. Desde luego, su exacerbado nacionalismo se ha convertido ya en una religión, dejando de ser una ideología. Pero su actitud está provocando el creciente hartazgo de muchos españoles contra los fanatismos de los catalanes nacionalistas. Un expresivo ejemplo de ello es el artículo firmado por Marcello[154] que, entre otras cosas, dice literalmente lo siguiente:

"…Los dirigentes y gobernantes de CiU están propiciando, con sus indecentes ataques a España y los españoles (en estos tiempos difíciles para la economía, el consumo y el sector financiero y los servicios) el inicio de una "guerra" comercial y financiera entre los empresarios de Cataluña y los consumidores y clientes del resto de España. Como ya ocurrió –a título de ensayo- en el caso del cava catalán, tras la agresión de Carod al vino de Rioja –recientemente otra vez agredido desde la misma Generalitat-, y como puede ocurrir ahora, por ejemplo en Andalucía con todo lo que "huela" a producto o negocio catalán por causa de las recientes baladronadas del líder de Unió, Josep Antoni Durán Lleida, contra los trabajadores del campo andaluz…

…Y todo ello con el argumento miserable del dinero como la cuestión de fondo (que es el único de lo que suele hablar Durán Lleida en Madrid a cambio de los votos de CiU que luego disfraza de apoyo a la gobernabilidad de España) y a propósito de su pretendido déficit de su balanza fiscal (de Cataluña), que excluye la apropiación del IVA que las empresas catalanas recaudan en el resto de España y por supuesto sin contar la balanza comercial favorable a Cataluña frente al resto del Estado. La que cambiará si continúan estas agresiones, porque la guerra del cava será una broma comparada con la que se puede armar si desde Cataluña sigue agrediendo a los españoles como acaba de hacer Durán Lleida…

…Cuidado con todo esto de los insultos y las agresiones no vaya a ser que alguien descubra la siguiente ecuación: con el dinero que ganan las empresas, servicios e instituciones financieras catalanas en el resto de España, muchas de estas entidades financian a unos medios de comunicación y unos partidos políticos catalanes e independentistas que insultan a los españoles. Un argumento letal para poner en marcha una guerra política y comercial, que se debería de evitar a toda costa. Y como está claro que el lenguaje del dinero es el único argumento eficaz que parecen entender los dirigentes catalanes, no estaría demás que la patronal de Fomento y que esas empresas importantes y respetables –con la excepción de Abertis cuyo presidente, Salvador Alemany, ya ve viable la independencia-, les cantaran las

---

[154] Artículo titulado "El cristiano Durán Lleida", firmado con el seudónimo Marcello, que se ha publicado en el diario República.com el 10 de octubre de 2011.

cuarenta a estos dirigentes nacionalistas que juegan con fuego perdiendo además la decencia y la dignidad".

0000000000

Otra comunidad autónoma que atraviesa gravísimas dificultades financieras es la de Valencia, que intenta ansiosamente evitar su quiebra. En efecto, Eduardo Segovia[155] informa de que la Generalitat de Valencia se ha reunido con los grandes bancos para refinanciarse y escapar de la quiebra.

Efectivamente, en la Comunidad valenciana la situación económico-financiera es crítica, pues "la Generalitat no podrá pagar lo que debe ni con la venta de todo lo que tiene", como ha dicho el síndico de cuentas Rafael Vicente Queralt en su informe de fiscalización de las cuentas públicas de la administración autonómica valenciana del ejercicio 2010, presentadas en las Cortes valencianas el 23 de diciembre de 2011. Por primera vez, la Generalitat presenta unos fondos propios negativos: 1.913 millones de euros (la caída es del 339,1 % respecto a 2009). Una situación delicada ya que al cierre del ejercicio de 2010, la administración valenciana no tenía ni el patrimonio ni los bienes suficientes para hacer frente a todo lo que debía. Una situación que nunca se había dado en la gestión del Gobierno valenciano y que en una empresa privada la llevaría a la quiebra.

Ante la gravedad de la situación, el presidente de la Comunidad valenciana, Alberto Fabra, ha anunciado que el 2012 habrá un plan de ajuste para ahorrar mil millones de euros, que se llevará al próximo pleno del Consell a principios de año.

Aunque no ha dicho cual será el contenido de ese plan, sí que ha adelantado que afectará a todo el sector público y permitirá "reorganizar y racionalizar la prestación de servicios públicos, incrementar la corresponsabilidad en su financiación e impulsar nuevas políticas de ahorro".

Además Fabra quiere eliminar las duplicidades entre las respectivas administraciones para que la austeridad no se limite a reducir el gasto, sino también a gastar mejor. En el próximo mes de marzo convocará una cumbre con ayuntamientos y diputaciones para eliminar las duplicidades en los servicios públicos y agilizar las tramitaciones administrativas.

Finalmente Fabra ha expresado su voluntad de "tomar todas las medidas necesarias para salir de la crisis cuanto antes" y ha subrayado que el pago a los proveedores es uno de sus principales compromisos para 2012.

Efectivamente el Consell, en su pleno celebrado el 4 de enero, ha acordado medidas de recortes sociales y restructuración del sector público, además de la implantación y las subidas de impuestos, principalmente una nueva escala

---

[155] Artículo titulado "La Generalitat de Valencia se reúne con los grandes bancos para evitar la quiebra", publicado en El Confidencial el 14 de diciembre de 2011.

autonómica del IRPF, que gravarán las rentas de más de 100.000 euros anuales, para ahorrar 238 millones. Destacan el ajuste de personal funcionario y el tijeretazo a sus sueldos, así como el recorte sanitario, cifrado en 440 millones de euros, sin llegar al copago.

Todas estas medidas afectan gravemente al bienestar de los ciudadanos que contemplan impotentes cómo los gobernantes autonómicos culpables del despilfarro y el endeudamiento son los que ahora imponen recortes sociales y cargas impositivas para salvar a la Comunidad Autónoma valenciana de la quiebra que ellos mismos han provocado.

Otra medida, que sí resulta conveniente y oportuna, es la unificación de las 46 empresas y entidades dependientes de la Generalidad en seis holdings, lo que supondrá un ahorro de 120 millones de euros.

Por otra parte, es digno de ser subrayado que el pasado 27 de diciembre la Generalidad valenciana debería haber devuelto al Deutsche Bank 123 millones de euros, una cantidad de la que no disponía. Para evitar el impago y, con él, la quiebra, el Ministerio de Economía hizo de "intermediario". Parece ser que el Tesoro respaldó a la Generalidad ante otra entidad, que prestó a la Comunidad Valenciana el dinero que necesitaba para pagar el crédito vencido, aunque el Gobierno autonómico niega que el Estado haya avalado su refinanciación de esa deuda.

Que España está ya en bancarrota lo ha subrayado José Antonio Zarzalejos[156] refiriéndose al "nuevo libro del eurodiputado de Unión, Progreso y Democracia y catedrático de Derecho Administrativo, Francisco Sosa Wagner, escrito con su mujer, Mercedes fuertes, bajo el expresivo título de "Bancarrota del Estado y Europa como contexto". La obra es un repaso al "Estado en la almoneda" que han dejado los socialistas españoles y la descripción del escalofriante panorama que tiene que gestionar Rajoy y su gobierno…

…Nuestra bancarrota –tal y como la definen los profesores Sosa Wagner y Fuertes- requiere no sólo de una diferente gobernanza –democrática pero decidida y dispuesta a enajenarse impopularidades y resistir adversidades-, sino también de una nueva mentalidad colectiva, de un realismo lúcido acerca de nuestras posibilidades para asumir sacrificios y, especialmente, para variar conceptos inerciales. El fracaso de la izquierda en Europa –y también de algunas opciones conservadoras- se explica porque se han aferrado a dogmatismos sobrepasados por la realidad de la crisis que sólo encontrarán solución si se gobierna con paradigmas políticos nuevos. Patronales, sindicatos y partidos están en el trance de cambiar para no morir. Una nueva gobernanza para un nuevo tiempo. Nuevos gestores políticos para restaurar un Estado en bancarrota. Esa es la cuestión y esa es la misión que el cuerpo electoral ha encargado a la derecha política en España. Los ciudadanos están dispuestos a entender y asumir sacrificios, pero quieren saber por qué lo hacen y si sirven para salir de la ruina. Ese es el reto de España en el contexto europeo que se apresta a ser reformulado de forma drástica".

---

[156] Artículo titulado "Rajoy ante Europa, con el Estado en bancarrota", publicado en El Confidencial el 3 de diciembre de 2011.

Desde luego, los dirigentes de la Europa del euro son cada vez más exigentes con los países superendeudados. El nuevo Pacto Fiscal y de Estabilidad Presupuestaria es un simple acuerdo entre países individuales que se obligan a un estricto control de los déficits nacionales y a una supervisión presupuestaria supranacional.

El Pacto por el Euro Plus, acordado en la cumbre de líderes de la Unión Europea el 9 de diciembre en Bruselas, que no incluye al Reino Unido de la Gran Bretaña, pretende avanzar hacia una unión económica más fuerte, actuando en dos direcciones:

- Un nuevo pacto presupuestario y una coordinación reforzada de las políticas económicas.
- El desarrollo de nuevas herramientas de estabilización para hacer frente a los desafíos a corto plazo.

Los países se comprometen a mantener su déficit estructural en el 0,5 % y solo sobrepasarlo en "situaciones económicas excepcionales", aunque siempre teniendo presente que sobrepasar el límite marcado por el Pacto de Estabilidad –el 3 % del PIB- generaría sanciones automáticas para el país incumplidor.

Además adelantaron la entrada en vigor del Fondo de rescate que entrará en vigor a mediados de 2012 que convivirá con el mecanismo de rescate que existe en la actualidad y que ha servido para rescatar a Irlanda y a Portugal.

La entrada en vigor del Mecanismo de Estabilidad Permanente permitirá a la eurozona tener al mismo tiempo dos fondos de rescate en funcionamiento. También acordaron reforzar los recursos del FMI con 200.000 millones de euros. El objetivo es el de lograr que este organismo económico tenga más fondos para ayudar a países del euro en peligro.

0000000000

En España, habida cuenta de la situación económico-financiera y de las exigencias europeas, el Gobierno presidido por Rajoy, en su consejo de ministros del 30 de diciembre de 2011, aprobó un primer paquete de medidas de ajuste y unas inesperadas subidas de impuestos (IRPF, IBI y la tributación del ahorro según rendimientos).

El diario El Mundo del 31 de diciembre, en un artículo firmado por Francisco Núñez, decía entre otras cosas lo siguiente:

El Gobierno del PP sorprendió ayer, a pesar de la promesa electoral y del debate de investidura, con una subida d impuestos para las rentas de trabajo y del ahorro para 2012 y 2013. Según la vicepresidenta y portavoz, Soraya Sáenz de Santamaría, se ha adoptado porque "la desviación del déficit estimado" para 2011 "es sustancialmente mayor", el 8 %, dos puntos por encima del objetivo, que equivale a una desviación de 20.000 millones de euros. "Lo que nos obliga a tomar decisiones extraordinarias y no previstas". Según los cálculos del Gobierno, el Estado tendrá un mayor déficit del 0,4 % del PIB; las Autonomías del 1,3 %, y la Seguridad social cerrará 2011 con un déficit del 0,6 % del PIB.

La vicepresidenta reiteró que estas medidas son "el inicio del inicio" del paquete de reformas estructurales que servirá para corregir el déficit y favorecer el crecimiento económico. Pero, en realidad, todas las iniciativas aprobadas...van encaminadas a reducir el déficit y de momento no a crear actividad. Es decir, en el primer consejo de ministros en que se han adoptado medidas económicas ninguna va dirigida directamente a crear empleo.

Por su parte, el ministro Montoro subrayó que "la desviación principal se producirá en las autonomías y algo menor será en los ayuntamientos". Sin embargo, el Gobierno no aprobó ayer una sola medida para meter en cintura, por ejemplo, los excesos de gasto de las autonomías y corporaciones locales. Es decir, todas las medidas aprobadas van encaminadas a que el conjunto de los ciudadanos paguen *a escote* con la subida de impuestos que autonomías y ayuntamientos no hayan cumplido su objetivo de déficit. El ministro de Hacienda aclaró que este asunto se verá cuando negocie el Plan de Estabilidad presupuestaria con los gobiernos territoriales. Tampoco aparece en este recorte inicial actuación alguna para reducir el tamaño y solapamiento de las administraciones públicas.

El Gobierno aprobó ayer un recorte del gasto de 8.900 millones para el primer trimestre del año, así como un aumento de los ingresos de 6.275 millones (más 209 millones por la supresión del gasóleo profesional exigida por Bruselas). Por tanto, al Gobierno le queda por aplicar en los Presupuestos de 2012 definitivos, que presentará a finales de marzo tras las elecciones andaluzas, un ajuste de unos 25.000 millones.

Los representantes del Gobierno tampoco aclararon ayer si este ajuste se va a realizar sólo en el gasto o si se producirá otra subida de impuestos o qué ocurrirá si ese déficit es superior si se encuentran partidas de gasto ocultas.

Que el Gobierno ha apostado más por tranquilizar a los mercados, cumpliendo a rajatabla los objetivos de déficit, que por introducir medidas para incentivar la actividad económica, lo demuestra el dato de que casi el 20 % del tijeretazo en el gasto (1.612 millones de euros) se produce en Fomento, es decir, en la obra pública. A ellos hay que sumar, por ejemplo, los 1.091 millones (13 %) aplicados en Industria o los 1.083 de Economía, sobre todo en el capítulo de I+D, el nuevo modelo que intentó crear el PSOE.

El Gobierno intentó ayer minimizar la trascendencia al incremento de impuestos, al que calificó de "gravamen complementario" y de "recargo de solidaridad", cuando en realidad es la mayor subida de golpe conocida, pese a que tenga carácter temporal. El PP se escudó en la progresividad del IRPF, argumentando que va a pagar más quien más gane. En realidad, pagará más quien más declare y en eso las rentas altas suelen tener la capacidad de elusión que no disponen las rentas medias y de trabajo. El IRPF sube para todos los contribuyentes, salvo para quienes ganen menos de 680 euros al mes. La tarifa se modificará a partir de 2012 y en la primera nómina de febrero se notará un aumento de las retenciones. Es decir, se cobrará menos en neto ya que la tarifa aumenta entre 0,75% y sete puntos en los tipos marginales a aplicar según los ingresos.

Falta por saber si esta subida es una invitación a que hagan lo mismo las Autonomías en la parte de tarifa (50 %) en que tienen capacidad normativa. En este supuesto, la subida será más elevada. Desde luego, la Generalidad valenciana ya ha seguido ese camino: el pasado 4 de enero ha establecido una nueva escala autonómica del IRPF, que añade dos tramos adicionales para las rentas de más de 100.000 euros y la superiores a 120.000; una medida con la que espera obtener 28,2 millones de euros. En algunas comunidades autónomas, como Cataluña, que ha establecido un tipo marginal máximo del 49 % para las rentas más altas, el tipo marginal podría llegar hasta el 56 %. Los habitantes de esos territorios autónomos soportarán una mayor carga impositiva que los que vivan en otras comunidades.

Además, el Gobierno central ha acordado que cualquier rendimiento de capital, por ejemplo, los depósitos bancarios, sufrirán a partir de enero un alza de al menos dos puntos, del 21 % frente al 19 % anterior.

En fin, aunque son los ayuntamientos los que deciden la subida de los tipos del IBI, el Gobierno decidió ayer imponerla desde arriba para incrementar sus ingresos, aunque no se sepa cuál será su destino. El aumento afectará al 50 % de las viviendas (25 millones) que más valor catastral medio tengan.

Todas estas subidas de impuestos contradicen el programa del PP para las elecciones generales, así como lo que Rajoy contestó a Rubalcaba en el debate de investidura, que es lo siguiente: "Mi intención es no subir los impuestos porque con las dificultades que están teniendo las empresas y los españoles no me parece lo más razonable". Diez días más tarde la realidad ha mostrado la incoherencia del presidente del Gobierno en este asunto de la subida de impuestos.

Por ello el PSOE ha denunciado el "gran fraude democrático" cometido por Rajoy, subrayado además que la mayor desviación en el déficit presupuestario no se ha producido en el Estado sino en las comunidades autónomas que, en su mayoría, están gobernadas por el PP. Para el PSOE las medidas adoptadas sólo llevarán a crear "más recesión, más crisis y más desempleo" y repercutirán muy gravemente en una disminución del consumo privado de los españoles.

Por su parte, UPyD afirma que el Gobierno "empieza mal" al cargar sus medidas de reducción del déficit sobre las rentas del trabajo vía IRPF y, en cambio, no ahorra evitando duplicidades en la Administración o suprimiendo entes superfluos como las diputaciones provinciales. Lo que hace falta es reformar "un Estado autonómico mal diseñado", algo que el Ejecutivo de Mariano Rajoy "ni se plantea"

Desde luego, es indudable que la clase media asalariada soportará casi el 60 % del "sacrificio" de la subida del IRPF. Por ello, el diario El Mundo publicó un editorial el 31 de diciembre pasado titulado "Rajoy empieza el ajuste por el contribuyente" que dice, literalmente, lo siguiente:

"Todo fue sorprendente ayer en el Gobierno. Desde la inusitada comparecencia de cuatro ministros en la rueda de prensa posterior al Consejo, hasta las medidas anunciadas como el primer paquete del ajuste ante la difícil situación económica. Porque sorprendente fue oír de boca de Soraya Sáenz de Santamaría y de

Cristóbal Montoro que el Ejecutivo *popular* se veía obligado a subir impuestos para hacer frente a un déficit desbocado, que el gobierno calcula que se situará en el 8 % en el final de este ejercicio, lo que supondrá tener que aplicar un recorte adicional de 20.000 millones a los 16.500 millones previstos inicialmente.

Cierto que los ministros comparecientes no ahorraron palabras para explicar que se trata de una subida "temporal y extraordinaria" con el fin de hacer frente a la circunstancia "no prevista" del excesivo déficit público. Pero, a la postre, lo que va a quedar es un importante aumento de la carga impositiva, que al sumar la suida del IRPF, de los rendimientos del ahorro y del IBI será la mayor de la democracia y va a afectar a todas las clases sociales, desde los pensionistas a los asalariados con mayores sueldos. Con esta decisión, el Gobierno prevé incrementar la recaudación en 6.275 millones d euros. Además, aplicará un recorte de 8.900 millones en el Presupuesto prorrogado para 2012 y conseguirá así los casi 16.500 millones comprometidos inicialmente si el déficit público cerraba el ejercicio en el 6 %. El Ejecutivo deberá hacer sus planes para reducir esos otros 20.000 millones.

Lo grave de las decisiones de ayer es la variación del criterio del PP a las primeras de cambio. Aquel "no subiré los impuestos" que Rajoy repitió por activa y por pasiva antes de las elecciones ha quedado en papel mojado. Y hay que reprochárselo al presidente del Gobierno porque ha vulnerado de forma flagrante una promesa electoral. Pero, además, esta medida cuestiona el discurso *popular* de estimular la economía productiva y corre el riesgo de fomentar el colapso económico al deprimir más el consumo privado e inundar de pesimismo a la sociedad. Hay que considerar que a pesar de ese fuerte trasvase de dinero privado hacia el Estado –algo contrario a lo defendido desde siempre por el PP-, el sacrificio del sector público en las medidas anunciadas ayer es menor. El gobierno debería explicar por qué ha decidido repartir entre los ciudadanos el coste de los excesos presupuestarios de las administraciones públicas.

Este primer paquete de medidas del Gobierno Rajoy solo terminará teniendo justificación si se enmarca dentro de un gran proyecto de reforma del Estado que acabe con las ineficiencias que nos han llevado a esta triste situación. Esperamos, pues, que en las próximas semanas y especialmente en los Presupuestos del Estado, se vayan concretando las propuestas del Ejecutivo sobre esos cambios estructurales tan necesarios para la economía española de los que llevamos hablando desde que comenzó la crisis, pero que nunca se acaban de concretar. En primer lugar, el profundo replanteamiento del Estado que haga efectivo el principio de "una competencia, una administración", declarado por el presidente del Gobierno, que destierre de una vez el despilfarro que suponen organismos duplicados o triplicados y entes públicos –televisiones autonómicas, desde luego- perfectamente suprimibles. Como habrá que atacar de una vez una reforma que desregule el mercado de trabajo y permita a las empresas descolgarse de los convenios, o la del sector financiero par aponer en condiciones a los bancos de dar créditos. Y el gobierno deberá acometer una radical remodelación del Estado del Bienestar, revisando si hace falta el gasto en Sanidad, Educación desempleo o dependencia.

Solo así se entenderían las medidas "temporales y extraordinarias" tomadas ayer por el Ejecutivo. Y, desde luego, sería inaceptable que el calendario, o no digamos el contenido, de estas reformas quedara condicionado por las elecciones andaluzas. Mal le iría a Rajoy si empieza sacrificando los intereses de sus votantes del 20-N para poder competir allí en justicia retributiva con el PSOE. Es cierto que el Gobierno dio ayer una señal diáfana a los mercados y a las instituciones europeas de que está dispuesto a hacer lo que sea, incluso vulnerar la palabra dada, para cumplir con los compromisos adquiridos por España. Eso puede darle margen financiero para abordar las reformas mientras irrita a sus votantes. Es un juego peligroso. La clave estriba en que los cambios estructurales sean lo suficientemente rotundos como para que estos sacrificios merezcan la pena".

En el Consejo de Ministros del pasado 5 de enero el Gobierno ha estudiado un informe del ministro de Economía, Luis de Guindos, sobre la restructuración del sistema financiero, que todavía necesitará unos 50.000 millones de euros para sanear sus activos; así como otro informe del ministro de Hacienda, Cristóbal Montoro, sobre el sector público empresarial y la necesidad de reducirlo.

Tras ese Consejo de Ministros, la vicepresidenta Sáenz de Santamaría ha urgido a todas las administraciones públicas, pero muy especialmente a las CC.AA., a que adelgacen al máximo su estructura para ayudar a reducir el déficit presupuestario al 4,4 % establecido para 2012. Desde 2004 a 2009 las entidades públicas han aumentado más de un 50 % en todas las Administraciones, pues hay más de cuatro mil organismos, fundaciones y consorcios integrantes de la Administración del Estado. Para disminuir dicho entramado, la vicepresidenta ha convocado en enero al Consejo de Política Fisca y Financiera donde se preguntará "a las distintas administraciones por qué no se ha cumplido el objetivo existente de reducir entes públicos" acordado en 2010 y que consistía en reducir 515 entes públicos, pues solo se han eliminado 70 entidades. La vicepresidenta ha subrayado que "es una tarea compartida del Estado, de los gobiernos autonómicos y de las corporaciones locales redimensionar el sector público para mejorar el control del déficit".

En fin, según consta en la web del desaparecido Ministerio de Economía y Hacienda, el pasado 1 de julio de 2011 los entes públicos autonómicos (sin incluir al País Vasco) existentes eran 2.357.

0000000000

Dadas las inciertas perspectivas financieras que tiene la Europa del euro y la previsible aplicación de una rigurosa disciplina fiscal para que nuestra nación supere su actual bancarrota, **¿qué prefieren la mayoría de los españoles, tener empobrecedoras Autonomías territoriales con crecientes recortes de servicios sociales o que España pueda integrarse en el "club de los supereuropeos",**

aunque ello conlleve la desaparición de todas o casi todas las CC.AA., para que no sea necesario hacer más recortes sociales en el futuro?.

Antes de escoger en ese dilema, hay que tener en cuenta que España -como Grecia, Portugal o Irlanda-, tal vez podría ser rescatada por Europa; pero, si llegase a ser necesario, ¿quién podrá rescatar de la quiebra financiera a Cataluña y a otras superendeudadas CC.AA., si el Estado español se ha convertido ya en residual, sin territorio y arruinado?. ¡¡¡Nadie!!!. Entonces ¡el suicidio de las CC.AA. se habrá consumado!. Llegado ese momento, Europa nos obligará a elegir entre el mantenimiento de nuestras ruinosas Autonomías o nuestra pertenencia a la Europa desarrollada del euro. La desaparición del Estado de las Autonomías llegará a ser inevitable, por una mera cuestión de supervivencia. En tal caso, el laberinto autonómico que nos aprisiona y arruina se derrumbará. ¡Y España, sin las autonomías, volverá a recobrar la libertad y la esperanza de un futuro sostenible, integrada solventemente en la Europa del euro!.

Para que ello sea posible, será necesario llevar a cabo una radical transformación de nuestro modelo de Estado, mediante una reforma esencial de nuestra Constitución, de acuerdo con su artículo 168, para eliminar el derecho a la autonomía que tienen las nacionalidades y las regiones españolas.

En todo caso nuestra pertenencia a la Unión Europea y al euro nos imponen ciertas obligaciones y algunas limitaciones de soberanía. Europa no quiere que España siga el sendero suicida de Grecia, por si ello arrastra al euro y hunde la construcción de Europa…¡y a los bancos de los países ricos!. Europa está apretando las tuercas a España…y no va a soltar su presa.

Si hace más de un año nos obligó a recortes sociales indeseables que el Gobierno de Zapatero no tuvo más remedio que aceptar, si recientemente PSOE y PP han tenido que consensuar una reforma de la Constitución para garantizar al máximo nivel jurídico-político la estabilidad presupuestaria y la eliminación progresiva de los déficits de las cuentas públicas; en un futuro próximo nos obligará a renunciar a las Autonomías por ser el cáncer que impide la recuperación económica de España y la creación de empleo, y lo que en definitiva lastra nuestra capacidad financiera y genera dudas sobre nuestra continuidad en el euro. Y para Alemania y Francia el euro es sagrado porque le permite ejercer un imperialismo económico-monetario sobre los mercados interiores y los asuntos políticos de la mayor parte de los países europeos. ¡Europa ha condenado a muerte ya a nuestro Estado de las Autonomías! Y **España, en ese dilema entre Europa o las Autonomías, no tendrá más remedio que elegir lo bueno y desechar lo malo:** aceptará la desaparición de las comunidades autónomas, pues los dos partidos mayoritarios se pondrán de acuerdo y reformarán la Constitución; pero, esta vez sí, con referéndum popular. ¡Se trata de una cuestión vital para la supervivencia de España!.

Esa será la inevitable consecuencia de que los políticos, con el enorme endeudamiento suicida de sus CC.AA., se hayan comido vorazmente su "gallina de los huevos de oro": **el empobrecedor Estado de las Autonomías, que es un engendro insostenible, una quimera inviable, un laberinto que, gracias a la Europa del euro y a los mercados financieros globales, terminará por**

desaparecer. En la práctica, ya ha comenzado un tímido desmantelamiento del Estado autonómico. Nos encontramos ya en **el ocaso de las Autonomías.**

0000000000

Entretanto, por si acaso… y antes de que los mercados financieros y la Europa del euro nos obliguen a desmantelar totalmente el Estado de las Autonomías, vamos a diseñar un Plan B que nos permita, por nosotros mismos –sin presión de Europa ni de los mercados financieros-, salir del laberinto autonómico.

Si nos decidimos a salir del laberinto autonómico, lo primero que tendremos que preguntarnos es ¿cómo se sale de él?. -¡Vamos a ir descubriéndolo poco a poco!. Previamente, lo que hay que tener claro es que ahora sí que podemos y debemos cambiar de actitud y no dejarnos chantajear más por los nacionalistas, porque ya no nos asustan sus amenazas de secesión o de independencia; porque en ese caso ellos –los nacionalistas catalanes o vascos- serían los más perjudicados. Si un Estado grande, como España, o pequeño, como Grecia o Portugal, son incapaces de resistir el acoso de los mercados financieros a su endeudado Estado, mucho menos lo serían Cataluña o el País Vasco con su primeriza independencia; sobre todo si España vetase su pertenencia a Europa, y careciesen de la cobertura de la Unión Europea.

Actualmente, ha comenzado ya el ocaso de los nacionalismos por la inviabilidad de sus objetivos independentistas, debido a razones económico-financieras del mercado global; aunque, al parecer, muchos de los nacionalistas catalanes o vascos no quieren darse por enterados de ello.

Así, pues, si quieren los nacionalistas un referéndum de autodeterminación, deberíamos hacerlo ya, inmediatamente, y aceptar el resultado, sea cual sea, con la condición de que en el referéndum voten, como mínimo, el cincuenta por ciento del censo electoral de la Comunidad Autónoma de que se trate, para que el resultado sea verdaderamente representativo.

Rosa Díez, en su citado artículo titulado *La frustación de la expectativa superada,* concluye que: "quizá ha llegado la hora de plantearnos si no es el momento de hacer borrón y cuenta nueva. O sea, para que se entienda: que nada de lo que hoy es competencia de las comunidades autónomas lo es para toda la vida. Y que hemos de empezar a cuestionarnos algo que los nacionalistas han conseguido que quedara como una verdad probada: a más autonomía, mejor para los ciudadanos. Pues no, ni mucho menos. Creo que ha llegado la hora de plantearnos, con toda libertad, sin ningún tipo de complejos ni hipotecas, la reversibilidad de todo el camino recorrido. Sin pensar en otra cosa que el interés general de las futuras generaciones; sin pensar en las consecuencias que tendrán esas decisiones en las siguientes elecciones. Quizá cuando los nacionalistas entiendan que "la pica en Flandes" se puede mover hacia atrás, empiecen a pensar de otra manera. Y se palpen la ropa antes de dar el siguiente paso. Y quizá cuando los ciudadanos descubran que hay otra forma de enfrentarse con los problemas políticos, empiecen a recuperar el interés por participar en la política. Vamos, que merece la pena remangarse y recuperar la autonomía personal –y política- suficiente para pensar y actuar sin otro interés que el de todos".

En definitiva, frente a las negativas Autonomías de los territorios hemos de oponer la verdadera y respetable autonomía personal de los ciudadanos libres, que deciden por mayoría democrática lo que procede. ¡Y poner a los nacionalistas en su sitio, desenmascarándolos!.

0000000000

En principio puede haber una salida técnica del laberinto, pero resulta totalmente insuficiente para dejar atrás y superar los problemas que tiene el Estado autonómico. Esa salida técnica es la que señalan Francisco Sosa Wagner y Mercedes Fuertes[157] cuando en su libro se preguntan "¿Cómo se sale de este laberinto? Es evidente que la definición del "interés general" es el hilo que cose y da coherencia a las estructuras políticas. Por eso, en los ordenamientos federales, que son lógicamente los más sensibles a esta cuestión, se cuenta con instrumentos para deshacer los nudos gordianos que puedan formarse y los tribunales constitucionales los aplican con toda normalidad.

Pero en España, de esos instrumentos –que existen- se ríen casi todos y, en ocasiones muy señaladas, algunas Comunidades autónomas a las que poco impresionan. Tratar de que el Tribunal Constitucional, en un pleito eterno, los aplique, es lo mismo que majar en hierro frío...

...Al final, alguien ha de ser llamado a componer los intereses enfrentados de los distintos círculos territoriales que conviven en el espacio español y ese alguien es el Estado".

Lo primero que hay que hacer es que el Estado recupere lo antes posible las competencias que indebidamente transfirió a las manirrotas CC.AA., pues todos los españoles, independientemente del lugar en que habiten deben obtener los servicios sociales con un nivel de calidad similar; pero ya sabemos que ciertas comunidades autónomas, como Cataluña, aplican prioritariamente los recortes presupuestarios a la sanidad y a otros servicios sociales en lugar de hacerlo en asuntos identitarios y en "adelgazar" administración y empresas públicas.

El catedrático Leopoldo Gonzalo y González[158] afirma concluyentemente que "...se hace imprescindible revisar el deslinde competencial entre el Estado y las comunidades autónomas. El modelo previsto en los artículos 148 y 149 CE es bastante razonable y, por tanto, asumible. Sin embargo, la aplicación abusiva de lo previsto en el artículo 150.2 CE, referente a la posibilidad de transferir a las comunidades autónomas facultades de *competencia exclusiva* del Estado –tal como las califica el artículo 149 CE-, junto con los medios financieros necesarios para desempeñarlas, está traduciéndose en un vaciado de la Administración general del Estado (la que realiza tan sólo el 21 % del gasto público), convirtiéndola en una administración puramente residual y mermada en sus posibilidades de protagonizar una política económica cifrada en el interés común de todos los españoles.

En suma, y a mi juicio, la vertebración fiscal del Estado español pasa necesariamente por un replanteamiento del Estado de las Autonomías tal como se ha desplegado a raíz de la Transición, reasumiendo la Administración del Estado las

---

[157] Obra citada. Páginas 17 y 23.
[158] Obra citada. Páginas 240 y 241.

competencias que le corresponden de acuerdo con los postulados de la teoría de la descentralización financiera óptima y las previsiones iniciales de la vigente Constitución política. Ello permitiría reducir y racionalizar el gasto público, así como armonizar el cuadro tributario de acuerdo con los principios constitucionales y de la buena doctrina económico-financiera".

0000000000

Ahora, con el fin de adentrarnos en el tema de la salida del laberinto de las Autonomías voy a reproducir, en primer lugar, lo que sobre ello dicen algunos expertos para, posteriormente, dar mis propias conclusiones.

Voy a comenzar reproduciendo parcialmente lo que ha escrito el catedrático de Derecho Constitucional Jorge de Esteban[159], que dice así:

"El gran fallo de la Constitución de 1978, algo anómalo en el Derecho Constitucional mundial, es que no establecía ningún modelo *concreto* de Estado, desde el punto de vista de la descentralización del poder. Sin embargo, en el Título VIII de la misma se podía haber llegado a escoger entre tres modelos diferentes: el *selectivo*, el *asimétrico* y el *igualitario*.

En principio, la idea originaria era resolver el problema de las peculiaridades catalana y vasca –y, en menor mediad, gallega-, permitiendo que tuviesen una cierta autonomía, como se concibió en la II República…La elección entre el régimen *asimétrico* y el *igualitario* quedaba así en las manos de la dinámica política y de los gobernantes de turno. Mientras que los nacionalistas catalanes, vascos y gallegos han tratado de asentar y consolidar el primero, la mayoría de las comunidades autónomas restantes, han intentado ir igualando la cota marcada sobre todo por los catalanes y vascos, que quieren diferenciarse del resto a toda costa...

…(Posteriormente) ha irrumpido también la crisis económica mundial, que en España, por sus propias deficiencias y carencias, ha alcanzado un mayor nivel de peligrosidad. El Estado de las autonomías, sin que neguemos algunos de sus aspectos positivos, ha significado un aumento innecesario de gastos que han llevado a un déficit galopante, y que es insostenible en las actuales circunstancias. De este modo, ha surgido una nueva casta de funcionarios autonómicos, unos con oposición y la mayoría nombrados a dedo, que se encuentra en el origen, con excepciones, de la corrupción que afecta a casi todas las comunidades autónomas. Nadie ha controlado los despilfarros de los recursos públicos, que en los años de las vacas gordas se ha hecho sin pudor. El Estado no solo está marginado, sin medios de actuar, sino que se halla exangüe.

Tal es la opinión que cada vez se encuentra más extendida no sólo entre los ciudadanos, sino incluso entre los políticos más responsables. Hay que hacer algo

---

[159] Artículo titulado "El Estado de las Autonomías, en entredicho", publicado en el diario El Mundo el 20 de enero de 2011.

antes de que el Estado quede inutilizado por los excesos autonómicos, pero ¿el qué? Porque todo esto se veía venir desde el mismo momento de aprobarse el Título VIII de la Constitución, en combinación demoníaca con una ley electoral que regalaba a los partidos nacionalistas una capacidad decisoria que está por encima de su fuerza electoral.

Es muy difícil volver a poner las plumas al pavo, cuando ya se la ha desplumado, pero algo hay que hacer si queremos que España siga existiendo como Nación unitaria. Sin duda se pueden encontrar fórmulas constitucionales que podrán encauzar las aguas que ya se han desbordado, sobre todo en Cataluña y el País Vasco…

En definitiva, el Título VIII de la Constitución imita claramente la técnica del *boomerang* inventado por los indígenas australianos, pues su absurda regulación ha comportado que se vuelva, 32 años después, al origen del problema.

Habrá tiempo de continuar con este análisis, pero hoy por hoy solo existen dos fórmulas para que España siga siendo un país unitario: o se establece un Estado *asimétrico,* en donde haya territorios que tengan más competencias que los demás, o se acaba aprobando un Estado federal, en el que todos los territorios tengan semejantes competencias. Estas dos tendencias, hoy por hoy irreconciliables, saldrán a flote tras las próximas elecciones generales y exigirán, si se quieren coordinar, que se reforme de una vez una Constitución que, como creo que fui el primero en señalar, nació *inacabada* y de ahí que sigamos pagando las consecuencias. Pero, naturalmente, si lo oscuro acabamos viéndolo, lo que es completamente claro lleva mucho más tiempo".

Otra opinión sobre la salida del laberinto autonómico es la de José Antonio Zarzalejos[160], que sigue la línea de Jorge de Esteban. Zarzalejos concluye así: "…Estado autonómico, sí, por supuesto, pero revisado. Debe ser *selectivo* y *asimétrico* para resolver el problema político del País Vasco –lo estará cuando ETA sea extirpada definitivamente- y el de Cataluña que sigue pendiente (sobre la mesa el pacto fiscal que plantea el catalanismo). Y para generalizar el bienestar en las demás regiones, bastaría un modelo uniforme de descentralización, con reducción del aparato administrativo local (diputaciones), agrupaciones de municipios y limitación de facultades de orden administrativo y legislativo para evitar este patio de Monipodio en el que se ha convertido el Estado. Hará falta, claro está, una reforma constitucional".

Por el contrario, otros autores quieren que la salida del laberinto autonómico se haga mediante la instauración en España de un Estado unitario pero democrático, no centralista. Manuel Muela[161], tras afirmar que es inviable el ruinoso Estado de las Autonomías, propugna un cambio del modelo de Estado, y lo argumenta así:

"…La confusión ideológica, trufada de posiciones nacionalistas arcaizantes, ha contribuido a consolidar la idea de que el Estado unitario fuerte es una manifestación autoritaria a la que hay que oponer un modelo distinto, basado en la

---

[160] Artículo titulado "El españolismo inteligente" publicado en El Confidencial el 22 de enero de 2011.
[161] Artículo titulado "Ante el caos y el descrédito autonómico, el Estado unitario y democrático" publicado en El Confidencial el 8 de junio de 2011.

idea de las parcelaciones territoriales dotadas de poder político propio y autónomo…Creo que disponemos de conocimiento y experiencia histórica para constatar que los intentos de modernización del Estado en España, basados en aquellas premisas, han fracasado sucesivamente, porque, entre otras cosas, se han primado los sentimientos de lo centrífugo. Se ha olvidado que en nuestro país, donde todavía persisten importantes desequilibrios sociales, sigue siendo necesaria la capacidad homogeneizadora de un poder público central fuerte. La tendencia de los poderes regionales autónomos a eludir el interés nacional ha sido una constante histórica. Que no debería ser así, porque también son parte del Estado, pero es, y a los hechos me remito. Cada día tenemos pruebas de ello.

En un momento crítico en lo político y en lo económico, que obligará a cambios de todo orden, parece justificado encarar un problema que tiene difícil arreglo sin cambiar este orden constitucional: entre las reformas del mismo habría que abordar la sustitución del derecho a la autonomía de las regiones por formulaciones más cercanas a la descentralización administrativa que al concepto de autonomía. Porque se quiera o no, y a los hechos me remito, este último siempre deriva en acentuar la debilidad del poder público, cuando no en la deslealtad hacia el propio Estado. *Un estado unitario, nutrido y sostenido con los valores de la democracia, nada tiene que ver con el señuelo del odiado Estado centralista,* que ha resultado tan útil para vender a los españoles una mercancía política muy beneficiosa para algunas clases dirigentes, pero menos para los ciudadanos y contribuyentes".

Por supuesto, yo creo que los partidos nacionales mayoritarios se encuentran muy a gusto dentro del laberinto autonómico ya que, después de los nacionalistas, son los grandes beneficiarios del Estado de las Autonomías y, aunque no quieren cambiar el sistema autonómico, son muy conscientes del perjuicio que las Autonomías están causando a la mayoría de los españoles. Por ello tanto el PSOE como el PP se muestran partidarios de reformar las Autonomías para mejorarlas, pero sin cambios sustanciales que puedan afectar al modelo de Estado. Es decir, que están encantados dentro del laberinto autonómico y que no quieren salir de ese "paraíso" suyo.

El líder del PP Mariano Rajoy aseguró el 2 de julio pasado en una entrevista a Radio Nacional de España que "no se trata ahora de hacer una enmienda de totalidad" al Estado autonómico sino de "dar pasos hacia lo posible y lo que es bueno". En este punto, explicó que el PP fijaría un techo de gasto y de endeudamiento y que convocará a las comunidades autónomas para hacer una ley de unidad de mercado. Rajoy subrayó que el Estado "puede ejercer la capacidad que le da la Constitución para hacer una legislación básica", ya que, a su juicio, lo que no puede ocurrir es que, por ejemplo, en una comunidad sea gratis una operación y en otra no lo sea. Eso sí, añadió que no se le ha "pasado por la cabeza privatizar la sanidad". También se mostró a favor de modificar la ley de Estabilidad para poner el techo de gasto. En su opinión el ejecutivo ha sido "muy laxo" y "demasiado alegre" a este respecto "y ahora le echa la culpa a las comunidades autónomas".

Respecto a la ley de unidad de mercado, Rajoy afirmó que en España no tiene sentido que haya 17 normas distintas en temas de medio ambiente, horarios comerciales o transporte. Y agregó: "hay que hacer un esfuerzo por unas normas comunes, porque eso ayuda al empresario, al emprendedor y al que crea riqueza".

0000000000

A mi entender, sólo hay dos salidas del laberinto de las Autonomías: el Estado federal y el Estado unitario asimétrico.

Entre los partidos políticos nacionales, Izquierda Unida y UPyD son partidarios de un Estado Federal. Aunque, como explicaré más adelante, yo soy partidario de sustituir lo antes posible, tras modificar la Constitución, el Estado de las Autonomías por un Estado asimétrico, voy a reproducir seguidamente, porque es esclarecedor, lo que dice Rosa Díez sobre el modelo territorial de Estado. Lo ha expresado Ana I. Gracia[162] en los siguientes términos: "España es hoy políticamente inviable y también económicamente insostenible". Partiendo de esta premisa, Rosa Díez presenta para el 20-N una batería de propuestas que, de llevarse a cabo, revolucionarían la estructura actual del Estado. "Ya hemos visto dónde estamos fallando, ¿a qué esperamos para poner la medidas?". La candidata de Unión, Progreso y Democracia a la Presidencia del Gobierno no tiene en su haber la pócima que sacaría a España de la crisis, pero sabe por dónde empezaría a recortar gastos: Acabaría con las duplicidades. ¿Que qué haría con las televisiones autonómicas? ¡Cerrarlas todas! No podemos seguir viviendo como si fuéramos los nuevos ricos de Europa". La líder de UPyD reiteró en una reciente visita a *El Confidencial* la necesidad de rediseñar el mapa de competencias entre el Estado y las autonomías, apuesta por prescindir de las diputaciones y unificar los ayuntamientos de localidades de menos de 5.000 habitantes. Solo con la fusión de los municipio más pequeños de España (el Ejecutivo asigna a la administración local el 19,5 % del gasto total del Estado), donde se prescindiría de 65.000 concejales, se ahorrarían hasta 20.000 millones de euros, según los cálculos de la agrupación.

Una revolución que, de efectuarse, conseguiría eliminar las competencias duplicadas en materias menores y salvaría otras básicas para el Estado del bienestar, como la Sanidad o la Educación. "Hay más de cinco mil entes que pululan entre la administración central y las regionales, ¿por qué no se han puesto todavía a investigar a qué se dedican?". Las televisiones regionales, para la líder de UPyD, es el ejemplo más llamativo del agujero negro que suponen estas cadenas para las arcas autonómicas. "Nos cuestan al año 1.900 millones de euros, pero ni el PSOE ni el PP las van a cerrar porque son una de las mejores vías de influencia política, y pese a los resultados negativos, ni uno ni otro quieren quedarse fuera, ¿Y privatizarlas? ¿Quién las va a querer con las pérdidas que arrojan?. Hay que cerrarlas todas y, si acaso, dejar una como segundo canal en aquellas comunidades con lengua propia".

---

[162] Artículo titulado "Rosa Díez: "¡Que se cierren ya todas las televisiones autonómicas!", publicado en el confidencial del 11 de octubre de 2011.

Además, UPyD pretende que se obligue a las CC.AA. a someter sus proyectos de presupuestos al control del Ministerio de Economía, que estaría facultado para exigir su modificación en caso de que no garanticen la estabilidad y coordinación fiscal y financiera del Estado.

Algunos descalifican la posibilidad de que España se transforme en un Estado federal. Entre ellos, voy a citar aquí a Aleix Vidal-Quadras[163], quien pone de relieve que considera disparatada "la insólita empresa de crear pequeños Estados-Nación cultural y lingüísticamente homogéneos fuera de su tiempo histórico cuando el proyecto de unidad europea aspira a configurar un vasto espacio político-jurídico superador de las diferencias de lengua y de cultura basado en principios y valores universales" y advierte de que "de la misma forma que los nacionalistas nunca consideraron la implantación del Estado autonómico como el cumplimiento de sus aspiraciones, sino como una etapa intermedia hacia la tan deseada secesión, la evolución de España hacia un Estado federal tampoco detendrá su afán separatista. Al contrario, cuanto más cerca vean la meta, el ritmo de su carrera reivindicativa se acelerará. El famoso federalismo asimétrico no haría que ETA abandonase su actividad criminal ni que el PNV, Esquerra Republicana, convergencia i Unió y el BNG se integrasen lealmente en el proyecto común. Su efecto sería, más bien, animar a los unos a intensificar la barbarie y estimular a los otros a agudizar el conflicto político con el Estado".

Por mi parte, como ya he anticipado, considero que la mejor salida del laberinto del Estado autonómico es el de transformarlo, previa reforma constitucional, en un **Estado unitario asimétrico** pero fuerte, porque en muchos territorios de España existen déficits sociales y educativos, y ni el Estado autonómico ni un hipotético Estado federal serían capaces de conseguir la modernización y el desarrollo que compensaran tales déficits que, en último término, deberían ser atendidos por la solidaridad que garantiza y proporciona el Estado unitario.

Sin embargo, debo recordar que la autonomía territorial es muy costosa. La autonomía es carísima, un lujo. Y por ello, en el caso de Estados asimétricos, la autonomía debería ser financiada totalmente por los beneficiarios directos de la misma en las comunidades que sean autónomas. Al fin y al cabo, son sus habitantes quienes habrán votado afirmativamente las peticiones de autonomía de sus representantes políticos que se concretan en los Estatutos de autonomía y en las reformas estatutarias. La autonomía es un derecho, pero no una obligación en un Estado unitario como el español. Por lo tanto, a más autonomía de un territorio, hay obligación de contribuir a su financiación por los habitantes de ese territorio. Si no quieren contribuir a su mantenimiento, tendrán que votar negativamente en los correspondientes referéndums sobre las reformas estatutarias que sus representantes políticos les propongan.

Para que la financiación de la autonomía sea suficiente es preciso que haya también un copago tributario por parte de los ciudadanos beneficiarios de ella: a mayor autonomía, mayores impuestos o recargos impositivos territoriales. De esta

---

[163] Obra citada. Páginas 48 y 146.

manera, cofinanciarán los servicios superiores a la media nacional que su comunidad autónoma les proporcione, teniendo así autoridad para exigir buenas prestaciones sociales....y también podrán comprobar, cuando rindan cuentas los dirigentes políticos de su comunidad, si la autonomía territorial es tan fructífera y conveniente para los ciudadanos como los partidos políticos y sus voceros les han contado.

En el Estado asimétrico que propongo, todas las regiones serían de régimen común, excepto Cataluña, el País Vasco y Galicia, así como Navarra que mantendría también su régimen foral. Todas ellas podrían tener un Estatuto de autonomía con un contenido similar al que obtuvieron en la II República. En el caso de Galicia, se trataría del proyecto de Estatuto, pues no llegó a aprobarse el suyo. Además, los techos de competencias transferibles a esas *nacionalidades* se establecerían homogénea y claramente en la Constitución, sin que pudieran ampliarse con delegación de competencias estatales en ningún caso.

La construcción de ese Estado asimétrico se haría usando suficientes incentivos y asimismo, en su caso, medios disuasorios. Me explico. Para que las regiones dieran su conformidad a su vuelta al régimen común se les ofrecerían sustanciales alicientes como, por ejemplo, la asunción por el Estado de su deuda pública, de la que quedarían liberadas. Es preciso tener presente que la autonomía es un derecho de las nacionalidades y regiones reconocido en el artículo 2 de la Constitución, que está incluido en su Título Preliminar. Si, a pesar de todo, hubiera muchas CC.AA. que no estuvieran dispuestas a volver al régimen común, entonces habría que cambiar nuestro modelo de Estado, lo que exige modificar esencialmente la Constitución -para eliminar el derecho a la autonomía territorial del Título Preliminar-, mediante el procedimiento previsto en el artículo 168 de la CE.

En resumen, que **se ha de conseguir que la mayoría de las CC.AA. renuncien voluntariamente a su autonomía, lo que puede ser imposible en el caso del País Vasco y de Cataluña y, probablemente también en Galicia y la Navarra foral.**

Entonces, todas estas Comunidades que no renuncien a ella, seguirán manteniendo su Autonomía política, pero tendrá que limitarse a unos techos de competencias que no serán ampliables.

Para conseguir la renuncia a la autonomía de la mayoría de las regiones y su vuelta al régimen común deberá seguirse un itinerario similar al siguiente:

1) Acuerdo entre PSOE y PP, abierto a otros partidos, para aprobar una reforma constitucional que modifique sustancialmente el Título VIII de la Constitución española en lo relativo a las autonomías territoriales, con aprobación por referéndum popular, para convertir la autonomía política en algo excepcional, negativo y costoso para los habitantes de los territorios autónomos.

2) Aprobación de leyes orgánicas que normalicen las autonomías territoriales en un nivel semejante para todos los territorios autónomos y establezcan techos competenciales; que concreten que la financiación de las costosas autonomías sea a cargo de los habitantes de los territorios autónomos; que dejen claro que la iniciativa de la modificación de los Estatutos de autonomía corresponde al Parlamento del Estado; que garanticen la solidaridad interterritorial de las

comunidades autónomas ricas a los restantes territorios; así como, finalmente, la prohibición de establecer normas autonómicas discriminatorias –como que el castellano no sea lengua vehicular en la enseñanza- o barreras u obstáculos al comercio interterritorial y al mantenimiento del mercado único español.

3) Aprobar normas que garanticen que la financiación autonómica de las CC.AA. restantes se realice ortodoxamente, con estabilidad presupuestaria, sin déficit ni endeudamiento.

4) Devolución al Estado de las competencias transferidas, por aquellas CC.AA. que lo decidan así.

5) El Estado asumirá la deuda pública que tengan las Comunidades que acepten regresar al régimen común en referéndum popular vinculante, y les concederá otros alicientes o incentivos.

6) Creación de las Delegaciones regionales del Gobierno central en las CC.AA. que renuncien a su autonomía política, dotándolas de una descentralización administrativa máxima, lo que conllevará el mantenimiento de un gobierno regional presidido por el Delegado regional, pero no de un Parlamento autonómico.

7) Nombrar delegados regionales del Gobierno central a los presidentes de las actuales CC.AA. que renuncien a su autonomía política, durante el tiempo que reste de la legislatura autonómica, siendo su nombramiento a ese cargo renovable.

8) En las regiones pluriprovinciales de régimen común habrá un Subdelegado del Gobierno central en cada una de sus provincias integrantes, dependiente del Delegado regional, y se suprimirán las delegaciones provinciales de la Comunidad Autónoma al desaparecer ésta; pero se mantendrán las actuales Diputaciones provinciales, reformándolas para que cumplan sus funciones más eficientemente.

En definitiva, la legislación estatal debe favorecer el regreso de la mayoría de los territorios al régimen común, a fin de que la autonomía política territorial se convierta en excepcional y no atractiva. Por supuesto, como la autonomía es un derecho pero no una obligación, cualquier comunidad autónoma podrá renunciar democráticamente a su autonomía si así lo desea, reintegrándose al régimen común de otras regiones.

Algunas CC.AA. se están planteando ya la devolución de ciertas competencias al Estado. Esperanza Aguirre, la presidenta de la comunidad autónoma de Madrid ha dicho que va a impulsar la devolución de las competencias de Justicia al Estado. Así ha informado el diario ABC, del 13 de octubre, en un artículo firmado con las iniciales S.L., redactado como sigue:

"Esperanza Aguirre ha asegurado que, pese al "esfuerzo sin precedentes" que ha hecho el Gobierno autonómico por modernizar la administración de Justicia en los últimos años, ésta no ha mejorado, y por ello ha anunciado que va a impulsar la devolución de estas competencias al Estado. Durante la sesión de control al gobierno en la Asamblea, Aguirre ha respondido así a la pregunta del portavoz de UPyD, Luís de Velasco, sobre la situación de la Justicia en la Comunidad.

La presidenta ha señalado que su Ejecutivo ha hecho "un esfuerzo sin precedentes", con una subida de 150 a 350 millones entre 2003 y 2011, un 230 % más, (pero) lo cierto es que "con ese incremento no se ha producido una mejora".

Anteriormente ya cité a José Antonio Zarzajelos[164], quien ha puesto de relieve que el "desorden de las cuentas públicas autonómicas está impulsando un fenómeno de **recentralización**: algunas comunidades no quieren nuevas transferencias del Estado. Es el caso de Murcia y Castilla-La Mancha con las de justicia; Madrid se plantea devolverlas y Aragón ya ha dicho que es mejor esperar a aumentar el patrimonio competencial de la comunidad".

Por su parte José María Blanco Corredoira[165] ha escrito que "recientemente, el presidente de Murcia, Ramón Luís Valcárcel, levantó la voz anunciando que, ante la falta de medios económicos, podría tener que renunciar a alguna competencia autonómica. Para los que aún creemos en España como nación, este asunto, lejos de ser una amenaza, es una puerta abierta a la esperanza.

España…puede recuperar las parcelas de gobierno que nunca debió perder…Cada cantón tiene su propia ley…Todo esto exige ahora una labor de reconstrucción nacional, de reordenación constitucional, pero es que es hora de denunciar el mito y el fraude de la descentralización…Es hora de reformar el edificio constitucional…La fórmula adoptada entonces, y conocida como "café para todos" (que era tanto como decir: competencias para todos), ha resultado un fracaso. Para poder transmitir a las próximas generaciones algún legado de España se hace urgente la refundación institucional. Habrá que preguntar quienes quieren refundar nuestra vieja nación y si están dispuestos a renunciar al nocivo y ortopédico café autonómico. Volvamos al café de puchero nacional".

Desde luego, si no reformamos el modelo territorial español y todo sigue como está ahora, dentro de poco nos arruinaremos y nuestros acreedores harán que los jueces nos embarguen todos nuestros bienes, incluso la cafetera y el puchero, y entonces no habrá "café para nadie".

Antes o después deberemos entrar en razón y ante la imposibilidad del "café para todos", tendremos que conformarnos con el "café para unos pocos" o, incluso, con el café para ninguna comunidad territorial. Por mi parte, soy partidario de que se mantenga el "café" solo para las nacionalidades, pero no como un privilegio, dado que todos los españoles somos iguales ante la ley. Por lo tanto, el "café para unos pocos" debe ser no atractivo. Y la amargura del café autonómico se conseguirá cuando sea autofinanciable con los impuestos de los habitantes de cada territorio autónomo, en vez de ser subvencionado por el Estado; o sea, por el resto de los españoles, como ahora. ¡Ah!, y cuando digo autofinanciación de la autonomía, quiero decir que sea suficiente para pagar también las amortizaciones y los intereses de la deuda pública de cada comunidad autónoma. Y la amargura del café autonómico se conseguirá también porque las competencias autonómicas serán pocas, tasadas y no

---

[164] Artículo titulado "Emergen las escandalosas cuentas de las Comunidades Autónomas", publicado en El Confidencial dl 27 de julio de 2011.
[165] Artículo titulado "El 'café para todos' autonómico ya no vale" publicado en el diario La Gaceta del 11 de octubre de 2011.

ampliables con transferencias de competencias exclusivas del Estado. En fin, el "café" será amargo si deja de ser el chollo que es actualmente para los nacionalistas, incluso electoralmente, y pasa a ser un mal negocio. Y, por supuesto, a la comunidad territorial que no le guste su autonomía, siempre podrá renunciar a ella, para ser igual que las otras comunidades de régimen común.

En fin, como ya sabemos que las Autonomías son costosas -¡un verdadero lujo!-, a las comunidades que continúen siendo autónomas se les obligará a que financien su autonomía con una imposición visible y onerosa a los habitantes de sus territorios como, por ejemplo, con un recargo del cien por ciento en el Impuesto de la Renta de las Personas Físicas, para que sus habitantes sean conscientes de que la autonomía les exige una tributación mayor, a la que no estarán obligados los residentes en comunidades territoriales de régimen común. Por supuesto, ello podría dar lugar a traslado de residentes ricos de unas regiones a otras para tener menor carga tributaria.

Las comunidades autónomas deberán satisfacer puntualmente su deuda pública que, en ningún caso, podrá trasladarse al Estado. En el caso de que los gobiernos nacionalistas de alguna comunidad autónoma establecieran normas discriminatorias a la libre circulación de personas, bienes o capitales, como cierta política lingüística, o barreras de cualquier tipo que perjudicasen al mercado interior o a la competitividad de los productos y servicios, el Estado tendrá potestad constitucionalmente reconocida para exigir que sean anuladas y, en caso de desobediencia de las autoridades autonómicas, podrá dejar en suspenso la autonomía política territorial hasta que se restablezca la normalidad o imponer graves sanciones a la Comunidad autónoma infractora. Hay que tener en cuenta que, históricamente, las comunidades autónomas han mostrado tendencia a someter el interés general a sus conveniencias nacionalistas o regionalistas.

España necesita ser un Estado poderoso, aunque sea asimétrico, con capacidad normativa suficiente para mantener en su sitio a las comunidades autónomas. Si los nacionalistas que gobiernen alguna de ellas no está conforme con que el Estado intervenga para que se respete el interés nacional, ya saben lo que tienen que hacer: iniciar la aventura de una independencia perjudicial...sin contar con España, ni con Europa; pero manteniendo su obligación de amortizar su propia deuda pública; es decir, afrontando individualmente las exigencias de los mercados financieros globalizados.

Antes de lanzarse temerariamente a esa irrealizable aventura deberían tener en cuenta que, como ha dicho Fernando Fernández Méndez de Andés[166], "la nueva realidad económica mundial es incompatible con una Europa que defienda las excepciones nacionales. El euro es incompatible con el nacionalismo rampante. Una España próspera y dinámica también. Con o sin mayoría absoluta del partido popular, los nacionalistas catalanes –de los vascos he perdido toda esperanza desde el proyecto Ibarretxe- tendrán que tomar una decisión trascendental: apoyar y colaborar

---

[166] Artículo titulado "Tocando las narices" publicado en el diario ABC, página 14, el 8 de septiembre de 2011.

críticamente con el gobierno de Rajoy para refundar el Estado de las Autonomías, aceptando que hemos ido demasiado lejos en la deconstrucción del Estado hasta hacerlo económicamente inviable, o echarse al monte del irredentismo".

La independencia se ha convertido ya en una quimera para las endeudadas comunidades autónomas hispanas, para el tutelado Estado español e, incluso, para la desunida Unión Europea. Ya estamos en **el ocaso de las Autonomías.** La dictadura de los mercados financieros ha aniquilado la viabilidad de las utopías nacionalistas. Los mercados son ahora los nuevos amos, por desgracia. Por miedo a ellos se imponen los recortes sociales y las subidas de impuestos a las naciones.

Ni a Europa ni a los mercados financieros globales les gusta una España troceada en comunidades autónomas despilfarradoras, que gastan arbitrariamente según los deseos de sus dirigentes políticos, gobernadas por caciques nacionalistas a los que no les importa apenas el bienestar de los ciudadanos. Por esto es comprensible que la mayoría de los españoles -incluso los habitantes de los territorios gobernados por esos nacionalistas-, queramos liberarnos del laberinto de unas Autonomías que nos oprimen y empobrecen. Para ello hay que instaurar en nuestra Nación una verdadera democracia participativa mediante una nueva y adecuada Transición. Así evitaremos que España se convierta, por culpa del Estado de las Autonomías, en un Estado de los recortes económicos y sociales -como Grecia o Portugal-, destructor del Estado del Bienestar y, además, podremos acceder entonces al club de los "supereuropeos" o de la primera velocidad.

==========